ZHUOYUE TIYU JIAOSHI PEIYANG XILIE JIAOCAI

卓越体育教师培养系列教材

田径

主　编　刘建国
副主编　王　林　王三保
参　编　敬　艳　朱振杰　嵇　恺
　　　　张玲玲　龚博琦

华中科技大学出版社
http://www.hustp.com
中国·武汉

内 容 简 介

本书属于国家一流专业课程规划荆楚卓越师资优秀教材计划项目成果之一。本书在田径教学理论知识基础上，密切联系中小学体育的教学实践，有机融合了中小学体质与健康课程田径教学模块内容，这是本书最鲜明的特点。

本书既可以作为院校体育教育专业本科田径专修方向教师、学生用书，也可以作为中小学体育教师教学参考书。

图书在版编目(CIP)数据

田径/刘建国主编. —武汉：华中科技大学出版社，2022.6(2024.9 重印)
卓越体育教师培养系列教材
ISBN 978-7-5680-8416-1

Ⅰ. ①田… Ⅱ. ①刘… Ⅲ. ①田径运动-教材 Ⅳ. ①G82

中国版本图书馆 CIP 数据核字(2022)第 103092 号

田径(卓越体育教师培养系列教材) 　　　　　　　　　　　　刘建国　主编
Tianjing (Zhuoyue Tiyu Jiaoshi Peiyang Xilie Jiaocai)

策划编辑：	余伯仲
责任编辑：	杨赛君
封面设计：	刘　婷　廖亚萍
责任监印：	周治超
出版发行：	华中科技大学出版社(中国·武汉)　　电话：(027)81321913
	武汉市东湖新技术开发区华工科技园　　邮编：430223
录　　排：	华中科技大学惠友文印中心
印　　刷：	武汉市洪林印务有限公司
开　　本：	787mm×1092mm　1/16
印　　张：	14.5
字　　数：	358 千字
版　　次：	2024 年 9 月第 1 版第 4 次印刷
定　　价：	45.80 元

本书若有印装质量问题，请向出版社营销中心调换
全国免费服务热线：400-6679-118　竭诚为您服务
版权所有　侵权必究

前言

为契合国家"立德树人,以人为本"的高等教育理念,培养优秀的中小学卓越体育教师,武汉体育学院田径专业 8 位教师共同编写了这本书。

全书在内容上能更好地凸显田径教学、科研、训练、竞赛四位一体的知识体系,达成学生在理论知识、教学、训练、竞赛方面的人才培养的课程教学目标。本书最鲜明的特点是将中小学体质与健康课程田径教学模块内容科学、有序地融入书中,以更好地服务院校体育教育专业田径专修课程的理论、教学实践,使得院校体育教育专业田径专修学生的田径教学与中小学体育教学实践联系得更为紧密。另外,本书融合了文字、音频、视频,给广大师生提供丰富的教学资源,充分实现线下线上、课内与课外学习一体化。本书既可以作为院校体育教育专业本科田径专修方向教师、学生用书,也可以作为中小学体育教师田径课程教学参考书。

本书编者均是深耕田径学科教学多年的资深一线教师,有丰富的田径教学理论与实践经验,且多年从事体育教育专业田径专修学生中小学实习实践指导工作,曾主编或参与编写多部田径教材,主持并完成多项田径教育教学类课题。

本书由武汉体育学院刘建国担任主编,由武汉体育学院王林、王三保担任副主编。全书编写分工如下:王林(第一章、第三章、第十三章);敬艳(第二章);朱振杰(第四章);刘建国(第五章、第十五章、第十六章);嵇恺(第六章、第七章);张玲玲(第八章、第九章);龚博琦(第十章、第十一章、第十二章);王三保(第十四章)。全书最后由刘建国、王林、王三保负责统稿。

本书属于国家一流专业课程规划荆楚卓越师资优秀教材计划项目成果之一,得到兄弟院校及华中科技大学出版社的热情支持与帮助,在此深表谢意!

由于编者水平有限,书中难免存在疏漏与不足,恳请同人与读者批评、指正。

编 者
2022 年 3 月

目录

第一章　田径运动概述 /1
第一节　田径运动的定义、分类和产生 /1
第二节　田径运动的发展 /6

第二章　田径运动健身价值与原理 /10
第一节　田径运动的健身价值 /10
第二节　健身跑 /12
第三节　健身跳 /16
第四节　健身投 /17

第三章　田径运动的科学研究 /20
第一节　田径运动科研选题 /20
第二节　田径运动科研方法 /25

第四章　短跑 /31
第一节　短跑技术 /31
第二节　短跑技术的教学与练习 /34
第三节　中小学短跑教学方法 /37

第五章　跨栏跑 /48
第一节　跨栏跑技术 /48
第二节　跨栏跑技术的教学与练习 /52
第三节　中小学跨栏跑教学方法 /60

第六章　中长跑 /67
第一节　中长跑技术 /67
第二节　中长跑技术的教学与练习 /69
第三节　中小学中长跑教学方法 /73

第七章　接力跑 /79
第一节　接力跑技术 /79
第二节　接力跑技术的教学与练习 /81
第三节　中小学接力跑教学方法 /84

第八章　跳远 /88
第一节　跳远技术 /88
第二节　跳远技术的教学与练习 /93

第三节　中小学跳远教学方法 / 99

第九章　三级跳远 / 103
第一节　三级跳远技术 / 103
第二节　三级跳远技术的教学与练习 / 106
第三节　中小学三级跳远教学方法 / 113

第十章　背越式跳高 / 117
第一节　背越式跳高技术 / 117
第二节　背越式跳高技术的教学与练习 / 120
第三节　中小学背越式跳高教学方法 / 124

第十一章　跨越式跳高 / 129
第一节　跨越式跳高技术 / 129
第二节　跨越式跳高技术的教学与练习 / 130
第三节　中小学跨越式跳高教学方法 / 134

第十二章　铅球 / 136
第一节　铅球技术 / 136
第二节　铅球技术的教学与练习 / 140
第三节　中小学铅球教学方法 / 146

第十三章　标枪 / 160
第一节　标枪技术 / 160
第二节　标枪技术的教学与练习 / 167
第三节　中小学标枪教学方法 / 172

第十四章　现代田径运动竞赛组织工作 / 178
第一节　现代田径运动竞赛的组织管理 / 178
第二节　现代田径运动竞赛的组织实施 / 179

第十五章　田径运动竞赛裁判工作 / 194
第一节　各技术官员的主要职责 / 194
第二节　检录及赛后控制中心工作 / 195
第三节　径赛裁判工作 / 197
第四节　田赛裁判工作 / 202

第十六章　田径运动竞赛场地规格与布局 / 210
第一节　田径运动场地平面结构与布局 / 210
第二节　田径运动场地的设计 / 212
第三节　田径运动场地的丈量与画线 / 214
第四节　合成材料面层田径运动场地的使用、管理与保养 / 222

参考文献 / 224

第一章

田径运动概述

第一节 田径运动的定义、分类和产生

一、田径运动的定义

"田径"一词源自英文"track and field"。美、英等国根据走、跑、跳、投等竞赛场地的不同,把在"track"上进行的竞走类和各种赛跑类项目与在"field"上进行的各种跳跃类和投掷类项目统称为"track and field"。19世纪末,该运动通过基督教教会学校和青年会活动等途径传入中国,当时人们将这一类运动项目称为田径运动,简称"田径",并一直沿用至今。国际田径协会联合会(简称"国际田联",2019年更名为"世界田径")则沿用了古希腊"竞技"的概念,将该类运动称为"athletics"。

关于田径运动的定义,英文、俄文、日文、中文等文献中有众多学者对其进行过广泛讨论,定义的表述也不尽相同。最具权威性的当属国际田联章程中关于田径运动的定义。20世纪90年代,国际田联章程第1条中"田径运动"的定义为:"田径运动是由田赛、径赛、公路赛、竞走和越野赛组成的运动项目。"到了2005年,国际田联章程把"田径运动"的定义修改为"跑道和场地的运动及公路跑、竞走、越野跑和山地跑"。2018年又补充了"野外赛跑"。目前,"田径运动"的最新定义是"田径运动包括径赛和田赛、公路赛跑、竞走(指公路竞走)、越野赛跑、山地赛跑、野外赛跑"。可见,如今田径运动不仅是指以走、跑、跳、投等运动技能组成的运动项目,而且其定义也体现了跑出田径场、跑进大自然的新内涵。

二、田径运动的分类及奥运会比赛项目

田径运动一般分为竞走类、跑类、跳跃类、投掷类以及由跑、跳、投部分项目组成的全能类,通常也称作径赛、田赛、全能三大类。以时间记取成绩的比赛项目称为"径赛";以高度和远度记取成绩的比赛项目称为"田赛";由部分跑、跳、投项目组成的以换算得分来记取成绩的组合比赛项目称为"全能"。

奥运会竞走类比赛项目包括男子20公里、50公里,女子10公里、20公里。

奥运会跑类比赛项目包括男子、女子100米跑、200米跑、400米跑、800米跑、1500米跑、5000米跑、10000米跑、3000米障碍跑、马拉松、4×100米接力、4×400米接力、400米栏,以及男子110米栏和女子100米栏。

奥运会跳跃类比赛项目包括男子、女子跳高、跳远、三级跳远、撑杆跳高。

奥运会投掷类比赛项目包括男子、女子铅球、铁饼、标枪、链球。

奥运会全能类比赛项目包括男子十项全能(第一天:100米跑、跳远、铅球、跳高、400米跑;第二天:110米栏、铁饼、撑杆跳高、标枪、1500米跑)和女子七项全能(第一天:100米栏、跳高、铅球、200米跑;第二天:跳远、标枪、800米跑)。

三、田径运动项目的产生

远古时代,人们为了获得生活资料,在大自然的生态环境中,需要有快速的奔跑、敏捷的跳跃和准确的投掷等本领。经常重复这些动作,人们便逐渐获得了走、跑、跳、投等各种技能。为了提高生存能力,人们开始有意识地针对这些技能进行练习,也时常举行具有宗教和娱乐色彩的奔跑、跳跃或投掷比赛。同时,这也是操练士兵的基本内容和技能。尽管这些活动还称不上真正意义上的田径运动,却推动了此类技能的提高与发展,并逐渐形成了围绕这些项目的比赛。因此,可以说田径运动是人类在长期的生存与生活过程中,为了提高生存能力和生活质量,有意识地对走、跑、跳、投等动作形式进行传授和练习以形成身体运动技能,并在漫长的岁月中伴随着宗教祭祀活动和军事体能训练而逐渐形成的锻炼身体的方式和按照特定规则进行比赛的运动项目。

1. 短跑

短跑是世界体育史上最古老的竞技运动。公元前776年在古希腊奥林匹亚村举行的第1届古代奥运会上,唯一的竞技项目就是短距离赛跑,跑道是一条直道,长度为192.27米,这也是人类历史上有史料记载的最早的竞技项目。现代短跑起源于欧洲,最早被列入正式比赛项目是在1850年的牛津大学运动会上,当时设有100码、330码、440码跑项目(1码约等于0.9144米)。19世纪末,由码制改为米制。在1896年第1届现代奥运会上,短跑项目只有男子100米跑和400米跑。第2届奥运会增设了男子200米跑。到了1928年第9届奥运会,女子100米跑被正式列为比赛项目,而女子200米跑和400米跑则分别在1948年和1964年的第14届和第18届奥运会上被列入比赛项目。此后,奥运会短跑比赛项目男、女均为100米跑、200米跑和400米跑。短跑属于速度力量型周期性运动的极限强度项目,它不仅是田径运动的基础,同时也是体育运动的基础。

2. 中长跑

中长跑是中距离跑和长距离跑的合称。自古至今,中长跑都被视为强身健体的基本手段,也是士兵训练的基本内容。现代中长跑比赛发源于18世纪的英国,原为职业选手的表演项目,后逐渐扩展到业余运动员的项目中。最初的中跑项目是880码跑和1英里跑(1英里=1609.344米),长跑项目是3英里跑和6英里跑。到了19世纪中叶,中跑项目逐渐被800米跑和1500米跑替代,长跑项目逐渐被5000米跑和10000米跑替代。中长跑项目比赛时不使用起跑器,听信号统一起跑。

3. 马拉松

马拉松原为希腊的一个地名。公元前490年,希腊军队在马拉松平原击退波斯军队。传令兵斐迪庇第斯(Pheidippides)从马拉松跑到雅典城,在报告胜利的消息后因体力衰竭倒地而亡。1896年举行首届奥运会时,以这一史事设立了比赛项目,并定名为"马拉松(Marathon)"。比赛沿用当年斐迪庇第斯所跑的路线,距离约为40公里。此后十几年,马拉松赛的距离一直保持在40公里左右。1908年第4届奥运会在伦敦举行,为方便英国王室人员观看马拉松赛,特意将起点设在温莎宫的阳台下,终点设在奥林匹克运动场内,起点到终点的距离经丈量为42.195公里。世界田径后来将该距离确定为马拉松赛的标准距离。女子马拉松开展较晚,至 1984 年第 23 届奥运会上才被列入比赛项目。

4. 跨栏跑

跨栏跑起源于英国,由牧羊人跨越羊圈栅栏的游戏演变而来。1837 年英国出现最早的跨栏跑比赛,1864 年出现 120 码跨栏跑正式记录,成绩是 17.07 秒。最早使用的栏架是掩埋在地面上的木支架或栅栏,1900 年出现可移动的倒"T"字形栏架,1935 年有人将倒"T"形栏架改成"L"形栏架。跨栏跑项目经历了比赛距离、栏架高度、栏间距离等方面的多次变更。直至 1984 年第 23 届奥运会女子 400 米栏被列入正式比赛项目,此后奥运会的跨栏比赛项目固定为男子 110 米栏和 400 米栏,女子 100 米栏和 400 米栏。

5. 3000 米障碍跑

障碍跑起源于英国,最初在野外进行,跨越的障碍有树枝、河沟,各障碍之间的距离也长短不一,19 世纪中叶开始在跑道上进行,1864 年英国牛津大学记录了最早的障碍跑正式比赛。1900 年第 2 届奥运会开始设立男子障碍跑比赛,有 2500 米障碍跑和 4000 米障碍跑两个项目。第 3 届奥运会仅举行了 2500 米障碍跑比赛,第 4 届奥运会障碍跑距离为 3200 米。1920 年第 7 届奥运会确定了沿用至今的 3000 米障碍跑。女子 3000 米障碍跑直到 2008 年在北京举行的第 29 届奥运会上才被正式列入比赛项目。3000 米障碍跑全程 35 次跨越障碍并含 7 次水池,男子障碍架高 91.4 厘米,女子障碍架高 76 厘米,障碍间距均为 80 米。

6. 接力跑

接力跑的起源可谓众说纷纭,有人认为起源于古代奥运会祭祀仪式中的火炬传递,有人认为与非洲盛行的"搬运木料"或"搬运水坛"游戏有关,也有人认为是从传递信件文书的邮驿工作演变而来。田径运动中的接力跑项目,必须以队为单位,依次由本队队员手持接力棒跑完各自规定的一段距离,并在接力区内完成传接棒过程。1912 年第 5 届奥运会首次将男子 4×100 米接力和 4×400 米接力列入比赛项目,冠军队伍分别是英国队和美国队。1928 年第 9 届奥运会首次设置的 5 个女子田径比赛项目中,就有 4×100 米接力,由加拿大队获得冠军。女子 4×400 米接力项目于 1972 年第 20 届奥运会被列入比赛项目,冠军是民主德国队。

7. 竞走

19 世纪初,英国一些中上层人士喜欢在节假日结伴到郊外步行游玩,逐渐出现了快走的比赛活动。后来部分欧洲国家开始盛行从一个城市到另一个城市的竞走旅行。1866 年英国业余体育俱乐部举行首次竞走冠军赛,距离为 7 英里。1908 年第 4 届奥运会首次出现男子竞走比赛,设置了 3500 米竞走和 10 英里竞走两个项目。此后男子竞走项目一直在 10 公里、20 公里、50 公里的距离上变更,直到 1956 年第 16 届奥运会确定男子竞走比赛项目为 20 公里竞走和 50 公里竞走两个。1992 年第 25 届奥运会首次设置女子 10 公里竞走项目,2000 年第 27 届奥运会首次设置女子 20 公里竞走项目。中国运动员,尤其是中国女子运动员在竞走项目上长期居于世界领先地位。竞走运动员行进时,两脚必须与地面保持不间断接触,连续向前迈进的过程中没有可见的腾空现象,从脚着地瞬间着地的前支撑腿至垂直部位必须伸直,膝关节不得弯曲。比赛时,运动员出现腾空或膝关节弯曲现象,均给予红卡严重警告,受 3 次红卡严重警告者即取消其比赛资格。

8. 跳高

现代跳高始于欧洲，18世纪末苏格兰已有跳高比赛，19世纪60年代开始在欧美国家流行。1827年9月26日在英国圣罗兰·博德尔俱乐部举行的首届职业田径比赛中，美国运动员威尔逊屈膝团身跳越1.57米的高度，是第一个有记载的世界跳高成绩。跳高的过杆姿势大致经历了跨越式、剪式、滚式、俯卧式、背越式等过杆技术的发展演变，目前几乎所有优秀运动员都采用背越式过杆技术。1896年第1届奥运会上美国运动员克拉克以1.81米成绩获得男子跳高冠军。1928年第9届奥运会上加拿大运动员卡瑟伍德以1.59米成绩获得首个奥运会女子跳高冠军。

9. 撑杆跳高

撑杆跳高运动最早可以追溯到古代人类利用木棍、长矛撑越沟渠、土堆等障碍的活动，并逐渐发展成为一种民间游戏。据记载，公元554年爱尔兰就有撑越过河的游戏活动。到了14世纪中叶，出现了有关撑杆跳高比赛的记载，18世纪中叶在德国一些学校开始相继流行，1789年德国的布施跳过1.83米，这是目前世界上有据可查的最早成绩。1843年4月17日英国职业选手罗珀在彭里斯越过2.44米，那时的撑杆是木棍，前端镶嵌铁叉尖头，助跑后把尖头插入地面起跳并沿着棍子向上爬，当棍子倾斜后立即撒手并侧身滚越横杆。1889年之后，撑杆跳高比赛不允许两手交替上爬的动作。1896年第1届奥运会设置了男子撑杆跳高项目，2000年第27届奥运会设置了女子撑杆跳高项目。

10. 跳远

跳远运动源于古代人类猎取食物和逃避野兽时跨越河沟等障碍的一项生存和生活技能，后来成为挑选士兵的条件和训练士兵的手段。跳远项目比赛是古希腊奥运会五项竞技之一。近代跳远运动始于英国，1827年9月26日在英国圣罗兰·博德尔俱乐部举行的首届职业田径比赛中，威尔逊跳出5.41米，这是第一个有记载的世界跳远成绩。1896年第1届奥运会上美国运动员克拉克用蹲踞式技术以6.35米成绩获得冠军，此后相继出现了"两步半走步式""挺身式""三步半走步式"技术。1948年第14届奥运会首次设置女子跳远项目。

11. 三级跳远

三级跳远运动起源于18世纪中叶的苏格兰和爱尔兰，两者跳法不同，苏格兰采用单足跳、跨步跳、跳跃，而爱尔兰采用单足跳、单足跳、跳跃。第一个有史料记载的三级跳远成绩是爱尔兰人霍斯莱茵于1794年创造的13.26米，但是正式比赛则认定1826年3月17日首次举行的苏格兰地区运动会上比蒂创造的12.95米为第一个跳远成绩记录。三级跳远规则规定，运动员助跑后应连续做出3种不同形式的跳跃，第一跳为单足跳，用起跳腿落地；第二跳为跨步跳，用摆动腿落地；第三跳为跳跃，双脚落入沙坑。1896年第1届奥运会设置男子三级跳远项目。女子三级跳远项目于20世纪80年代初逐渐开展并推广，并于1996年第26届奥运会被列为比赛项目。

12. 推铅球

推铅球运动起源于古代人类用石块猎取禽兽或进行防御性攻击的生存技能，并渐渐发展为用石头和带把的石头进行投远比赛。现代推铅球运动始于14世纪40年代欧洲炮兵闲暇时推掷炮弹的游戏和比赛，后来逐渐形成了推铅球竞技比赛项目。早期的推铅球比赛规则比较简单，画一条直线作为限制线，可采用原地推、助跑推、单手推、双手推等技术，可谓五花八门，还出现过按体重分级别推铅球的比赛规则。后来推铅球规则逐步改进,先后限定在方形投掷区和圆形投掷圈内进行单手推掷。技术也由原地推、垫步推、半侧向滑步推、侧向滑步推发展到目前普遍采用的背向滑步推和旋转推。1896年第1届奥运会设置男子铅球项目,铅球质量为7.26千克。1948年第14届奥运会设置女子铅球项目,铅球质量为4千克。

13. 掷铁饼

掷铁饼起源于公元前12世纪希腊人投掷石片的活动,也是古希腊奥运会五项竞技之一。当时的投掷方法是站在石头台座上进行投掷,不仅比远度,还比准确度。最初的铁饼为盘形石块,后逐渐采用铜、铁等金属制作。古希腊雕刻家米隆于公元前5世纪创作了《掷铁饼者》雕像,充分展现了掷铁饼运动的"力"与"美"。由此可见,掷铁饼运动源远流长,而且备受推崇。1896年第1届奥运会的铁饼质量为1.932千克,从1912年第5届奥运会起,铁饼质量改为2千克。1928年,女子掷铁饼列为奥运会比赛项目,同时也是第9届奥运会首次设置的5个女子田径比赛项目之一,铁饼质量为1千克。

14. 掷标枪

掷标枪也是最古老的运动项目之一,起源于古代人类用长矛猎取野兽的生存技能,后来长矛又发展为士兵作战时用的一种兵器。公元前708年掷标枪被列为第18届古希腊奥运会的五项竞技之一。近代标枪运动始于18世纪末和19世纪初的瑞典、希腊、匈牙利和芬兰等欧洲国家。到了19世纪末和20世纪初,居于斯堪的纳维亚半岛的瑞典、挪威、芬兰等北欧国家开始盛行标枪运动。1908年第4届奥运会设置男子标枪项目,标枪质量为800克。1932年第10届奥运会设置女子标枪项目,标枪质量为600克。

15. 掷链球

掷链球运动起源于18世纪中期,苏格兰和爱尔兰的一些铁匠和矿工们喜欢在闲暇时用木柄铁锤进行掷远比赛,后来逐渐在英国流行起来。到了19世纪后期,掷链球已经成为英国牛津大学和剑桥大学运动会的正式比赛项目,当时使用的器械是带木柄的铁球,后来木柄改为金属手柄,再后来又改为钢链。1900年第2届奥运会上掷链球被列为正式比赛项目,链球重7.257千克,链球总长1.22米。女子链球项目被列入奥运会比赛项目比男子晚了100年,2000年第27届奥运会设置女子链球项目,链球重4千克。

16. 全能运动

全能运动起源于古希腊,早在公元前708年第18届古希腊奥运会上便设有五项全能,由赛跑、跳远、铁饼、标枪和角力项目组成。当时五项全能的胜利者备受人们的推崇,被认为是最有力量的人。现代全能运动始于欧洲,18世纪初,欧洲一些国家相继开展全能运动,运动员参加完规定的所有项目,按照总分判定最终的获胜者。当时全能运动的具体项目,因各个地方规定不同,所以没有形成统一内容。1884年美国出现了最早的十项全能比赛,运动员要在一天之内进行100码跑、推铅球、跳高、880码竞走、掷链球、撑杆跳高、120码跨栏跑、掷25.4千克的重物、跳远和1英里跑。1904年第3届奥运会首次设置了男子十项全能比赛,但是现代十项全能比赛项目是从1912年第5届奥运会才统一的。从那时起,包含100米跑、跳远、推铅球、跳高、400米跑、110米栏、掷铁饼、撑杆跳高、掷标枪、1500米跑的10个具体项目的十项全能比赛项目沿用至今。女子七项全能比赛直到1984年第23届奥运会才被列入比赛项目,并沿用至今。此前也曾出现过男子五项全能、女子三项全能和女子五项全能比赛。目前女子十项全能运动已经开展多年,但尚未被列入奥运会比赛项目。比赛规则规定,无论是男子十项全能还是女子七项全能比赛,运动员必须在两天之内参加完所有项目的比赛,若某个项目弃权,则不能参加后续项目的比赛,也不计算总分,但如果某个项目因成绩太低或失败,没有得分,仍可计算总分。

第二节　田径运动的发展

一、世界田径运动的发展

19世纪中叶,田径运动竞赛在英国许多大学相继开展,1894年在法国教育家皮埃尔·德·顾拜旦的倡议下,成立了国际奥林匹克委员会。1896年召开了以田径运动竞赛为主要内容的第1届现代奥林匹克运动会,这是现代田径运动开始的标志。

1912年,国际业余田径联合会(International Amateur Athletics Federation)在斯德哥尔摩成立,随后拟订了国际统一的田径竞赛项目和竞赛规则。国际业余田径联合会的成立,对于世界田径运动的蓬勃发展,起到了积极的推动作用。2001年国际业余田径联合会更名为国际田径协会联合会(International Association of Athletics Federations,IAAF),2019年更名为世界田径(World Athletics)。1993年,国际业余田径联合会总部从斯德哥尔摩迁至摩纳哥。世界田径的任务是在世界上开展田径运动,制定国际比赛的章程和规则,解决在田径运动中出现的有争议的问题,与奥运会组委会合作举办田径比赛,确认世界纪录。此外,世界田径系列赛事还包括世界田径锦标赛、世界室内田径锦标赛、世界青年田径锦标赛、世界半程马拉松锦标赛、竞走世界杯赛、世界越野锦标赛以及国际田联钻石联赛、国际田联洲际杯赛、世界田径挑战赛等。

在世界田径的组织和推动下,世界田径运动历经百余年的发展壮大,无论是在赛事数量与规模的扩大、竞赛成绩与世界纪录的提高、竞赛规则的修订与场地器材的改进、职业化与商业化的经济利益推进方面,还是在田径文化的普及与推广、田径技术的改良与突破、训练理念与训练方法的更新与科学化发展等诸多方面都取得了辉煌成就,为世界体育运动的进步发展树立了典范。

纵观现代田径运动的发展历程,大致可分为如下四个阶段:

第一阶段:19世纪末至20世纪初,是现代田径运动形成、发展,在较低水平上逐步提高的阶段。在这个阶段,经历了第1届至第5届的奥运会田径赛,也成立了国际业余田径联合会,竞赛组织水平与运动成绩呈现出稳步提高态势。田径运动技术尚处于初级发展水平,短跑出现了挖穴蹲踞式起跑,途中跑采用步幅较小的踏步式跑法;跳远采用蹲踞式;跳高采用跨越式和剪式;投掷项目基本处于原地、上步和半侧向滑步的演变过渡时期。有人开始用照相机拍摄技术动作间隔一定时间的连续照片,这对田径技术动作的改进、提高起到了积极促进作用。

第二阶段:两次世界大战前后的30多年间,田径运动处于停滞和缓慢前行的发展阶段。受第一次世界大战的影响,第6届奥运会停办,田径运动发展水平与成绩严重下滑,1920年第7届奥运会的田径比赛成绩普遍低于8年前第5届奥运会的田径比赛成绩。此后到第二次世界大战爆发前,田径运动水平开始恢复和提高,出现了短跑的摆动式跑法和跳高的俯卧式过杆技术。1936年第11届奥运会田径比赛成绩已达到较高水平,女子田径比赛项目进入奥运会,短跑电子计时被采纳,查禁兴奋剂被确立,出现了欧文斯等一批杰出运动员。欧文斯在第11届奥运会上获得男子100米跑、200米跑、跳远和4×100米接力4枚金牌,他所创造的8.13米男子跳远世界纪录保持了25年之久。自1937年至1948年,受第二次世界大战影响,田径运动发展受到严重破坏,第12届和第13届奥运会也不得不停办。

　　第三阶段:第二次世界大战结束之后,20世纪50年代初至90年代初的40多年间,田径运动进入各方面大力发展、成绩水平大幅提高的阶段。20世纪50年代出现了被誉为"人类火车头"的捷克斯洛伐克著名男子长跑运动员扎托皮克,背向滑步推铅球技术首创代表者、美国男子铅球运动员奥布莱恩,5年之内4次打破世界纪录的巴西男子三级跳远运动员达西尔瓦。20世纪60年代出现了奥运会男子铁饼"四连冠"的美国运动员阿·厄特,背越式跳高技术首创代表者、美国男子运动员福斯贝里,一举将男子跳远世界纪录提高55厘米的美国男子运动员比蒙。20世纪70年代出现了波兰女子竞技长寿短跑运动员谢文斯卡,4次打破男子400米栏世界纪录、107次决赛保持冠军的美国运动员摩西。20世纪80年代出现了美国杰出男子短跑运动员卡尔·刘易斯,他在1984年第23届奥运会上获得100米跑、200米跑、4×100米接力和跳远4枚金牌,又在1988年第24届奥运会上获得100米跑、4×100米接力和跳远3枚金牌。美国女子短跑运动员格里菲斯·乔伊娜创造的女子100米跑10.49秒和200米跑21.34秒的世界纪录至今无人打破。1991年第3届世界田径锦标赛上,卡尔·刘易斯在100米跑项目上跑出了9.86秒的世界纪录,鲍威尔在跳远项目上以8.95米打破了比蒙保持23年之久的世界纪录。在第二次世界大战结束后的40多年里,在田径训练理论方面,先后出现了关于"大运动量""杠铃发展力量素质""高原训练""竞技年龄与竞技寿命""训练周期与训练计划"等方面的研究进展;在动作技术改良方面,无论是短跑、长跑、跨栏,还是跳跃和投掷等项目均有较大突破和创新;在场地、器材和辅助设施等方面出现了塑胶跑道、海绵垫、尼龙撑杆、激光测距、高速摄影等高科技成果。

　　第四阶段:20世纪90年代初至今的30年间,世界田径运动的发展进入相对稳定并持续发展的新阶段,逐渐凸显出训练理论与方法的科学化和现代化、竞技田径的职业化和商业化等特点。自20世纪90年代初的田径优秀运动员卡尔·刘易斯之后,最为耀眼的世界田径运动员当属牙买加男子短跑运动员博尔特,他目前拥有100米跑、200米跑、4×100米接力3项世界纪录,是当之无愧的世界上跑得最快的人。此外,近30年来的田径卓越运动员还有女子短跑"常青树"牙买加的奥蒂,英国男子长跑名将法拉赫,埃塞俄比亚男子长跑名将格布雷西拉西耶、贝克勒和女子长跑名将迪巴巴,中国男子跨栏运动员刘翔等。目前,世界田径运动的发展不仅重视竞赛体系的职业化、商业化和训练体系的科学化、现代化,同时也非常重视田径运动的普及化、大众化。世界田径指导的"少儿趣味田径运动"已经在全球多地开展和推广,学校体育课程也呼吁田径教学内容的再次回归。相信由世界田径所倡导的"使田径比赛成为学校参加的所有体育项目中的第一运动""让所有学生都参加到田径活动中去""提高田径运动在全球的知名度和影响力"等理念必将扩展到世界各地。

二、中国田径运动的发展

　　现代田径运动传入中国的时间大约是在19世纪末,当时主要在教会学校中开展,1890年上海圣约翰书院举行了第一次以田径为主要项目的运动会。进入20世纪后,随着新式学堂的大量兴办,一些田径项目成为体育课的教学内容,课外时间也开始举办田径运动会。

纵观中国田径运动的百余年发展,其进程大致可划分为如下五个阶段:

第一阶段:1910—1948年。此阶段,中国社会经历了民国时期、革命战争时期、抗日战争时期和解放战争时期,此时中国田径运动的发展比较缓慢甚至停滞不前,基本处于引进、学习和初步开展的状态。1910年10月18—22日在南京南洋劝业场举行了第1届全运会田径赛,标志着中国田径运动的初步形成。此阶段,中国举办了第1届至第7届全运会田径赛,参加了第1届至第10届远东运动会的田径赛,参加了第10、11、14届奥运会的田径赛。那时的中国处于半封建半殖民地社会,经济落后、内忧外患、国弱民穷,田径运动发展缓慢,竞赛成绩与世界水平相差甚远。这一时期,中国田径运动员的杰出代表是刘长春,他所创造的100米跑10.7秒的全国纪录保持了25年之久。

第二阶段:1949—1965年。自中华人民共和国成立至"文革"前的17年间,中国的田径运动得到了迅速普及,水平也逐步提高。一方面学习苏联的田径理论与实践经验;另一方面大力兴建田径场地、设施,创建体育院校并培养田径教师、教练员以及科研和管理人才,成立国家田径队以及各省市田径队,各级各类学校积极开展田径项目教学内容和课余训练与竞赛。这个阶段中国最杰出的田径运动员代表是郑凤荣,她在1957年11月17日以1.77米的成绩打破了美国运动员麦克丹尼尔所保持的1.76米女子跳高世界纪录。截至1958年7月梁建勋以10.6秒打破刘长春10.7秒的100米跑全国纪录后,中国的田径纪录全部被刷新。自1953年起,全国级别的各种田径运动会日益增多,诸如1953年在北京举行的全国田径、体操、自行车运动大会;1955年在北京举行的第1届全国工人运动会田径赛;1957年在上海举行的全国田径六项室内锦标赛;1958年在青岛、西安分别举行的全国中等学校学生田径运动会和全国大学生田径运动会;1959年和1965年分别举行的中华人民共和国第1届、第2届全国运动会田径赛。可以说,这一时期,中国的田径事业得到了广泛而迅速的发展,时任中央人民政府体育运动委员会主任的贺龙元帅曾指示:田径是基础,各项运动都离不开田径,要首先把田径工作搞起来。经过10多年的超强奋战和共同努力,中国在田径运动上明显缩小了与世界先进水平的差距,在个别项目上已经接近乃至达到世界水平。

第三阶段:1966—1976年。在"文革"期间,中国的田径事业受到了严重影响,田径运动成绩大幅度下降。

第四阶段:1977—2000年。拨乱反正、改革开放时期,全国各行各业迅速恢复并发愤图强,田径运动事业也得到了卓有成效的发展和提高。20世纪80年代的世界级田径名将代表当属男子跳高运动员朱建华和女子铅球运动员李梅素。尤其是朱建华,他分别以2.37米、2.38米、2.39米的成绩连续三次打破男子跳高世界纪录,极大地振奋了国人信心。20世纪80年代还出现了一大批亚洲级田径名将,例如男子三级跳远运动员邹振先、男子跳远运动员刘玉煌、男子标枪运动员申毛毛、女子跳高运动员郑达真、女子铅球运动员沈丽娟、女子标枪运动员唐国丽、女子七项全能运动员叶佩素,等等。进入20世纪90年代之后,中国竞技田径已经开始在亚洲全面崛起,并有多人跻身于世界前列。1990—2000年间,获得奥运会金牌的田径运动员有女子10公里竞走陈跃玲、女子20公里竞走王丽萍、女子5000米跑王军霞;获得奥运会银牌的田径运动员有女子铅球黄志红、女子10000米跑王军霞、女子铅球隋新梅;获得奥运会铜牌的田径运动员有女子

1500米跑曲云霞、女子10公里竞走李春秀、女子10公里竞走王妍。此外,还有一批运动员获得过世界田径锦标赛冠军、创造过世界纪录和亚洲纪录。当然,令人担忧的事情也开始在20世纪90年代中期之后出现,那就是中小学校的田径运动被疏远、被削弱。体育课的田径项目内容被删减,课余田径训练的人数大量减少,青少年的力量和耐力素质以及田径技能明显下降,竞技田径人才与实力也呈现低迷态势,这些都引起了田径界众多人士的深刻反思。

  第五阶段:2001年至今。进入21世纪之后,随着中国经济的大力发展,中国田径运动的发展正逐步显露出雄厚底蕴。这个阶段获得奥运会金牌的田径运动员有男子110米栏刘翔、女子10000米跑邢慧娜、男子20公里竞走陈定、男子20公里竞走王镇、女子20公里竞走刘虹、女子20公里竞走切阳什姐、女子铅球巩立姣、女子标枪刘诗颖;获得奥运会银牌的田径运动员有男子20公里竞走蔡泽林、女子20公里竞走刘虹、女子链球张文秀、女子链球王峥、男子三级跳远朱亚明;获得奥运会铜牌的田径运动员有女子链球张文秀、女子马拉松周春秀、男子20公里竞走王镇、男子50公里竞走司天峰、女子铅球巩立姣、女子铁饼李艳凤、男子三级跳远董斌、女子20公里竞走吕秀芝、女子20公里竞走刘虹。进入21世纪以来,中国竞技田径运动在继续保持男、女竞走项目绝对优势和女子投掷项目整体优势外,男子跳跃、男子跨栏跑以及男子短跑与接力跑等项目也跻身于世界优秀行列。特别值得一提的是,2021年苏炳添在东京奥运会男子100米跑半决赛中,不仅以9.83秒的成绩打破亚洲纪录,而且成为奥运会历史上首位进入男子100米跑决赛的亚洲人。此外,中国田径在后备人才基地建设、田径科技应用、大众田径普及、学校田径教学与竞赛等方面的发展也更加全面、深入,相信中国田径事业经过不懈努力必将迎来繁荣和辉煌。

第二章

田径运动健身价值与原理

第一节 田径运动的健身价值

长期进行田径运动能促进身体健康,田径运动对发展人的基础运动能力和体能有着特有的价值和功能。"健身价值",简单理解就是对身体健康的价值,那么什么是健康的身体呢?世界卫生组织对"健康"下了标准的定义:(1)能够抵抗一般性感冒和传染病;(2)体重适当,身材匀称,站立时头、臂、臀位置协调;(3)眼睛明亮,反应敏锐,眼睑不发炎;(4)牙齿清洁,无空洞,无痛感,齿龈颜色正常,无出血现象;(5)头发有光泽,无头屑;(6)肌肉、皮肤富有弹性,走路感觉轻松;(7)有足够充沛的精力,能从容不迫地应对日常生活和工作的压力而不感到过分紧张;(8)处事乐观,态度积极,勇于承担责任,事无巨细不挑剔;(9)作息合理,睡眠良好;(10)应变能力强,能适应外界环境的各种变化。其中,有生理健康的内容,也有心理健康的内容。综上,身体的健康是与生理健康、心理健康、社会适应良好和道德健康分不开的。

一、田径运动对生理健康的价值

1. 提高和改善心血管系统的功能

经常进行田径运动,能使心血管系统的机能明显增强。长期进行健身跑锻炼,心腔将出现选择性增大,长期进行投掷练习则心室壁将出现选择性增大。随着心肌增厚、心腔增大,心脏每搏血液输出量增加,从而使静息状态下每分钟心跳次数减少,心血管系统的机能得到提高。另外,田径运动是有效预防心血管系统疾病的一种干预手段,如预防高血压、冠心病等。

2. 提高和改善运动系统的机能

人体的运动系统由骨骼、关节、肌肉等组成。长期进行田径运动,一方面可使骨密质增厚,骨径变粗,骨面肌肉附着处突起明显,骨小梁的排列依张力和压力的变化更加清晰而有规律,骨的新陈代谢加强,血液循环得以改善,还可预防骨质疏松症;另一方面可以使关节面骨密质增高、关节周围肌肉力量增强,可以使肌腱和韧带增粗,提高了关节的稳定性。另外,长期进行田径运动,可以使骨骼肌的线粒体数量增多、体积增大,毛细血管数量增加、管径增大,肌糖原与肌红蛋白增加,协调性改善;还可以使骨骼肌的力量增强。

3. 提高和改善呼吸系统的机能

长期进行田径运动的人的肺和胸廓具有良好的弹性,呼吸肌的力量增强,胸围增大。由于进行田径运动时,机体的需氧量增加,引起呼吸次数和深度增加,吸入的空气量也大大增加,且田径运动多在户外进行,户外的空气新鲜、氧气充足,空气中阴离子多,这样就能吸入更多的空气阴离子和氧气,对肺功能有良好的促进作用。因此,田径运动对预防呼吸系统疾病具有一定的干预功效。

4. 提高和改善消化系统的机能

消化系统由消化道和消化腺两部分组成。首先,经常进行田径运动,可以增加人体能量物质的消耗;其次,运动时,有节奏的呼吸运动引起胸廓和腹部有节奏地扩大和缩小,膈肌有节奏地大幅度升降,对消化系统起到"按摩"作用,使消化系统的消化和吸收能力得到提高;最后,田径运动还是预防消化系统疾病的积极干预手段。

5. 提高和改善神经系统的机能

神经系统在人体各个器官系统中居于主导地位,它控制和协调各个器官系统的活动,使人体成为一个有机整体以适应内外环境的变化。长期进行田径运动,能使神经兴奋与抑制、传导与反应等机能得到明显的改善;可以令人的精力充沛,动作迅速、准确、有力;使人体对外界刺激的适应能力明显提高;使机体对致病因素的抵抗能力显著增强。

6. 可延缓衰老

田径运动不仅可以使体内各器官功能保持相对年轻,还可以使心肌营养状况及氧供状态得以改善,使心肌功能增强,延缓衰老。一是由于运动能促进体内代谢,提高免疫功能;二是运动可以延缓脑部的衰退;三是运动可以使人开朗,有助于从心理上延缓衰老。

7. 可预防癌症

田径运动之所以能预防癌症,一方面是因为田径运动使人吸入比平时更多的氧气,而且运动可以排出大量的汗水,汗水可以把体内的致癌物质如铅、镍等排出;另一方面是因为田径运动能提高人体的免疫功能,改善人的情绪,消除忧愁和烦恼情绪。

8. 可防治肥胖

田径运动能改善脂肪代谢,可提高质蛋白酶的活性,从而降低血脂。肥胖者进行适宜强度的田径运动锻炼后,会引起食欲下降,摄食量减少,从而使体脂减少,有利于能源物质的分解。

二、田径运动对心理健康的价值

1. 对焦虑和抑郁的调节作用

焦虑是一种伴随着某种不祥预感而产生的令人不愉快的情绪,是一种复杂的情绪状态。抑郁的临床特点表现为悲观、悲伤、无助感、低自尊和绝望。对于一个健康人来说,长期进行田径运动会有促进心理健康的效果,尤其对于一个有心理疾病的人来说,这种效果会更加明显。有心理疾病的人抑郁、焦虑水平很高,通过长期进行田径运动来改善心理健康状态的效果很明显。

2. 对情绪的调节作用

情绪是人对客观事物是否符合人的需要而产生的体验。进行田径运动能使大脑的兴奋和抑制保持平衡,使血液和大脑中的去甲肾上腺素增多,从而使人产生愉快的情绪,增强神经系统的兴奋性。进行田径运动能减少精神压力,使人感到轻松自如。并且在运动过程中人体内产生一种内啡肽物质,它是一种快乐荷尔蒙,有助于消除忧郁情绪,可使人精神振奋,预防神经衰弱。

三、田径运动对社会适应能力的价值

1. 提高身体对自然环境的适应能力

适应能力是指人受到外界环境影响,在中枢神经系统支配下,不断调节有机体使之处于正常的稳定的机能活动状态。例如,长时间的走或慢跑,能提高机体各器官系统的适应能力;跳跃练习能克服环境等阻力。因此,经常进行田径运动的人,体质会增强,对自然环境具有一定的适应能力,能够承受严冬和酷暑的变化,不会因为气候的急剧变化而出现中暑或感冒现象。

2. 促进人的现代化

人的现代化主要是指人的各种素质的现代化,包括思维方式、价值观念、行为特点和情感方式的现代化。田径运动可从以下几个方面促进人的现代化:(1)能培养现代人的竞争意识。田径运动最讲法制,不徇私情,最讲现实,不讲资历,最讲务实,不图虚妄,这就要求每一个参与者尽自己最大的努力去竞争,从而增强参与者的竞争意识。(2)能开阔现代人"开放的视野"。现代田径运动是一个开放的系统,若不对外联系就会丧失生命力。它不可能在封闭的系统中生存,但必定在封闭的环境中灭亡。(3)能丰富、充实现代人的情感生活。田径运动是一种极富感情色彩的高尚活动,它是人们高级情感的产物,又是人类高级情感的发生器,它丰富着人类的情感宝库。

四、田径运动对道德健康的价值

道德是指由一定的社会经济关系决定的,依靠社会舆论、传统习俗和人们的内心信念来维系的,表现为善恶对立的心理意识、原则规范和行为活动的总和。道德健康是指不以损害他人利益来满足自己的需要,能按社会准则约束、支配自己的行为。田径运动不但再现人们的道德关系和道德面貌,而且能从审美上解决道德问题。用典型形象向人们展示生活中什么样的人和行为是高尚的、有道德的、美好的,值得人们尊敬和效法;什么样的人和行为是卑劣的、不道德的、丑恶的,必须抛弃和否定。

第二节 健 身 跑

健身跑与竞技跑因为目的不同,故在实施过程中有所差异。健身跑可以分为有氧健身跑与无氧健身跑两种。无氧健身跑能够使大脑快速兴奋,提高肌肉爆发力,增强韧带的弹性,有助于速度、灵敏和力量等身体素质的提高。有氧健身跑能增加体内脂肪的消耗,改善心肺功能,预防骨质疏松,缓解钙流失,调节身心状态,深受广大群众的喜爱。而且健身跑不受场地条件限制,可以根据参与者自身的年龄、性别、体质状况来选择跑步的速度,是一项受益终身的体育锻炼活动。

一、健身跑概述

健身跑是一项全身的运动,它能加速周身血液循环,加快人体的新陈代谢,使人体各器官系统产生适应性改变,从而提高人体的健康水平。

由于社会生产力不断发展,文明程度日益提高,大量的机械化、电子化、自动化工具代替了人的体力劳动,使人的身体活动越来越少,导致人体内热量过剩,脂肪积累,身体

发胖,从而给人体健康带来一系列不利影响。首先,人体内脂肪过多,就会使血脂升高,低密度胆固醇增多,从而使血黏度升高,使血流滞缓,动脉粥样硬化发生率增加。这些现象是导致脑血栓、高血压和冠心病的因素,还是产生脂肪肝、糖尿病等病症的原因。其次,人体极少活动,必然会降低消化系统的功能,以致产生食欲不振、消化不良、习惯性便秘等胃肠道疾病。最后,长期的脑力劳动导致脑细胞过度紧张和消耗增加,又是造成神经衰弱、失眠的根源。以上系列疾病,人们统称为"文明病"。

现代运动医学研究发现,长期坚持健身跑,有利于大量消耗人体内的热量,避免热量过剩,脂肪积累;有利于改变血液的成分,使血液中的胆固醇、血脂降低,加快血流速度,增加脑部和心脏的氧供应;有利于调整自主神经系统的功能,使支配血管的交感神经的兴奋度降低,提高支配血管的副交感神经的兴奋度;健身跑过程中能扩大冠状动脉,使血流量增加3~8倍,大大改善和提高了心脏的功能。根据全国医疗体育学术统计,经健身跑等体育锻炼后,80%以上的冠心病患者症状改善,心绞痛的发作次数减少,64%以上的高血压患者血压下降或稳定。这些在现代医学上被认为是难以治愈的"文明病",却被健身跑运动"制服"了。健身跑的科学健身作用正逐渐为广大中老年朋友所认识,且这项运动简单易行,不需要专门的场地、设施和昂贵的用具,只需一双运动鞋和一身运动衣即可,所以成为中老年人喜爱的运动。目前,这项运动在世界上许多国家都十分盛行,清晨或傍晚,很多中老年人在马路、公园的林荫道上,边谈笑边跑步,这已成为一些城市的一道风景线。

二、健身跑的健身原理

1. 大脑:运动活跃大脑思维

经常运动可以帮助开动脑筋和活跃思维。人体肌肉积极运动就能发出信息,促使人脑生产一种蛋白质,医学界将之命名为脑源性神经营养因子BDNF。人体需要这种蛋白质来促进新的神经生长和建立神经间的联系。人到中年,如果每周坚持两次40分钟的运动,那么患阿尔茨海默病的概率就能下降60%左右。

2. 心脏:慢跑有助于控制血压

慢跑时,心脏通过加快搏动的方式,给紧张工作的肌肉供应富含氧气的血液。如果人经常跑步,心脏所能承受的负荷就会增大。这样一来,即使身体在非运动的状态,心脏的每次跳动也能运输更多的血液,人体所有细胞就能获得更多的氧气供应。机体运动时,可通过降低体重和减少血液中的应激反应激素来使血压正常化。

3. 皮肤:运动增加心脏血循环

体育运动时心脏的"泵血"速度加快,血液循环得以改善并输入更多的氧气,因而也输送给细胞更多的营养素,让皮肤变得红润。正如英国心理学家安德鲁(Andrews)的研究表明,运动能使人容光焕发,神采奕奕。

4. 肺:增大肺活量

有研究证明每天坚持慢跑30分钟,可使肺容积(肺活量)扩大1/3,并显著改善血液化合氧气的能力。

5. 肠道:运动缓解便秘

体育运动和体力劳动有助于副交感神经对肠道消化系统产生刺激作用。运动太少是便秘的主要原因。内科医生建议:便秘患者先不要急于吃泻药,不妨每天进行至少 30 分钟的体育锻炼,以促进肠道蠕动,便秘的苦恼也随之消失。

6. 腹部:锻炼预防糖尿病

大脑会在人体进行体育运动和体力劳动的时候发出信息,消耗腹部的脂肪。医学研究证实:这不失为降低患糖尿病风险的一种好办法。因为脂肪细胞释放的物质能干扰胰岛素的产生,所以经常进行体育锻炼就成为治疗轻微Ⅱ型糖尿病的"非处方药"。

7. 关节:跑步减轻关节负担

关节软骨的营养素不是来自血管,而是来自软骨上层细胞所生成的关节滑液。慢跑之所以能供应膝盖和髋骨关节充足的关节滑液,是因为人体每跑一步就能促使软骨"吮吸"关节滑液,然后又重新将之压出。此外,经常跑步有助于减轻大腿关节的负担,这是因为增强的肌肉组织能更好地起到支撑关节的作用。

三、健身跑方法

1. 三阶段健身跑

第一阶段:练习目标是用中速走 3000～5000 米。

第一步,完成慢走 3000 米。应根据个人的身体状况来确定开始走的距离,一般情况下可确定为 2000 米,如果患病且未参加过体育锻炼的人,开始走的距离可以短一些。连续走几天待身体适应后可适当增加距离,增加 500 米左右,直到完成慢走 3000 米。第二步,完成中速走 5000 米。先用中速走 2000 米(每分钟走 80 步左右),经过一段时间后,若身体感觉良好,可增加 1000～2000 米,在完成中速走 3000～5000 米的过程中,可一直保持匀速走,也可以是慢走加中速走的变速走。

第二阶段:练习目标是完成慢跑 3000 米。

进行这个阶段的练习时,注意掌握好跑的速度。刚开始跑时,根据个人身体情况可把距离定为 1500～2000 米,练习一段时间后,如身体感觉良好,跑的距离可以增加 400～500 米;反之,可适当减小一些,直到完成慢跑 3000 米的练习目标。

第三阶段:练习目标是提高跑的速度,用中速完成 3000～5000 米跑。

完成第二阶段目标后,会感到体力明显增强,工作时精力充沛,有些慢性病也会有所好转,但一定要巩固几周后再开始第三阶段的练习。开始时,可用中速跑 1500～2000 米,练习一段时间后,如身体感觉良好,可增加 400～500 米;反之,可适当缩短距离,直到完成中速跑 3000～5000 米的练习目标。进行这一阶段练习时,跑完应立即测脉搏。

在进行三阶段健身跑练习时,要注意以下几点:

①完成三阶段健身跑练习大概需要一年半的时间,每个阶段所用时间和从哪个阶段开始及以后的练习计划都应根据个人身体状况而定,避免盲目。

②患有心脏病、高血压、脑血管病和某些严重疾病者,练习前一定要到医院做全面身体检查,在医生的指导下进行练习,切不可贸然进行,以免发生意外事故。

2. 走跑交替

开始时一般都以每分钟 200 米的速度跑与走交替,练习时间不少于 10 分钟。两周后可改为跑 100 米和走 100 米交替进行,练习时间也相应延长到 20～30 分钟。一段时间后,根据个人的身体状况,调整走和跑的距离与速度,以及练习的时间。

跑或走时,都要注意身体姿势。正确的姿势是上体略向前倾,腹部微收,挺胸抬头,两眼平视前方。双手轻握成拳,与腿部动作协调地做前后摆动。跑时前脚掌先着地或全脚掌着地,走时脚跟先着地,呼吸要自然。

3. 原地跑

原地跑前要做一些简单的准备活动,如踢腿、扭转踝关节等。原地跑要求高抬腿,前脚掌轻轻落地,脚跟不着地,抬头、挺胸、收腹,两臂配合下肢自然前后摆动。呼吸要自然、顺畅,鼻吸口呼,呼气要充分。练习时要求动作轻松,利用双足与地面间的反弹力量,使动作具有节奏。

做原地跑练习时要注意以下两点:一是地面不要太硬,选择较松软的地面和穿鞋底厚软的运动鞋,以免足踝受伤;二是尽量到空气清新的室外去练习,以保证运动时对氧的摄入需求。

4. 倒退跑

近年来,有关研究发现,倒退跑能消除人体疲劳,从而达到健身的目的。这是因为倒退跑改变了人体习惯性运动方向,促进了人体内的血液循环,加快了机体内乳酸等造成疲劳的物质的代谢,从而消除了机体的疲劳。

进行倒退跑练习时,一定要掌握好姿势。最主要的是使身体的重心落在后支撑腿上,这样身体才不会后倒。同时,要注意抬头、挺胸,上体保持正直,双臂配合步伐做前后自然摆动。刚开始跑时,步幅、速度及距离都要小些,练习一段时间,动作熟练后再提高步幅、速度及距离。还有一点要特别注意,即一定要在平坦的无车辆、行人、障碍物的场地进行,以免发生碰撞等伤害事故。练习时也要视自身状况而行,如有头晕或其他严重不适感暂不要做此项练习。

5. 变速跑

变速跑是慢跑与中速跑交替进行的一种跑步法,可有效提高心肺功能以及速度素质。变速跑可根据练习者的实际情况随意改变跑速,并且随着练习水平的提高,中速跑的距离和慢速跑的距离应有所改变,运动负荷也可不断变化。

6. 定时跑

定时跑有以下两种:一种是不限速度和距离,只要求跑步时间;另一种是对距离和时间有规定,并随练习水平的不断提高可缩短时间,从而加快跑的速度,相对延长跑的距离。这种跑步法,对提高体质较弱者的耐力、体力有很大好处。

7. 沙滩(沙地)赤脚跑

赤脚在沙滩(沙地)慢跑,让脚底肌肉、筋膜、韧带、穴位、神经末梢充分地接触沙粒,使敏感区受到刺激,把信号传入相应的内脏器官及与之相关的大脑皮质,大脑皮质又把它传到效应器官,从而调整人体全身功能,达到强身健体的作用与功效。同时,由于沙滩(沙地)赤脚跑较之平地费劲,这就更有效地锻炼了足部及腿部肌肉,使足部肌肉发达,韧带柔韧有力,脚弓富有弹性,腿部更健美。

第三节 健身跳

健身跳的种类繁多，可以将健身跳与音乐相结合，从而达到健身与娱乐的效果。跳跃练习可以提高股四头肌、臀大肌等下肢肌肉的力量。大强度的跳跃运动可以使心血管收缩加快，心肌的活性增强，而良好的心血管系统可以有效维持胆固醇和血压的正常水平，对糖尿病、肥胖病等疾病有一定的防治作用。

一、健身跳概述

高度跳和远度跳包括原地跳和助跑跳，连续跳、徒手跳和负重跳，障碍跳和无障碍跳。在选用跳跃练习方式时可以根据需要进行组合，如采用原地高度跳时，可采用一次跳（纵跳）、徒手跳、无障碍跳，也可采用连续跳、负重跳、障碍跳，还可采用一次跳、负重跳、障碍跳等，远度跳也是如此。常用的高度跳练习如原地跳起摸高或头触高物（一次或连续、徒手或负重）、原地双脚跳越障碍、原地收腿分腿跳、提踵跳、弓步换腿跳、单腿台阶（低凳）跳、快速挺举跳、助跑摸高跳、助跑跳越障碍（栏架、横杆）等。常用的远度跳练习如立定跳远、立定三（五、十）级跳、助跑跨上跳箱（台阶）、多级跨跳、单脚跳等。游戏性的健身跳多为少儿采用，但其中有些练习也适合成年人，在少儿游戏的编排中，可以将一些跳跃活动组合到游戏当中。有一些健身跳练习如果少儿做，可归入游戏范畴；如果成年人做，则为娱乐活动。虽说跳跃动作的实质没变，但练习的目的和形式有所不同。例如，同样是舞蹈，少儿偏重于兴趣和表现，成年人注重于锻炼和情绪表达。

二、跳跃的健身原理

1. 塑造健硕的下肢肌肉

跳跃是最好的锻炼下肢肌肉的运动。正如我们所了解的，跳跃运动对塑造下肢发达的肌肉是不可或缺的运动。当我们从下蹲开始往上跳跃时，需要臀大肌、腘绳肌收缩的爆发力来抵抗身体的重力，当慢慢加速到脚尖开始离地时，需要小腿三头肌的收缩以蹬离地面，促使人体加速跳跃到最高点。此后身体慢慢回落，首先脚尖着地，需要胫骨前肌做离心收缩以控制身体下降的速度，然后膝关节开始屈膝以再次减小速度，此时股四头肌需要做强大的离心运动以控制速度最后下降至零。

2. 保持心血管的健康

跳跃是强度比较大的运动，这种运动会使心血管收缩更快，把肺部的氧气运输到下肢的目标肌群，再把下肢的代谢废物如二氧化碳运输到肺部。这样的循环运动可以加强心血管的弹性，增强心肌的活性，从而维持心血管系统的健康和强壮。健康的心血管系统可以预防某些疾病，比如维持胆固醇和血压在正常的水平，血液通道中脂肪沉积的概率小。同样的道理，糖尿病也可以通过跳跃锻炼来避免疾病恶化。

3. 有助于提高体内的新陈代谢

通过跳跃练习，体内的新陈代谢速度加快，随着代谢率的增加，身体的脂肪沉积会越来越少，从而可以有效减肥，营养素也能被人体吸收，为全身提供营养。

4. 预防骨质疏松

跳跃练习需要对抗身体的重力，此时肌肉随着骨骼一起被拉起，当身体回落时，骨骼之间的应力性负荷可以刺激骨细胞、骨密质的形成。经常进行跳跃锻炼,患骨相关疾病如关节炎、骨质疏松症的概率就比较小。

5. 减轻关节疼痛

当练习跳跃时,体内释放了内啡肽。随着内啡肽的释放,身体慢慢从疼痛中解脱出来,从而有一种完全的解脱感。内啡肽的释放有助于提升个人的幸福感和健康感。跳跃练习中,深呼吸发生,体内血液内啡肽增加,可以有效地减轻一些疼痛。比如轻度疼痛的膝关节炎,可以适当地做一些跳跃运动,以促进内啡肽的形成,以及关节滑液的分泌,从而减轻膝关节的疼痛。

总的来说,跳跃练习使身体保持健康和良好的状态。

三、健身跳方法

健身跳不需要特殊的场地,只要地面平坦、无碎石、硬块,不湿滑即可,地面最好较为松软,这是为了避免因地面过硬、跳跃技术不好而造成足、踝挫伤或胫骨发炎以及膝关节的慢性劳损。在健身跳之前要做充分的准备活动,如慢跑、徒手操、柔韧练习和一些轻微的跳跃,目的是使机体逐渐进入运动状态,防止肌肉拉伤、关节挫折等伤害事故的发生。练习时动作也应由小到大,速度由慢到快,以逐渐适应。

健身跳可以一个人练习,也可以多人集体练习。个人练习时比较枯燥,需较大的毅力方能坚持下去;多人练习时可相互督促和鼓励,兴趣盎然,提高了练习的量和强度,能取得更好的练习效果。另外,有些练习必须多人进行,如跳长绳、做跳跃游戏等。有些练习必须有人保护,例如跳器械、负重跳跃等。在健身跳练习过程中,不论是节奏很强的练习,还是不需要明显节奏的练习,如果能伴随音乐进行,将非常有益。

第四节 健 身 投

健身投按位置分为肩上投与肩下投。肩上投包括抛掷、投、推;肩下投包括扔、撒、抛。投掷练习可以有效提高肱二头肌、肱三头肌和背阔肌的肌肉力量,投掷中的鞭打动作能锻炼腰腹力量。对于青少年来说,投掷项目有助于提高运动神经的灵巧性,提高肌肉质量,形成健壮的骨骼。投掷练习有助于女性减掉"蝴蝶臂",塑造健美的体型,提高自信心。

一、健身投概述

健身投不同于竞技投掷比赛,它不受场地、器材及技术等因素的限制,是完全以健身为目的的体育活动。经常进行健身投练习,对人的形态、机能、心理健康等都有良好的促进作用。健身投可以消耗脂肪,增加肌肉力量及横断面积,改善神经系统功能,提高身体的协调能力和反应速度。

健身投主要是投远和投准,所用器材也多种多样,除正式投掷器材外,各种实心球、垒球、木棒、石块等都可以作为健身投器材。

健身投的练习方法多种多样,按器械放置的位置可分为肩上投和肩下投;按用力的形式,肩上投可分为抛、投、推等动作,肩下投可分为撒、抛、扔等动作;按身体姿势可分为站立式、蹲式、跪式、仰卧式、俯卧式等;按身体方向可分为正向、侧向、背向。人们可根据不同的练习对象、场地、器材等,选择不同的练习方法。

二、投掷的健身原理

1. 投掷刺激肌肉生长

投掷运动一部分需要力量,一部分需要协调能力,这些并不是单纯进行有氧运动就能实现的,平时还需加入一部分力量训练,针对目标肌群进行锻炼,才能获得理想的身体素质。

2. 提高身体基础代谢

投掷训练可以增加肌肉量,需要更多的能量消耗,因此长期进行投掷练习的人需要及时补充所消耗的能量。

3. 可以延缓衰老速度

投掷训练可以锻炼肌肉纤维,肌肉的合成可以有效促进胶原蛋白合成,从而抵抗皮肤衰老,使人保持紧致的肌肤状态。投掷训练还能提升人体的力量水平,有效锻炼肌肉,延缓身体衰老,保持年轻状态。

三、健身投方法

1. 前抛实心球

面对抛球方向,两脚左右开立,与肩同宽,双手持球上举,抛球时身体重心先下降,两膝弯曲下蹲,上体前倾,然后迅速蹬伸两腿,向前展体,将球向前上方抛出,出手角度约为35°。

2. 后抛实心球

背对抛球方向,两脚左右开立,与肩同宽,双手持球上举。抛球时两腿先弯曲下蹲,然后身体微微后移,两腿用力蹬伸和展髋,将球经头部的后上方向后抛出,出手角度约为40°。

3. 原地推实心球

根据不同年龄选择适宜的实心球,选择一块开阔场地,画直径为2.135米的圆圈或一条起掷线。在圈内或线后,侧对推球方向,两腿左右开立,呈"八"字形,单手持球贴紧颈部,身体向右倾斜并转体,使上体侧对或背对投掷方向,重心移至弯曲的右腿上。推球时右腿首先发力,向投掷方法蹬转送腕,上体转向投掷方向,抬头挺胸,用力伸臂将球推出,出手角度为36°～40°。

4. 侧向滑步推球

身体侧对投掷方向站立,左腿向投掷方向摆出,右腿蹬地,然后向投掷方向滑步,落地时重心落在弯曲的右腿上,上体与髋扭紧,当左脚落地时,右腿积极发力,髋部向前转动,抬头挺胸,用力将球推出,出手角度为36°～40°。

5. 坐姿体侧抛实心球

练习者坐在一个矮凳上,面对抛球方向,双手握住一个1～2千克的实心球,先向一侧转体至最大限度,然后回转用力,将球向前上方抛出。

6. 跪投实心球

练习者两膝跪立,面对投掷方向,双手握住实心球,置于头后上方,肘关节弯曲,上体适度后仰,然后躯干带动双臂向前上方将球投出,出手角度约为 36°。

7. 仰卧投实心球

练习者面对投掷方向,仰卧,后背垫一个实心球或其他物品,双手接住同伴递来的实心球后用力向前上方掷出。

8. 跳起抛接实心球

选择一个轻实心球,练习者两脚左右开立,双手持实心球于体前,两腿弯曲,然后用力蹬地向上跳起,在空中用双手将球向前上方抛出给接球者。接球者原地接球后,再跳起抛球。练习时两人一组,互相对抛。

第三章

田径运动的科学研究

第一节 田径运动科研选题

一、选题的意义

选题就是从各种问题中，选择有价值的又适合自己研究的课题，它是整个科学研究工作的起始点。课题指的是尚未解决的问题，而田径运动研究课题，就是田径领域内未被认识的问题。

爱因斯坦曾指出："提出一个问题往往比解决一个问题更重要，因为解决问题，也许是一个数学上或实验上的技能而已，而提出新的问题、新的可能性，以及从新的角度看旧的问题，却需要创造性的想象力，而且标志着科学的真正进步。"可见，田径运动科学研究工作的价值源泉在于发现问题，提出问题，确立有价值的研究方向。

提出或选择一个有价值的研究选题，对于研究者来说具有重要意义。这是因为合理的选题不仅确定了主攻方向和突破口，而且在一定程度上规定了解决问题的行动方案、步骤和方法，决定了科研工作的效率；合理的选题需要研究者广泛、深入地掌握该领域的知识和发展趋势，需要有敏锐的分析问题能力和创造性想象力，反映出研究者良好的综合素养；合理的选题需要研究者敢于摆脱陈旧理论和传统观念的束缚，有勇气提出新的、有价值的研究课题，这可能蕴含着科学上的新突破、新贡献；合理的选题往往是科研工作迈向成功的一大半，而不合理的选题则会导致研究工作困难重重、进展缓慢甚至半途而废；合理的选题有时可能会成为研究者穷极一生而为之不断努力和付出的研究方向。

二、选题的来源

科研是人们对未知领域的探索与开拓，搜寻和发现选题的线索，是研究者应具备的重要科研素养。田径运动科研选题来源于田径运动实践的需要，来源于已知与未知相结合的领域。选题的来源可以从如下几个方面考虑：

1. 从田径文献中探寻研究课题

文献是用文字、图形、符号、声像等技术手段，记录科学研究成果的物质载体，是研究课题的重要来源之一。研究者首先通过广泛查阅各类田径文献来掌握相关领域的发展现状及趋势，并在这个过程中不断受到新的启发和产生进一步探究的冲动。因此，研究者查阅和分析田径文献，有助于发现有价值的研究方向和思路，同时也可以避免出现重复选题。

在查阅和分析田径文献的过程中，需要研究者深入思考如下问题：对某一问题的研究已经取得哪些进展;不同学者对同一问题的研究有哪些异同;文献中作者未能深入研究哪些问题;文献中最吸引你和产生联想的地方有哪些;文献中是否存在不足、错误或引发你产生不同见解的地方。总之,从田径文献中探寻研究课题,要求研究者具有良好的搜集、阅读科学文献的习惯,并且要善于运用分类、比较、归纳、演绎、推理等逻辑思维方法。

2. 从田径教学与训练实践中发现研究课题

长期从事田径教学与训练的工作者,在具体实践中经常会遇到一些实际问题或困难,也会获得一些成功的经验或失败的教训,甚至还会产生一些突发的想法或新的尝试,所有这些都有可能成为科研选题,这也是基层工作者科研选题的最主要来源。

从田径教学与训练实践中发现科研选题,要求研究者时时在心、处处留意,保持高度的敏锐性。特别是工作实践中发生的偶然现象,可能正是产生新发现的机遇。因此,在田径教学和训练实践中研究者要善于观察、分析和总结,这样就有可能发现有价值的研究课题。例如,圆圈助跑组合练习在背越式跳高教学中的设计与应用;体操垫诱导练习法在初中生立定跳远教学中的应用;铅球投掷训练器的研制及其应用效果的实验研究;海绵砖组合练习在高中生蹲踞式跳远教学中的应用;小学生立定跳远教学步骤及教学手段的创新研究;不同学段小学生趣味投掷练习内容的设计安排及教学应用;初中田径娱乐化教学内容和方法体系的构建;不同高度、间距组合跳深练习对跳远起跳效果影响的实验研究;跳箱组合训练对青少年男子三级跳远运动员专项跳跃能力影响的应用研究。

3. 从学术活动中激发研究课题

学术活动是学者们交流科研成果的主要方式,如论文报告会、专题研讨会等。学术活动大多能发布独具特点的最新研究成果、某个领域在当下的研究热点或重点,还可以进行面对面的讨论和答辩,甚至发表自己的看法或观点。这种讨论与交流能够产生新的思想火花,为激发和形成科研选题提供了可能。

要想从各种学术活动中激发研究课题,研究者在参加学术活动之前应掌握足够多的背景材料,如本次学术活动的主要议题和内容、相关的已有研究现状、主讲人的主要研究成果及观点等。在学术活动的交流过程中,应注意捕捉有特点的观点,并积极参与讨论或记录,也许灵感就在一瞬间被激发和点燃。

4. 从社会和体育的改革与发展趋势中思考研究课题

体育作为一种社会活动,必然随着人类社会的发展而发展,也必将不断地产生新的研究课题。随着社会的进步,社会的政治、经济、文化等各方面都在发生着明显的变化,这种变化必然会涉及体育领域。例如,在社会主义市场经济条件下如何开展大众体育;体育作为第三产业如何进行运转,如何提高体育自身的经济活力,如何处理体育的社会效益与经济效益的关系;竞技体育管理体制的改革如何进行;等等。

从社会和体育发展趋势中去寻找和思考田径科研选题,要求研究者对社会与田径的发展进程有着较为全面的了解,对社会的变革具有高度的敏感性。例如,中国田径赛事市场化分析;我国田径运动职业化发展研究;我国田径健身体系的建立;我国田径人才地域分布特征及成因分析;社会环境对残疾人田径运动的影响;全民健身背景下少儿趣味田径的发展对策;基于场域理论的国际马拉松赛与城市形象传播策略研究。

5. 从田径运动战略发展规划中选择研究课题

田径运动战略发展规划与我国体育运动战略发展规划协调同步,是指国家体育总局根据体育发展的需要、体育科学发展的一般规律所确定的对体育事业、体育科学发展起决定作用的总政策和总方针,涉及国家规模的研究领域与方向。田径运动战略发展规划一般提出当下或今后某个阶段田径科学研究的方向与重点,乃至一些具体的研究课题,为我们寻找、选择研究课题提供了明确方向和范围。例如,体育强国背景下田径后备人才培养和基地建设研究;田径重点项目训练规律、特点和创新理念、方法、手段与实施方案的研究;田径耐力项目高原高水平人才开发计划的研究与实施;健康中国背景下青少年田径运动的发展对策;中国男子田径的发展对策;世界田坛实力格局演变与中国田径发展方向研究。

6. 从现代科学及相关学科的发展趋势中引发研究课题

现代科学的发展呈现出一种全科学趋势,各门学科之间的联系日益紧密,一门学科的重大突破,往往会导致一系列相关学科的发展和变化,从中必然会产生新的研究课题。随着现代教育理念的发展以及课程改革的不断深入,田径教学研究也呈现出很多可借鉴和移植的新课题与新成果。例如,"合作-竞赛法"在高中跨栏跑教学中的应用研究;基于微视频的协作学习教学模式在田径教学中的实验研究;引导体验教学模式在中学田径教学中的应用研究;建构主义学习理论运用于田径技术教学的实验研究;"结构-定向"教学理论在跳远教学中的应用研究;整合虚拟现实技术的背向滑步推铅球教学课件的设计与实施;共生理论下马拉松赛事与城市文化协同发展研究。

三、选题确定的原则

我们可以在田径领域内提出许多问题,但并非所有问题都是可以研究的课题。只有那些具有内在的科学性,适应现实需要,具有新观点、新方法且有条件能解决的问题,才能成为研究课题。在田径运动研究课题确定过程中,应全面掌握好以下四个原则。

1. 需要性原则

需要性原则是选题确定的首要原则,在田径科学研究中所要探索和解决的问题,必须是在田径实践中所遇到的实际问题或田径理论自身发展所需要解决的问题。这种需要的程度越高,所选择的研究课题的价值就越大。根据需要性原则,在确定选题过程中必须做到:深入田径运动实践中去,注意调查研究,从中发现问题,要对现代田径运动的发展趋势具有一定的预见性,使研究课题能推动田径实践的发展,而不仅仅是一种滞后性的经验总结和归纳;要随时注意现代科学的发展趋势,了解相关学科的最新信息,掌握体育科学的学术动态,特别是掌握田径运动研究的最新成果与现状。只有这样,才有可能找到新的突破口,适应田径运动发展的需要。

2. 科学性原则

科学性原则是选题确定的内在依据,选择研究课题是有限制的,这种限制就是所选择的研究课题必须具有科学性,要有理有据。这个"理"和"据",指的是客观存在的事实和已被科学实践反复证实了的客观规律。根据科学性原则,在确定选题过程中必须做到:充分尊重客观事实,不以道听途说的传闻为根据;要善于透过现象看本质,不被事物的假象所迷惑。确定选题需要大胆的想象,需要摆脱传统的偏见,需要在已有的事实和理论上有所突破和发展。但是,所有这些都必须在尊重前人的科学研究成果,以科学理论为依据的基础上进行,否则就可能堕入非科学和伪科学中去。

3. 创新性原则

创新性原则反映了科学研究的本质，是确定选题的根本原则，它保证了预期的研究成果具有一定的学术意义和实际应用价值，防止科学研究的重复与浪费。根据创新性原则，在确定选题过程中必须做到：不断扩充自身的知识面，了解现代科学相关理论与实践的发展现状，了解田径运动的研究现状，对已经取得的和正在研究的相关田径课题有足够的了解。创新性原则要求所选课题内容具有新颖性，既可以是重大的理论性突破，也可以是在他人研究基础上的创新或更新。特别是对于一般研究者来说，只要在研究对象、研究方法、研究范围、研究视角等方面有一定的创新，就不失为一个具有创新性的研究课题。

4. 可能性原则

可能性原则就是一定要根据实际具备的和经过努力可以具备的主、客观条件来确定研究课题。因此，在确定选题时需要做到：对该项研究所必须具备的主、客观条件，要有正确和全面的估计，既要重视各种条件是否具备的实际现状，又要充分发挥主观能动性，为课题研究创造条件。例如，知识方面的不足可以在研究过程中进一步学习和提高，资料欠缺可以在研究中进一步查找和收集，仪器不完备可以考虑替代方案或从其他途径获得等。总之，要从现有条件和通过努力可以改善的条件两方面来考虑。

四、选题确定的程序

1. 确定研究方向

田径领域的研究，涉及的范围很广，研究者在确定研究课题前，首先应确定好自己的研究方向。例如，田径课程理论与实践方面的研究、田径某项目技术教学方面的研究、田径某项目训练理论与方法方面的研究、少年儿童田径教学或训练的理论与方法方面的研究、田径运动员选材方面的研究、田径器材设备开发方面的研究、田径竞赛组织或裁判法方面的研究等。确定研究方向主要应从研究者自身的知识结构、研究能力、所处的环境、个人兴趣、可能具备的研究条件来考虑，尽量做到扬长避短。

2. 多途径收集有关选题的背景材料

确定研究方向之后，就应该设法从多个途径广泛收集相关材料，充分了解研究方向内相关实践活动的发展现状、成功经验、失败教训、存在问题、发展趋势等，充分了解当前研究者在相关领域的研究现状、研究中存在的问题等。收集相关材料的途径包括充分挖掘和利用自己已有的材料，如体会、经验、印象等；通过现场调查与观摩、同行交谈、专家咨询等方式来获取调查信息；有针对性地查阅文献资料，如该领域当前研究的重点、薄弱环节、存在的问题、有争议的观点、取得的研究成果等，在查阅文献时应注意及时记下自己对问题的认识和头脑中闪现的思想火花；参加学术交流活动，获悉最新研究成果，进行学术讨论等。这些都是能给研究者提供富有启发意义的材料。

3. 形成初步设想

对所收集来的各种背景材料进行整理、分析、联想、思考等，激发带有奔放性、跳跃性、突发性、创造性的思维活动，以酝酿形成关于选题的初步设想。当研究者苦思冥想，提出各种各样的猜测，设想各种各样的可能，头脑中闪现与选题有关的多条线索，但又无法确定明确的切入点或逻辑思路的时候，需要走出去与同事、同行、有关专家展开交流，这有助于使研究者的思路由模糊变得清晰、由无序变得有序。

4. 确定研究目标和范围

确定研究目标是一个科学的推理过程,是在初步设想的基础上,充分运用自己的知识、经验和智慧,通过联想、比较、演绎、推理、归纳等逻辑思维方法,对初步设想进行梳理,使选题所要研究的各方面任务变得更加具体、明朗。此后确定研究对象和研究内容的范围,把研究对象和研究内容限定并聚焦在一个明确而又合理的范围内,使研究任务更加清晰、准确,切忌把研究主题泛化、扩大化,从而导致冲淡论点或是无法驾驭而无法完成后续研究。

5. 筛选研究方法

筛选研究方法是研究者在确定研究目标的基础上,拟订各种可能采用的研究方法的备用方案,再从各种备用方案中根据一定标准选出最合适方案的过程。在研究方法的拟订和筛选过程中,需要考虑研究对象的抽样方法、研究变量和研究指标的确定方法,以及收集资料、整理资料、分析资料的各种具体方法。筛选研究方法的完成,标志着研究设计的基本完成。

6. 撰写选题报告

筛选研究方法后需撰写选题报告,选题报告包括以下内容:

(1)课题名称　课题的名称是对课题的高度集中与概括,应力求做到确切、恰当、鲜明,既能准确地概括课题研究的内容,又能引人注目。例如,青少年跨栏跑运动员实施下坡跨栏跑练习对跨栏步技术影响的实验研究;我国优秀女子铅球运动员过渡步技术特征分析;落地高度对高水平短跑运动员跳深动作下肢反应性力量的影响;短跑不同模式速度耐力训练对肌肉损伤的影响;核心力量训练对男子标枪运动员最后用力阶段影响研究;某省高校田径课教学的现状调查研究;不同田径教学内容对学生情境兴趣激发的实验研究。

(2)选题的目的、背景与意义　提出该项研究想要解决的核心问题是什么,阐述进行该项研究的原因和必要性,以及该项研究所能产生的理论意义和实践意义。以"不同高度台阶练习对优化背向滑步推铅球技术链效果的比较实验研究"的选题为例,该选题的目的是实证台阶练习对优化背向滑步推铅球技术链的有效性,并论证提出最适宜的台阶高度。其主要研究背景是背向滑步推铅球的教学需要不断地探索新的方法和新的手段;技术链和下坡跑的研究成果为背向滑步推铅球的有效教学提供了创新思路和理论与实践基础。其研究的理论意义是论证以弱链作为出发点来设计优化推铅球教学手段的科学性和有效性,为丰富推铅球教学理论提供新的视角。其研究的实践意义是使学生更快、更高效地掌握背向滑步推铅球技术,为突破教学难点提供教学参考。

(3)国内外有关的研究现状　概括叙述国内外与本研究课题有关的研究状况,包括现阶段取得的主要研究成果、主要的研究方法、不同的学术观点、当前研究的发展趋势、有待于进一步研究的问题等。

(4)课题的研究任务和预期研究成果　说明本研究课题的主要研究任务和具体的研究目标,以及本课题研究的主要内容和观点、可能的创新之处,预期研究成果的表现形式及其应用范围等。

(5)主要的研究方法　研究方法应写得明确、具体,具有可操作性,能较全面地反映研究的全过程,如采用实验法,应写明实验对象、施加因素、实验效应指标等。

(6)所需仪器设备、经费预算和计划进度等　根据研究方法和研究对象的数量,列出研究课题所需要的仪器、设备(已有的、需要购买的或需要借用的应分列清楚)和研究经费的预算表,并写出整个研究过程的计划进度与时间安排。

第二节 田径运动科研方法

一、文献法

在田径运动科学研究过程中,文献资料占有十分重要的位置。在确定选题时需要了解与课题有关的背景资料;在研究过程中需要及时了解与研究课题有关的进展情况;在对研究结果进行分析时还需要用文献资料来充实论据。与此同时,对历史资料的研究,也是认识事物发展规律的一种途径。因此,文献法不仅是一种收集资料的方法,还是一种分析研究的方法。

1. 文献收集的基本要求

收集文献时要注意尽可能收集代表各种观点、得出不同甚至相互矛盾结论的文献。不仅要注意收集与自己研究课题、领域直接有关的资料,而且还应该跨学科、跨领域地收集有关资料。总之,从内容上看,收集文献的种类越丰富越好。要注意收集与研究课题有关的各种形式的文献,如声像视听类资料、印刷类资料(书籍、期刊、报纸等)、科技报告、学术会议论文、学位论文、科研简讯和科技档案等,目前多数文献资料都以电子文档形式存储于网络资源之中。围绕研究课题收集的文献,在时序上要有一定的连续性和积累性,尽量不要中断,否则可能会因资料不全而无法全面反映研究对象的整体发展变化状况。对于与研究课题有关的各种新资料、新信息,要及时了解、及时收集、及时研究、及时利用,以提高研究的时效性和实用价值。

2. 文献综述的撰写

(1)文献综述一般可分为六个部分,即引言、历史发展、现状分析、趋势预测、改进建议和参考文献目录。引言部分主要阐明文献综述的目的、意义和重要性,介绍基本内容、性质、适用范围等。历史发展部分是以时间为主线叙述所研究问题在各个阶段的发展状况和特点,探讨其发展变化的规律性,弄清已解决了什么、用什么方法解决的、遗留什么问题尚待解决。现状分析部分主要是对不同观点、不同方法、已获成果、现有水平、发展方向、需要解决的问题等方面,进行横向比较分析,并客观地评价其优点和不足。趋势预测部分是根据历史发展和国内外现状,以及其他领域的影响,预测所研究问题发展的某种可能性,以及可能出现的问题等。改进建议部分主要是根据上面的分析、评论和预测,参照有关研究情况,切合实际地提出今后应采取的发展途径、发展步骤、新的研究方案或设想,阐述对其进一步研究的可能性。参考文献目录部分提出文献综述撰写时所依据的资料,一方面便于他人进一步查找和核对引用文献的准确性,另一方面是尊重他人的劳动成果,同时也可以增强文献综述的可信程度。

(2)撰写文献综述的要求。搜集文献应当全面,所引用的资料和数据要真实、可靠。分析评论要以客观材料为基础,材料使用应适当。论述过程的详略,要根据综述的目的与实际需求来定。要适当地采用图表的方式来说明发展的过程和现状。要注意区别文献中的观点和文献综述者本人的观点。在历史发展部分可以比较、分析文献中的各种观点;在现状分析、趋势预测和改进建议部分可以充分发表文献综述者本人的观点。文献综述的重点是比较和评价,不是具体介绍自己的研究成果,不宜将自己的研究工作放在综述之中进行评价。即便提到自己的研究,也应同样客观对待。

(3) 撰写文献综述的步骤包括确定文献综述的题目;查找和收集各类相关文献;对文献进行筛选、分类、梳理;对文献进行深入分析、比较、提炼、归纳,编写提纲、进行评述、形成初稿;对初稿的结构与内容进行反复推敲和修改,直至形成定稿。

二、调查法

调查法是通过直接接触、询问调查对象或现场观察等手段来获得事实材料的一种科学研究方法,是在田径运动科研中被普遍运用的一种基本方法。常用的调查法包括座谈会调查、访谈调查、问卷调查、德尔菲法、现场调查,具体介绍如下。

1. 座谈会调查

召集有经验的人开座谈会,通过座谈会了解各种经验、教训、意见、建议等。采用座谈会调查时,首先要围绕主题拟定调查提纲,并将调查提纲提前发给与会者,以便他们做好发言的准备;其次要适当控制参加座谈会的人数,人数过多会影响座谈内容的深入探讨。调查者应做好会议记录。

2. 访谈调查

访谈调查是研究者按事先拟定的调查提纲,向受访者当面提出问题,并请受访者提供情况的一种个别调查的形式。由于访谈调查多为一对一的面谈形式,因此,更应当事前制定详细、周密的访问调查提纲。例如,拟定谈话的时间、地点和进行方式;拟定要提的具体问题;拟定记录访谈过程的方式、方法;拟定可能的备用方案。

3. 问卷调查

这是一种书面提问的调查形式,也是调查活动中最常用的一种形式。问卷调查时,可以将研究者事先设计好的调查表格、问卷等,当面请调查对象填写;也可以通过邮寄方式寄给调查对象,请调查对象填写好之后再寄回;还可以利用电脑或手机等现代通信工具来填写、提交。问卷具体内容包括填空、单选、多选、排序、评分、自由回答等。

4. 德尔菲法

德尔菲法是指多位专家在互不通气的情况下,经过几轮调查和信息筛选之后,由集体进行预测或判断的一种调查形式,也称为"专家调查法"。由研究者制定出明确的调查提纲或问卷,并选择30名以上专家(在调查问题领域内有十年以上工作经验者)作为调查对象。专家们在互不通气的情况下独立地填写调查表或回答问卷。研究者收到专家们的答案之后,根据定量分析的结果,集中专家们的意见,再次制定调查表分发给专家们。如此反复,经过3~4轮的反馈,一般都能得出较为集中的结果。

5. 现场调查

现场调查是研究者立足于调查对象所处的环境,结合直接观察法、间接观察法和直接接触、询问对象,以获取事实材料的一种综合性调查方法。现场调查可分为现情调查、前瞻调查、回顾调查和追踪调查。现情调查是指对现场当时正在发生的或存在着的情况进行调查。例如,对某次跳远比赛中运动员犯规情况的调查和统计。前瞻调查是先确定试验因素,后观察试验结果的调查研究方法。例如,把调查对象分成两组,一组是有手机录像并及时反馈的推铅球技术教学,另一组是没有手机录像介入的常规推铅球技术教学。经过相同学时(如10学时)的教学之后,调查两组学生在推铅球技术方面的表现情况。这种调查就是把手机录像并及时反馈能够有效促进铅球技术学习作为一种假设,属于前瞻调查。回顾调查是根据已知结果,设立产生该结果和未产生该结果的两个组,然后通过调查的方法,追溯两组在某个因素上产生的差异情况,探索产生该结果的可能因素。例如,对短跑运动员大腿后群肌拉伤原因的调查,就是比较已拉伤和未拉伤两组运动员在某些因素方面的差异来寻找拉伤的原因。追踪调查是对一批调查对象作有间隔的、较长时间的观察,有的几年,有的十几年,甚至几十年。例如,对青少年发育情况和运动员选材的研究,采用每季度测试一次生理和身体素质、身体形态指标,经过多年的连续调查,就可以提出运动员选材的有效参考指标,也可以提出运动训练对青少年身体发育产生影响的系统材料。

三、观察法

观察法是研究者通过视觉或借助一定的科学仪器,有目的、有计划地对自然状态下的活动对象进行系统的考察和描述,从而获得经验事实的一种研究方法。在田径技术教学与训练的研究中,经常使用的测量法是通过测量工具对所观察事物进行测量的一种定量描述方法。此外,还有高速摄影与摄像及影像解析法,也是先记录所获取的技术表现,然后进行比较或数据分析。测量法和高速摄影与摄像及影像解析法从本质上来说,都属于观察法的范畴。观察法的实施,大体上包括制订观察计划、实施观察和整理观察材料三个主要阶段。

1. 制订观察计划

(1)观察目的与任务。观察目的是通过观察要了解的主要问题或内容,或假定存在的某些事实特征。观察任务则是为了实现观察目的而要解决的具体问题。

(2)观察对象。观察对象是运用观察法研究客观事物的具体对象。根据观察目的与任务确定观察对象以及对象的数量和范围。被选取的观察对象既要有一定的代表性,又要有一定的广泛性,在可行性基础上力求保证观察对象的数量和质量。

(3)观察指标。观察指标是观察目的与任务的具体体现,是制订观察计划最重要的一环。要注意指标的客观性,即选择的指标应使大家都能够用同样的方法去观察或测量。要注意指标的有效性,即选择的指标能够正确反映观察任务的需要。要注意指标的标准化,即选择的指标定义标准化、观察测量方式标准化、观察步骤标准化、观察记录标准化。要注意指标的可观察性,即选择的指标通过观察可以直接获取。

(4)观察指标的标准、规格。选择的观察指标,有的是定性指标,有的是定量指标。定性指标的内涵、规格、表现特征、操作定义(标准)需要说明;定量指标的获取规格、精确度、正误度等均需说明。只有这样才能保证观察指标具有统一性、可操作性、可比性、准确性。

(5)观察的步骤、条件。观察步骤是指观察方法运用的程序、操作程序及各种观察技术与时间的安排,如观察阶段的划分、各阶段观察时间、观察内容顺序等。观察条件是指按研究任务需要,并能按步骤进行观察的具体条件,主要包括观察时间条件与观察空间条件。观察时间条件包括总的时间、每次的时间、时机、时间间隔等。观察空间条件包括观察位置、角度、距离、方向等。

(6)观察记录。观察中许多重要信息转瞬即逝,需要及时做好记录,并力求前后一致。因此要求观察记录表格、符号、标准、精确度要统一,并按信息种类归类,以便事后进行统计与分析处理。

2. 实施观察

实施观察阶段的任务是按照观察计划进行资料的搜集工作。整个工作过程需要注意以下几点：选择最适当的观察位置；注意力集中，善于捕捉时机；分工明确，各司其职；及时做好记录。

3. 整理观察材料

观察记录只是对客观事物的现象进行描述的一种形式，要想从观察记录中找出客观事物发展变化的规律，还必须对观察记录的材料进行加工整理。观察结束后，首先必须全面审核观察记录，剔除有错误的材料，不可想当然地随便补充。根据不同研究任务的需要、不同观察指标的性质特征，对观察材料进行分类加工整理，对量化指标进行专门统计分析处理，以分析某些研究指标与研究问题间的相互关系及规律。

四、实验法

实验法有别于调查法、观察法等研究方法，它是通过人为地创设一定的情境和有意图地控制和操作某些变量，从而发现和揭示有关变量之间因果关系的一种研究方法。实验法在田径技术教学与训练的研究中占有十分重要的地位，是田径运动科学研究的主要方法。下面我们通过两个具体实例来介绍实验法的具体结构和内容。

实例一

实验名称：下坡跳跃练习对田径专修学生三级跳远技术与成绩影响的实验研究。

实验对象：××体育学院体育教育专业田径专修男生19人。本研究实验对象为体育教育专业田径专修学生，已经进行了三个学期的田径专修学习与训练，具备一定的短跑及跳远能力和相关身体素质基础，并且先期已经完成了8个学时的三级跳远基本技术学习。

实验时间：3月14日至5月13日，每周两次，每次90分钟，共计14次训练课。实验前测试时间：3月12日、13日；实验后测试时间：5月14日、15日。

实验地点：××体育学院西田径场及小球馆东侧下坡道。

实验准备：(1)实验前测试。实验前用两天时间分别对田径专修学生的三级跳远水平以及8步助跑情况下的五级跨步跳、五级单足跳、三个循环的"单足跳—跨步跳—跨步跳"的远度水平进行测试。(2)下坡道的选择。通过文献研究获知下坡训练的坡度选择对于训练的实施效果有着较大影响。为了确保练习效果的科学性和实效性，本研究对校园中的几处坡道进行了坡度测量与筛选。随机选取五名学生，各自在2°、3°和4°的坡道上进行下坡跳跃练习比较，通过录像观察，结合学生感受最终确定在3°坡道上进行下坡跳跃练习，这也与文献中的公认坡度相吻合。

下坡跳跃练习手段的选取与安排：(1)下坡跳跃练习手段的选取。常见的跳跃练习手段有很多，以无外加负荷的跳跃练习为例，如双脚进行的立定跳远、连续蛙跳、连续兔跳、十字跳、直膝纵跳、屈膝纵跳、收腿跳、连续跳栏架、连续跳上跳下台阶或箱盖等；如单脚进行的连续单足跳、连续跨步跳、连续起跳腾空步、连续单脚跳上跳下台阶或箱盖、左右脚交替的蹬台阶或箱盖跳、连续循环的"单足跳—跨步跳—单足跳—跨步跳"以及连续循环的"单足跳—跨步跳—跨步跳"等。由于本研究关注与三级跳远专项有密切关联的连续跳跃能力的发展,因此手段选择上应更加突出以下特点:快速有力的"蹬"与"摆"及其有机结合;摆动幅度大、剪绞速度快;有利于身体重心的积极前移;身体重心腾空轨迹低、平、快、大;足着地时的积极扒地动作;连续跳跃的连贯性、快速性;由跑转为跳的连贯性、快速性。因此,把单脚水平类跳跃练习作为主要内容,结合专家的咨询意见,并考虑练习的渐进性,最终确定本研究下坡跳跃练习的具体内容包括原地立定开始的五级跨步跳、五级单足跳、十级跨步跳、十级单足跳;走动7步或8步开始的十级跨步跳、十级单足跳;慢跑7步或8步开始的十级跨步跳、十级单足跳、三个循环的"单足跳—跨步跳—单足跳—跨步跳"、三个循环的"单足跳—跨步跳—跨步跳";快跑8步开始的五级跨步跳、五级单足跳、十级跨步跳、十级单足跳、三个循环的"单足跳—跨步跳—单足跳—跨步跳"、三个循环的"单足跳—跨步跳—跨步跳"。需要说明的是,学生在先前已经掌握了在平地上进行上述内容的技术方法,本研究不涉及基本技术的学习过程。(2)下坡跳跃练习手段的安排。本次训练实验共计进行14次训练课,每次课90分钟,课程主要以下坡跳跃练习内容为主,因为要专门考察下坡跳跃练习的有效性,所以除了兼顾少量的下坡跑、平道跳跃练习、中程助跑三级跳远和全程助跑三级跳远以求专项素质向专项能力的过渡与转化外,没有再设计安排另外的相关身体素质和专项技术练习。第1、2次训练课主要安排中等运动量及强度的练习,以促进学生对于下坡训练的适应能力。第3、4、5次和第7、8次训练课主要安排大运动量及中上强度的练习,以促进学生连续跳跃能力的发展。第6次和第9次训练课主要安排中等运动量及强度的练习,以调整负荷促进机体的良好恢复。第10、11、12次训练课主要安排中上等运动量及大强度的练习,以强化学生连续快速跳跃能力的形成与发展。第13、14次训练课主要安排中下等运动量及大强度的练习,以促进学生连续快速跳跃能力向专项技术的良好转化,并兼顾机体的调整与恢复以准备应对实验后的各项测试。

实验测试办法:(1)实验前测试。3月12日上午,测试内容:①8步助跑情况下的五级跨步跳远,按顺序进行3轮测试,取最优成绩。②8步助跑情况下的五级单足跳远,按顺序进行3轮测试,取最优成绩。3月12日下午,测试内容:8步助跑情况下的三个循环的"单足跳—跨步跳—跨步跳"远度,按顺序进行3轮测试,取最优成绩。3月13日下午,测试内容:三级跳远及高速摄影录像,按顺序进行4轮测试,取最优成绩。(2)实验后测试。5月14日下午,测试内容:三级跳远及高速摄影录像,按顺序进行4轮测试,取最优成绩。5月15日上午,测试内容:①8步助跑情况下的五级跨步跳远,按顺序进行3轮测试,取最优成绩。②8步助跑情况下的五级单足跳远,按顺序进行3轮测试,取最优成绩。5月15日下午,测试内容:8步助跑情况下的三个循环的"单足跳—跨步跳—跨步跳"远度,按顺序进行3轮测试,取最优成绩。

实例二

实验名称:体操垫诱导练习法在初中生立定跳远教学中的实验研究。

实验对象:某中学初三(8)班53名学生(男生22名,女生31名)为实验组,初三(7)班51名学生(男生25名,女生26名)为对照组。

实验时间:学生身体素质实验前测时间(2节课),9月15日—9月21日;教学实验时间(6节课),9月25日—10月23日;学生身体素质实验后测时间(2节课),10月24日—10月30日。

实验地点：某中学田径场。

实验目的：对实验组的学生在立定跳远教学中进行体操垫诱导练习，对照组则进行常规立定跳远教学，证实所设计和安排的体操垫诱导练习方案对初中生立定跳远学习效果所产生的影响。

实验器材：体操垫若干个，橡皮筋若干，皮尺一卷，秒表一块，体前屈测试仪三个。

实验控制：1节课的时间为45分钟，实验组和对照组教学课时均为6节课，教学目标、任课教师相同。

第1节课开始分别对实验组和对照组采用不同的教学方法，实验组在学习预摆站姿及预摆技术动作时，教师结合了体操垫、橡皮筋进行教学；对照组学习预摆站姿及预摆技术动作时，采用无体操垫的常规教学方法进行教学。接下来的5节课，实验组结合体操垫诱导练习法教学，对照组则采用无体操垫诱导练习的常规教学。实验组和对照组每次课的练习负荷基本相同。

实验组体操垫诱导练习内容设计：体操垫置于两腿间，橡皮筋置于头顶上方的前摆练习，练习目的、练习方法、技术要求、相关数据参数、教学要求等具体阐述在此略去。跳跃三角形障碍体操垫的立定跳远完整技术动作练习，练习目的、练习方法、技术要求、相关数据参数、教学要求等具体阐述在此略去。

实验组体操垫诱导练习的教学安排：本次实验用6节课教授立定跳远完整技术动作。立定跳远的动作结构可以划分为预摆阶段、起跳阶段、腾空阶段、落地阶段。第1、2节课的主要教学内容为细学借助橡皮筋与体操垫诱导练习预摆和起跳技术；粗学体操垫诱导练习腾空技术，进行无体操垫诱导的立定跳远完整技术动作练习，强调高质量的预摆和起跳技术。第3、4节课主要突出体操垫诱导练习腾空技术，复习预摆和起跳技术，粗学体操垫诱导练习落地技术，进行无体操垫诱导的立定跳远完整技术动作练习，强调腾空阶段各环节技术的衔接。第5、6节课为强化体操垫诱导练习落地技术，诱导练习立定跳远完整技术动作，进行无体操垫诱导的立定跳远完整技术动作练习。

对照组练习的教学安排：第1、2节课的主要教学内容为细学预摆和起跳技术；粗学腾空技术，进行立定跳远完整技术动作练习，强调高质量的预摆和起跳技术。第3、4节课主要突出练习腾空技术，复习预摆和起跳技术，粗学落地技术，进行立定跳远完整技术动作练习，强调腾空阶段各环节技术的衔接。第5、6节课为强化落地技术，学习与强化立定跳远的完整技术动作。

测试办法：实验前与实验后的各项测试内容均按照规范的体质测定办法进行，而立定跳远的动作技术评定则采用录像评分法。实验前后采用了录像技评的方式，即将两个组所有学生的两次立定跳远完整技术动作通过录像设备记录，然后将每位同学技术动作相对稳定的一次录像筛选出来放在一起并打乱顺序，最后分别交给三位初中组体育教师对各环节技术进行评定，每个技术环节的技评总分为100分。立定跳远各技术环节成绩在综合得分所占比例：准备姿势及预摆技术占15%，起跳、蹬伸、摆动及躯干动作技术占45%，腾空阶段技术占30%，落地阶段技术占10%。三位初中组体育教师对每位学生各技术环节的平均评分乘权重，然后相加即得到每位学生的技评综合得分。

第四章 短跑

短跑教学视频

第一节 短跑技术

一、短跑的基本技术

短跑技术主要包括起跑、起跑后加速跑、途中跑、终点跑技术。

1. 起跑

起跑的任务是使人摆脱静止状态,尽可能地获得最大的初速度,为起跑后的加速跑创造有利条件。短跑起跑一般采用借助起跑器的蹲踞式起跑方式,见图4-1。

图4-1 蹲踞式起跑方式

蹲踞式起跑包括"各就位""预备"以及鸣枪三个阶段。

运动员在听到"各就位"口令时应轻快地走到起跑器前,双手撑地,双脚依次踏在起跑器前后抵足板上,后膝着地,然后收回双手紧贴起跑线后沿,两臂伸直,略宽于肩,肩与起跑线平行,四指并拢与拇指相对成"八"字形,形成稳固的弹性支撑。颈部自然放松,躯干略微弓起,集中注意力听"预备"的口令,见图4-2。听到"预备"口令的动作如图4-3所示。

图4-2 "各就位"动作

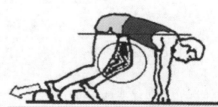

图4-3 "预备"动作

起跑器主要采用"普通式""拉长式"两种安装方式。

"普通式"安装时,前起跑器安装在起跑线后一脚半(40~45厘米)处,后起跑器距离前起跑器一脚半长。前、后起跑器的支撑面与地面间的夹角分别为 45°左右和 60°~80°，两起跑器的中轴线间距约 15 厘米，见图 4-4。

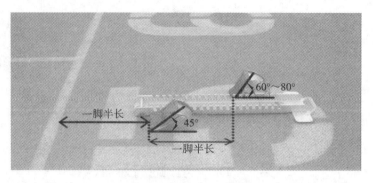

图 4-4 "普通式"安装

"拉长式"安装时，前起跑器距起跑线两脚长，后起跑器距前起跑器一脚半长。起跑器的支撑面与地面间的夹角和两起跑器的左右间距与"普通式"安装的相同，见图 4-5。

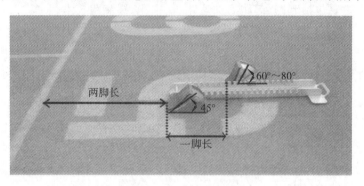

图 4-5 "拉长式"安装

2. 起跑后加速跑

起跑后加速跑是指从"起跑步"到转入途中跑姿势的一个疾跑段，如图 4-6 所示。起跑后加速跑阶段跑动的长度一般在 30 米左右。其主要的任务是充分利用起跑时所获得的初速度，通过持续的加速，使人体奔跑的速度尽量接近或达到自己的最高跑速。

图 4-6 起跑后加速跑技术

起跑后加速跑的第一步是从"起跑步"开始的，此时，摆动腿前摆与支撑腿间的夹角稍大于 90°。第一步的关键是摆动腿应积极下压，以前脚掌着地，着地点在身体重心投影点的后方并迅速地过渡到有力的后蹬。起跑后的最初几步，两脚是沿着两条相距不宽的直线前进的，随着跑速的加快，两脚着地点就逐渐合拢到假定的一条线两侧。且从起跑后加速跑的第一步起，步长逐渐增加。第一步的步长为三脚半至四脚长，第二步为四脚至四脚半长，之后的步长逐渐增加，直至进入途中跑的步长。

3. 途中跑

途中跑是短跑过程中距离最长、速度最快的跑段，也是短跑过程中最为重要的跑段。途中跑的任务主要是继续提高跑速和尽可能在较长距离上保持最高跑速。

途中跑根据跑的周期可分为"后蹬与前摆""腾空""着地缓冲"三个阶段，如图 4-7 所示。

图 4-7 途中跑技术

后蹬与前摆：从身体重心投影点与支撑腿脚掌（人体重力支点）重叠作为开始，到身体重心移过人体重力支点是进入支撑腿的后蹬与摆动腿的前摆阶段，并以后蹬腿的离地为结束标志。

腾空：指后蹬腿蹬离地面至摆动腿着地这一阶段。

着地缓冲：从摆动腿着地瞬间开始，即进入着地缓冲阶段，而当人体重心与人体重力支点在此重叠时即表示着地缓冲阶段结束，也意味着进入新一轮的后蹬与前摆阶段。

4. 终点跑

终点跑是指接近终点线至终点线的最后一个跑段，是途中跑的延续。其主要的任务是尽量保持途中跑的速度再配合正确合理的撞线动作跑过终点。

终点跑技术与途中跑技术类似，只是伴随着体力的下降，运动员为了保持较高速度，需要增加后蹬力量，只能够通过保持上体前倾角度或者稍微增加上体前倾角度，同时，通过增加摆臂的幅度和力量来带动双腿继续保持较高步频与步幅，并跑过终点线。在接近终点线 1~2 步距离时应该迅速、柔和地加大身体倾斜角度，用肩或者胸部撞向终点线的垂直面。跑过终点线后逐渐减速。

二、短跑技术教学的重点与难点分析

1. 教学重点

途中跑是短跑全程跑中距离最长、速度最快的一段，也是最重要的跑段，占全程跑距离的 60%~70%，对短跑成绩影响较大。其任务是继续提高跑速和尽可能较长距离地保持最高速跑。后蹬与前摆、腾空、着地缓冲三个阶段贯穿途中跑的全程，在教学过程中需要对这三个阶段进行针对性的教学。

针对后蹬与前摆阶段的教学，首先要让学生明白后蹬与前摆这个阶段的身体姿态。支撑腿的后蹬与摆动腿的前摆，也就是两大腿剪绞动作的后半程，蹬与摆的动作既相辅相成，又互为制约。因此，蹬与摆的相互配合和快速、协调用力是后蹬与前摆阶段的技术关键。在腾空阶段，支撑腿的力量性练习是关键。

在教学过程中,应要注重蹬摆的协调配合的教学与练习。这不仅能够使学生掌握途中跑技术,而且能够发展学生的速度、快速力量、速度耐力等素质,提高学生的加速能力和高速奔跑能力。

2. 教学难点

起跑和起跑后加速跑技术,是短跑技术中比较复杂的部分,也是短跑技术的教学难点。

这部分技术需要学生有良好的速度、快速力量、速度耐力以及灵敏、协调等身体素质和快速的反应能力。教学中应注意如何使起跑器的作用发挥到最大,如何使身体更好地发力,以及"各就位""预备""跑"三个过程动作的准确性及其之间的连续性。重点抓住起跑后加速跑的教学,使学生动作协调、连贯、积极有力,随着速度逐渐加快,逐渐增加步长,逐渐抬起上体。同时起跑与起跑后加速跑如何更好地衔接,也是教学中需要注意的一个难点。

良好的起跑为起跑后加速跑创造了良好的条件,良好的起跑后加速跑又可以为最为重要的、短跑过程中跑段占比较大的途中跑创造良好的条件,每一个环节都是密切相关的。即使这一部分在短跑学习中是较为复杂的一部分,也不可直接忽视或者简单带过,应该仔细认真地选择适合的方法进行教学,这对学生的短跑运动成绩有较大的作用。

第二节 短跑技术的教学与练习

一、短跑技术的教学步骤及内容

1. 了解短跑知识与技术

①讲解短跑运动的基本特点。
②进行60米的完整技术动作的示范。
③通过观看优秀运动员的录像或者图片,使学生了解短跑的基本技术。
④对短跑基本技术动作进行解读,使学生对短跑的基本技术有更加深入的了解。

2. 学习直道途中跑技术

①学习途中跑的摆臂动作。
②体会前脚掌富有弹性的慢跑。
③练习中等速度的反复跑60～100米,强调跑速中等,跑步的动作要放松、协调,步幅要开阔,讲解大小腿折叠技术,切记小腿后抛动作。
④练习大步幅的反复跑60～100米,体会送髋动作,摆腿与摆臂协调配合。
⑤练习变换节奏的加速跑80～100米。
⑥练习行进间跑。

3. 学习蹲踞式起跑与起跑后加速跑技术

①讲解起跑器的几种安装方式,让学生进行安装练习。
②讲解听到起跑的各个口令时应做动作的要点,并让学生上起跑器进行体验。
③学习起跑和起跑后加速跑阶段动作技术,让学生在练习时蹬离起跑器跑出约20米远的距离。

④学习起跑后加速跑接途中跑的练习。
⑤学习弯道起跑器安装方法以及弯道起跑和起跑后加速跑技术。

4. 学习终点跑技术

①讲解终点跑与撞线技术要点。

②分组在距离终点线约 10 米处慢跑,要求上体前倾,用肩部或者胸部进行撞线练习。

③在距离终点线 40~50 米处做快速跑过终点线练习(不做撞线动作)。要求在距离终点线约 20 米处在尽量保持速度的情况下加大身体倾斜角度,迅速跑过终点。

④在距离终点线 40~50 米处快速跑动,在距离终点线 1 米处时做撞线动作,并跑过终点。

5. 学习弯道跑技术

①讲解弯道跑技术以及弯道起跑技术的要点。

②进行弯道内倾摆臂练习。

③学习进弯道跑技术。在接近弯道处起跑,在直道上放松跑,进入弯道加速跑。

④学习弯道跑接直道跑技术。

⑤学习弯道跑完整技术,体会进弯道跑、弯道跑、出弯道跑的完整技术。

6. 改进和提高全程跑技术

①练习 60 米全程跑,让学生反复完成直道跑的完整技术。

②改进 100 米跑与 200 米跑的全程跑技术。

③进行技术评定和达标测验。

二、短跑技术的练习手段

1. 力量性练习

可采用克服自身重量的跳跃练习,器械练习时可采用杠铃(初学者使用杠铃的质量为体重的 30%~50%,具有一定短跑基础运动员使用杠铃的质量为体重的 40%~60%)、实心球、胶带等器械发展身体各部分力量。

2. 速度性练习

主要采用 80 米以内的反复跑、冲刺跑、行进间跑,还可进行下坡跑、顺风跑等。

3. 协调性练习

主要采用针对下肢的协调性练习,比如跳格子、交替屈膝、跳绳等。

4. 爆发力练习

(1)半蹲跳。开始时,处于半蹲的位置,双手放置于体前;向上跳离地面 20~25 厘米,当人处在空中时,双手需放在后面;着地时,为完成一次。接下来,重复以上步骤。

(2)抬脚跟(提踵)。先找个台阶或一本书来垫脚,只把脚尖放在上面,脚跟不得着地或垫着,然后脚跟抬到最高点,再慢慢放下,为完成一次;双脚完成一次,为完成一组。

(3)台阶跳。找来一张椅子,将一只脚放上去,呈 90°,尽全力跳开,在空中换脚,并将脚再放在椅子上;重复以上动作,将原起跳的脚放回椅子上,为完成一组。

(4)纵跳。双脚放直,与肩同宽,"锁紧"膝盖,只用小腿跳,只能弯曲脚踝,膝盖尽量不弯曲;落地时,再迅速起跳,为完成一次。

三、短跑易犯错误及纠正办法

1. 起跑时易犯错误及纠正方法

（1）起跑时蹬离起跑器用力不充分。

①产生原因。

a. 双腿力量不足或者核心力量不足。

b. 起跑器安装不合适。

c. 在"预备"姿势时臀部抬起过高。

d. "预备"时身体重心未前移。

②纠正方法。

a. 反复进行蹬离起跑器的动作练习，在练习时可借用胶带进行克服胶带阻力练习。

b. 寻找最适合自己的起跑器安装距离。

c. 调整"预备"姿势，使两腿的膝关节角度适当减小，使"预备"姿势处于最佳用力的状态。

d. 站立式起跑，当重心前移至快摔倒时，迅速蹬地跑出。

（2）起跑后加速跑时上体抬起过早。

①产生原因。

a. 支撑腿力量差，害怕前倾摔倒。

b. 起跑时头部抬起过早导致上体抬起过早。

c. 前后起跑器离起跑线过近。

②纠正方法。

a. 进行支撑腿的力量练习，例如跨步跳、立定跳等。

b. 练习身体重心前倾，在快要摔倒时迅速蹬地跑出，感受适宜的前倾角度。

c. 反复进行起跑练习，注意以低头含胸的姿势跑进。

d. 调整适宜的前后起跑器至起跑线的距离。

2. 途中跑过程中易犯错误及纠正方法

（1）"坐着跑"。

①产生原因。

a. 后蹬动作不充分，髋未前送。

b. 上体过于前倾，使髋关节产生补偿性后移。

c. 支撑腿力量差。

d. 腰、腹部力量差，髋关节柔韧性差，后蹬时髋关节前送不充分。

②纠正办法。

a. 注意后蹬时髋、膝、踝三关节的用力顺序，充分伸展髋关节。

b. 在跑动过程中注意上体姿态，避免过于前倾。

c. 加强支撑腿力量练习，提高支撑能力。

d. 加强腰、腹部肌肉群的力量练习，注意跑动过程中腰、腹部保持适度的紧张感。

（2）摆动腿前摆太低。

①产生原因。

a. 后蹬结束后，大小腿没有充分折叠，导致摆动腿前摆难度增加。

b. 摆动腿力量不足。

c. 上体过于前倾,限制了摆动腿的抬起高度。

②纠正方法。

a. 讲清大小腿充分折叠的意义,并进行折叠腿的辅助性练习。

b. 进行摆动腿力量性练习。

c. 跑动过程中注意保持上体正直。

(3) 全脚掌着地。

①产生原因。

a. 身体素质差,摆动力量不足。

b. 对跑的概念不清晰,将摆动动作与下压动作分离。

②纠正方法。

a. 加强身体素质的练习,加强摆动腿的力量性练习。

b. 讲清短跑过程中的动作概念,并反复进行摆动动作与下压动作的配合性练习。

(4) 摆臂动作错误。

①产生原因。

a. 肩、双臂力量不足或者过于紧张。

b. 摆臂的技术动作及作用不清。

c. 腰、腹部力量不足或者过于放松。

②纠正方法。

a. 加强肩、双臂力量的辅助练习或者注意跑动过程中肩、双臂的适度放松。

b. 讲清摆臂技术的动作概念及其作用。

c. 反复进行正确摆臂动作的辅助练习。

d. 进行腰、腹部位的力量性练习。

(5) 踢小腿跑。

①产生原因。

a. 概念不清楚,误认为踢小腿能增加步幅。

b. 摆动腿前摆太低,造成前踢小腿跑。

c. 后蹬结束后,大小腿折叠角度过大,前摆时小腿前踢。

②纠正方法。

a. 讲清动作概念以及帮助理解踢小腿动作的错误之处。

b. 反复进行折叠腿的辅助练习。

c. 进行高抬腿和车轮跑的专门性练习。

第三节　中小学短跑教学方法

一、小学生短跑教学方法

1. 游戏名称:挑西瓜(一年级)

(1) 教学目标。

通过游戏发展学生奔跑能力,提高灵敏、反应能力,培养学生勇于拼搏的品质和合作

意识。

(2) 游戏方法。

在操场空旷的草地上,全班同学围成一个圈坐下,坐着的同学扮演"西瓜",先请一个小朋友扮演"挑瓜人"并唱打油诗:"星期三,逛三园,逛进水果园,西瓜西瓜你在哪儿?"坐着的小朋友回答:"西瓜西瓜在这里。""挑瓜人"选择自己想要挑走的"西瓜",问道:"西瓜西瓜熟了吗?"如果挑中的人想成为追赶者,追赶"挑瓜人",则回答"我熟了";如果不想成为追赶者,则回答"我还没有熟"。"挑瓜人"继续选择下一个"西瓜"进行询问,直到有"西瓜"回答"我熟了","挑瓜人"开始逃跑,"西瓜"追逐"挑瓜人"。"熟西瓜"围绕坐着的圈追"挑瓜人",如果从出发点跑一圈,"挑瓜人"没有被追上并且回到"熟西瓜"的座位,则"挑瓜人"变成"西瓜","熟西瓜"成为"挑瓜人",继续重复前面的游戏,依次循环。

(3) 游戏规则。

所有的"西瓜"必须在一圈之内有"熟西瓜",否则就顺位第一个被挑中的"西瓜"自然成熟,开始这一环节的游戏。"挑瓜人"不能跑离围坐着的圈太远,跑回到"熟西瓜"的座位就要坐好。

(4) 教学步骤与内容。

①课堂常规:集合整队、清查人数、检查服装;师生问好;宣布教学内容及学习目标和要求;安排见习生。

②导入:询问同学们夏天喜欢吃西瓜吗,想不想体验角色扮演的游戏,以提升游戏趣味。

③热身活动:绕操场跑两圈,并活动关节。

④基本部分:学习打油诗;讲述游戏规则;讲述注意事项(安全问题);游戏活动开始;游戏活动结束。

⑤结束部分:集合整队;放松运动;总结评价;师生告别。

(5) 注意事项与要求。

在空旷的场地进行;帮助学生了解游戏规则;指导学生在安全的情况下进行游戏。

2. 游戏名称:听号起跑(二年级)

(1) 教学目标。

通过游戏训练学生的反应速度、动作速度。

(2) 游戏方法。

准备跑道5~8条,画一条起跑线,距起跑线5米再画一条平行线。将游戏者组织在起跑线一侧,从排头报数并记住自己的号数后站立准备。本游戏需发令员1名。当发令员发出"预备"口令后,游戏者两脚前后开立呈站立式起跑姿势预备。当呼5号时,则5号迅速起跑至5米以外。如果5号反应迟钝,2秒后未跑过5米线,罚做原地快速高抬腿20次。或者如呼6号而7号游戏者也跑出去,判7号游戏者犯规,罚做原地快速高抬腿20次。游戏可多次反复进行。发令呼号时,还可以通过数学中的计算方法来呼号,如9减6号则3号起跑,这样更有利于开发智力。预备姿势时,身体重心要控制在两腿之间,要适当降低重心,以便起跑。注意听、动要结合,否则先听后动会影响起跑速度。

(3) 游戏规则。

①如没呼到号的人也起跑了,裁判员判犯规一次,第二次犯规则取消游戏资格。

②预备姿势必须是两脚前后站立,两腿弯曲。有人踏线时,裁判员要及时提醒

③裁判员从呼"预备"至呼号,控制在1~3秒之间,并要多变。
(4) 教学步骤与内容。
①课堂常规:集合整队、清查人数、检查服装;师生问好;宣布教学内容及学习目标和要求;安排见习生。
②热身活动:绕操场跑两圈,并活动关节。
③基本部分:讲述游戏规则;讲述注意事项(安全问题);游戏活动开始;游戏活动结束。
④结束部分:集合整队;放松运动;总结评价;师生告别。
(5) 注意事项与要求。
在空旷的场地进行;帮助学生了解游戏规则;指导学生在安全的情况下进行游戏。

3. 游戏名称:你追我赶(三年级)
(1) 教学目标。
通过游戏训练学生的快速跑能力和培养团结协作的精神。
(2) 游戏方法。
在场地上画一边长为10米的正方形,每个角外画一个直径1米的圆圈。把游戏者分成人数相等的甲、乙、丙、丁4个队,各队站在规定的边线外。游戏开始,各队第一人站在本队圆圈内;发令后,立即向逆时针方向奔跑,各自追拍前面的人,即甲追乙、乙追丙、丙追丁、丁追甲,直到有人被拍着或跑完规定时间为止,然后各队第二人进入圆圈继续比赛。如此依次进行,最后以拍着人最多的队为胜。根据对象决定跑的时间。各队自行安排跑的顺序,确定后不得换人。此游戏也可采用接力跑的形式进行。
(3) 游戏规则。
①每个人都要通过角上的圆圈在边线外跑动,否则算被追赶者拍着。
②只准拍,不准推、拉、绊。
(4) 教学步骤与内容。
①课堂常规:集合整队、清查人数、检查服装;师生问好;宣布教学内容及学习目标和要求;安排见习生。
②热身活动:绕操场跑两圈,并活动关节。
③基本部分:讲述游戏规则;讲述注意事项(安全问题);游戏活动开始;游戏活动结束。
④结束部分:集合整队;放松运动;总结评价;师生告别。
(5) 注意事项与要求。
在空旷的场地进行;帮助学生了解游戏规则;指导学生在安全的情况下进行游戏。

4. 游戏名称:火车赛跑(四年级)
(1) 教学目标。
通过游戏提高学生的反应速度,发展学生的腿部力量,提高学生的连续跳跃能力以及身体的协调性,培养团队精神。
(2) 游戏方法。
画两条相距15~20米的平行线,一条为起点线,另一条为终点线。把游戏者分成人数相等的若干队(每队人数为6~8人),各队成纵队分别站在起点线之后,各队的排头双脚落地充当火车头,前面的人用右手握住后面的人向前抬起的右脚踝关节部位,后面的

人左手搭在前面的人的左肩上。听到"游戏开始"口令后,各队在"火车头"的带领下有节奏地向前跳,先到达终点线的队伍为胜。

(3) 游戏规则。

①"火车头"必须停在起点线后,脚不得踩线,发令前不得提前移动。

②"火车"启动后,如果出现"脱节""翻车"等情况,则应在原地连接好后再出发。

③"火车"行进时不得相互干扰。

④以车尾到达终点线来判断名次。

(4) 教学步骤与内容。

①课堂常规:集合整队、清查人数、检查服装;师生问好;宣布教学内容及学习目标和要求;安排见习生。

②热身活动:绕操场跑两圈,并活动关节。

③基本部分:讲述游戏规则;讲述注意事项(安全问题);游戏活动开始;游戏活动结束。

④结束部分:集合整队;放松运动;总结评价;师生告别。

(5) 注意事项与要求。

在空旷的场地进行;帮助学生了解游戏规则;指导学生在安全的情况下进行游戏。

5. 游戏名称:夺龙珠(五年级)

(1) 教学目标。

通过游戏发展学生身体的灵敏性及动作的协调性,提高快速移动的能力;培养团结协作的精神,体验合作的乐趣。

(2) 游戏准备。

在一块干净、平整的场地上,画两条相距10~15米的平行线,分别为起点线和终点线,准备小垫子6~8块,纵向摆放在起点线后作为"龙舟";准备排球若干个,放在终点线后。

(3) 游戏方法。

将学生分为人数相等的若干组,每组6~8人,分别跪在各自小垫子即"龙舟"上。

游戏开始,当听到口令时,各组学生迅速移动至垫子的前沿,最后一名学生爬至前一名学生垫子上并迅速拿起自己的垫子,向前传递,"龙头"接过垫子后,将其连起来,并向前移动,以此类推,直至到达终点,夺取"龙珠",然后依次用跪着跳起的方式上岸,并将"龙珠"高高举起,最先上岸的一组为胜。

(4) 游戏规则。

①传递小垫子必须依次进行。

②跪姿移动时身体的任何部位不得触地。

③垫子必须首尾相连,不得拉开距离。

④必须依次用跪着跳起的方式上岸。

(5) 教学步骤与内容。

①课堂常规:集合整队、清查人数、检查服装;师生问好;宣布教学内容及学习目标和要求;安排见习生。

②进行跪姿前移的尝试性练习。

③热身活动:绕操场跑两圈,并活动关节。

④基本部分:讲述游戏规则;讲述注意事项(安全问题);游戏活动开始;游戏活动结束。

⑤结束部分:集合整队;放松运动;总结评价;师生告别。

(6)注意事项与要求。

在空旷的场地进行;帮助学生了解游戏规则;指导学生在安全的情况下进行游戏。可根据学生实际情况,增加游戏难度,比如增加行进距离、组内人数,也可自创传垫子的方法、变化行进的路线等。

6. 游戏名称:站立式起跑(六年级)

(1)教学目标。

通过学习,学生能够掌握站立式起跑的动作要领及动作方法;85%以上的学生能正确完成站立式起跑的技术动作;培养学生敏捷、协调素质,提高快速跑的能力,培养刻苦锻炼的优良品质。

(2)动作方法。

开始屈膝,重心下降同时向前移动,重心要保持在两腿之间,两个膝盖微微内扣,两个脚由全脚掌支撑过渡到前脚掌支撑,两手臂自然前后摆放,注意不要同手同脚。

(3)教学重、难点分析。

教学重点:训练学生的反应速度;

教学难点:两腿蹬摆的协调配合。

(4)教学步骤与内容。

①课堂常规:集合整队;检查人数;师生问好;宣布本节课的内容和任务;安排见习生。

②热身:慢跑、徒手操。

③教师讲解、示范站立式起跑动作。

④教师指挥学生反复练习。

⑤巡回纠错并找优生示范对比讲解。

⑥结束部分:集合整队;放松运动;总结评价;师生告别。

(5)易犯错误及纠正方法。

①顺拐。

纠正方法:提示和指导两脚前后开立,"预备"时上体前倾,身体重心落在前脚,与后脚同侧的手臂就屈肘摆在前。

②后脚脚尖朝外侧。

纠正方法:后脚跟蹬墙根做起跑练习,或是2人组合练习,后脚跟蹬辅助生的前脚掌做起跑练习。多次提醒跑的方向和脚尖的方向要一致。

③前脚离起跑线远或踩线。

纠正方法:罚下,让学生明确利弊。

④前腿先跑动。

纠正方法:a. 预备时,后脚不着地,依靠前腿微曲单脚支撑向前跑出。b. 两脚前后开立,重心落在前脚上,原地连续做两臂屈肘摆动,后腿向前屈膝做提腿的动作。

⑤当"跑"的信号发出后,不能向前迅速起跑。

纠正方法:多做突发信号的起跑练习。

⑥抢跑。

纠正方法：a.讲清起跑时"预备"与"跑"的信号要求，听信号再起跑。b.把"预备"信号喊得舒缓些，并与"跑"的信号断开，降低口令的刺激性和诱发性。

二、初中生短跑教学方法

1．蹲踞式起跑

（1）教学目标。

通过学习，大部分学生能初步掌握蹲踞式起跑的技术动作，锻炼学生的反应速度，培养学生自学、自练、自控及勇敢顽强的拼搏精神。

（2）动作方法。

①"各就位"：听到"各就位"口令，可做几次深呼吸，然后轻松地走到起跑器前，两手撑地，两脚依次踏在前、后起跑器的抵足板上（把有力的脚放在前起跑器上），后膝跪地，两手收回紧靠起跑线后沿撑地，两臂伸直，两手间的距离略比肩宽，手指成拱形做弹性支撑，头与躯干保持在一条直线上，身体重心均衡地落在两手、前脚和后膝关节之间。颈部自然放松，眼自然下看。

②"预备"：听到"预备"口令时，膝盖离地，逐渐抬起臀部，使身体重心向前上方移动，眼看前下方1米左右。此时身体重心主要落在两臂和前腿之间，臀部稍高于肩，两肩稍超出起跑线。

③鸣枪：鸣枪时，两臂屈肘有力地前后摆动，两腿迅速蹬离起跑器，使身体向前上方运动。后腿快速蹬离起跑器后，迅速屈膝向前上方摆出，前摆时脚掌不应离地过高，以利于摆动腿迅速着地和过渡到下一步。前腿有力地蹬伸，当前腿充分伸展髋、膝、踝三关节而蹬离起跑器时，后腿已完成前摆且积极下压，完成第一步动作。

（3）教学重、难点分析。

教学重点：蹬摆结合；臀部抬起时重心前移；手臂与蹬地腿、摆动腿协调配合。

教学难点：蹬地有力，积极起跑，快速反应。

（4）教学步骤与内容。

①课堂常规：集合整队；检查人数；师生问好；宣布本节课内容和任务；安排见习生。

②热身：慢跑、徒手操、游戏。

③教师讲解起跑器的安装方式。

④教师讲解、示范蹲踞式起跑的动作要领。

⑤教师指挥学生分组进行练习。

⑥找学生示范并对易犯错误进行纠错。

⑦结束部分：集体放松，教师总结，师生告别。

（5）易犯错误及纠正方法。

①"预备"时重心不前移，臀部不上抬。

纠正方法：按"各就位""预备"做起跑的分解练习，强调重心前移，讲明重心前移的作用，采用两人一组相互纠正错误动作的方法。

②起跑时抢跑。

纠正方法：教师讲解起跑时的动作要领，提出要求，克服紧张情绪，针对有意抢跑的学生进行心理教育；强调"预备"时臀部要缓缓抬起，并多做练习，体会正确动作；若起跑器与起跑线距离太近或太远,应适当调整;加强腿部和腰腹部、背肌及手指力量的练习;延长或缩短"预备"的时间练习起跑,多采用听信号起跑的练习方法。

③"预备"时后腿蹬得太直。

纠正方法:讲清动作要领,调整两脚之间的距离,反复调整预备姿势,并多做预备姿势的静态练习。

④起跑时后蹬无力。

纠正方法:多做预备姿势的静态练习,同时发展手臂和腿部力量,要求"预备"时脚压紧起跑器抵足板。

⑤蹲踞式起跑时第一步停顿造成二次起跑。

纠正方法:用线画出第一步脚的落点,距起跑线约一脚至一脚半长,限制第一步步长;强调第一步脚落地时前脚掌向后做扒地动作。多做原地斜向支撑后蹬跑练习和直体前倾自然跑出练习;背绳带负重做起跑练习。

⑥蹬离起跑器时两臂不能协调配合,同时向后或向前摆动。

纠正方法:讲清摆臂的作用和技术要点,加强起跑时两腿与两臂的配合练习。

2. 起跑后加速跑

(1) 教学目标。

通过学习,学生能初步掌握起跑后加速跑的动作要领,80%的学生能轻松自然地加速跑进;发展学生的速度、灵敏度、协调性等身体素质,培养学生自信、果断等良好的心理品质。

(2) 动作方法。

起跑后加速跑是从后腿蹬离起跑器到途中跑开始的一个跑段。其任务是充分利用向前的冲力,尽快达到最高速度。跑时上体正直稍前倾,头要正,眼看前方。第一步不宜过大,之后逐渐增大,前几步躯干前倾角度较大,随着步长和跑速增加逐渐抬起来。用前脚掌迅速做扒地缓冲动作,后蹬腿髋、膝、踝关节依次迅速伸直,摆动腿的大腿迅速有力地向前上方摆出且带动骨盆前送。同时两臂屈肘,以肩关节为轴,自然前后摆动。

(3) 教学重、难点分析。

教学重点:后蹬有力,提高加速能力。

教学难点:蹬摆的协调配合。

(4) 教学步骤与内容。

①课堂常规:集合整队;检查人数;师生问好;宣布本节课的内容和任务;安排见习生。

②热身:慢跑,徒手操。

③教师讲解起跑后加速跑的动作要领并示范。

④教师组织学生练习。

a. 反应练习,采取蹲踞式起跑听信号跑20米。

b. 学生蹲踞式起跑后听击掌声加快步频加速跑20米。

c. 女生站在起跑器前面5米,男生站在起跑线上,听信号练习30米追逐跑。

⑤教师巡回指导,个别学生展示,学生互评。

⑥结束部分:集体放松,教师总结,师生告别。

(5) 易犯错误及纠正方法。

①起跑后上体抬起过早。

纠正方法:检查起跑器的角度;起跑时强调前腿充分蹬直,重心积极前移,起跑后强调身体前倾,追赶重心;利用斜杆限制起跑时上体抬起过早的情况,反复练习进行强化。

②起跑后步幅大、步频慢。

纠正方法:前几步设标志线限制步幅;采用小步跑、下坡跑,做加快摆臂练习,做增加步频和腿部力量练习。

③起跑时前几步身体不稳。

纠正方法:注意起跑时的头部动作和视线目标;反复做上台阶和上坡跑练习,并加强弱腿的力量性练习。

3. 折返跑

(1) 教学目标。

通过学习,大部分学生能初步掌握折返跑技术动作,熟悉急跑急停的正确姿势、节奏,充分提高学生的反应能力和协调能力。

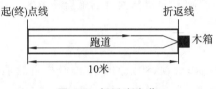

图4-8 折返跑跑道

(2) 动作方法。

折返跑技术可以分为五个部分:起跑、加速跑、减速跑、触及标志与折返、终点冲刺。如图4-8所示,从起(终)点线开始,按照要求跑一定距离至标志物(木箱)处,用脚或手碰到标志物后立即转身(无须绕过标志物)跑回起(终)点线,继续转身跑向折返线,循环往复。折返跑的技术要领(以右脚触线或右手碰标志物为例):快跑至起(终)点线或折返线时,一般在其前2～3米处,略微降低跑速,降低身体重心,跑至起(终)点线或折返线,侧身面对标志物,左下肢成屈蹲,右下肢延伸至起(终)点线或折返线处(或稍前处)制动并准备做蹬地起跑,上体下压,用右脚触线(或用右手触碰标志物)后,上体转向前进方向,右脚迅速蹬地起跑,继续向前快速跑进。

(3) 教学重、难点分析。

教学重点:折返时的转身技术。

教学难点:降重心、蹬地、转体的衔接。

(4) 教学步骤与内容。

①课堂常规:集合整队;检查人数;师生问好;宣布本节课的内容和任务;安排见习生。

②热身:游戏。

③教师讲解并示范折返跑动作要领。

④教师组织学生进行练习。

a. 左右移动练习,体会如何降重心;

b. 急停练习,体会如何快速降重心;

c. 蹬墙转体练习,体会降重心与转体的配合;

d. 蹬地、转体练习,体会降、蹬、转、加速的衔接;

e. 折返跑接力比赛练习。

⑤教师巡回指导,及时纠错,学生互评。

⑥结束部分:集体放松,教师总结,师生告别。

三、高中生短跑教学方法

1．途中跑

（1）教学目标。

学习短跑中的途中跑技术，体会扒地、蹬地、摆臂及跑直线等技术动作。通过模仿练习、自主练习，全面提高学生的模仿能力、协调能力；增强学生体质，提高短跑能力。

（2）动作方法。

①着地：腾空后期，摆动腿大腿积极下压带动小腿前伸，膝关节几乎伸直，脚积极下扒，前脚掌富有弹性地着地。着地瞬间，为了缓解前制动，应随惯性迅速推动踝、膝、髋关节的屈曲前移，过渡到垂直支撑阶段。同时，摆动腿的小腿应随惯性向支撑腿大腿靠拢，摆动腿的膝关节折叠角度逐渐减小。

②垂直支撑：随着身体重心的前移，髋、膝、踝关节的屈曲，身体重心移至支点垂直上方，即进入垂直支撑阶段。摆动腿大小腿折叠角处于最小状态，脚跟几乎触及臀部，一般为28°左右。

③后蹬：当身体重心移过支点垂直上方，即进入后蹬阶段。此时，支撑腿在摆动腿的拉动下，快速有力地伸展髋、膝、踝关节，摆动腿同侧骨盆送髋，迅速有力地屈膝向前上方摆出，使身体重心向前运动。

④腾空：支撑腿蹬离地面，身体便进入腾空阶段，此时，刚结束后蹬动作的支撑腿的小腿因蹬地的惯性作用和大腿的摆动，迅速向大腿靠拢，做出大、小腿边前摆边折叠的动作。同时，摆动腿大腿积极下压，膝关节放松，小腿随大腿下压的惯性作用向前下方摆出，做积极的下落扒地动作。当摆动腿膝关节几乎伸直下落着地时，腾空阶段结束。

途中跑时，上体应稍前倾（前倾角为8°～12°），头部应正直并与上体保持在同一平面，颈部放松。摆臂时，应以肩为轴，手指成半握拳或自然伸掌，轻快而有力地做前后摆动，前摆时手的高度稍超过下颌，后摆时肘关节稍向外，摆至大臂约与肩平，前后摆动幅度为115°～125°。整体技术动作要做到轻松、自然。

（3）教学重、难点分析。

教学重点：两脚蹬和摆动协调配合。

教学难点：跑的协调放松技术。

（4）教学步骤与内容。

①课堂常规：集合整队；检查人数；师生问好；宣布本节课的内容和任务；安排见习生。

②热身：游戏。

③教师讲解并示范途中跑动作技术。

④结合口令指导学生进行练习。

⑤教师集中讲解与个别指导相结合，及时纠错，学生互评。

⑥结束部分：集体放松，教师总结，师生告别。

（5）易犯错误及纠正方法。

①身体重心起伏大，身体左右晃动。

纠正方法：眼睛平视前方目标，固定视线方向；可以先从原地摆臂、原地高抬腿跑等动作开始固定视线方向；由中速跑开始，在相对自然放松的情况下，有意识地固定视线方

向,平视前方目标。

②摆臂过于紧张或放松,肩部紧张。

纠正方法:采用原地摆臂练习,由慢到快逐步纠正错误动作;加强对动作概念的认识,通过老师和学生的正确示范,强化对正确动作认识的"刺激",建立正确的动作表象。

③步频慢,快节奏的意识缺乏。

纠正方法:可以通过有意识地听快节奏的方法,强化对快节奏的认识,比如,听老师快速击掌的节奏、听些快节奏的音乐等;通过由慢到快的击掌练习来刺激学生对快节奏的感受;进行原地摆臂练习,由慢到快地进行;进行小步跑、高抬腿跑等快节奏跑的专门练习。

2. 弯道跑(图 4-9)

(1)教学目标。

通过学习,学生能够正确陈述弯道跑的技术原理,建立正确的动作表象;85%以上的学生通过各种弯道跑的练习能体会并总结弯道跑技术;培养学生吃苦耐劳、顽强拼搏的意志品质和团结协作的精神。

(2)动作方法。

①弯道起跑:弯道起跑的任务是迅速摆脱静止状态,为起跑后加速跑创造条件,其技术要求是蹬腿摆臂有力,起动迅速。为便于起跑后有一段直线距离加速,弯道起跑器的安装位置应靠近外侧分道线并正对里侧分道线的切线方向。起跑时,右手撑在起跑线后,左手撑在起跑线后5～10厘米处,身体正对切线方向。

②弯道起跑后加速跑:弯道起跑后加速跑的技术要求是前倾角适宜,蹬摆有力。要渐增步幅,渐抬重心,渐成直线。在弯道起跑后加速跑阶段,上体要早些

图 4-9 弯道跑

抬起,以利于跑入弯道时和在继续跑进中保持身体平衡。

③弯道途中跑:弯道途中跑的特点是身体技术动作幅度右侧大于左侧。从直道进入弯道跑时,身体应有意识地逐渐向内倾斜,加大右腿的蹬地力量和摆动幅度,后蹬时,右脚前脚掌内侧用力,左脚前脚掌外侧用力。右腿前摆时,右膝关节稍向内,同时摆的幅度比左膝大,左腿前摆时左膝关节应稍向外。右臂摆动的幅度大于左臂,前摆时稍向左前方,后摆时右肘关节偏外;左臂稍离躯干做前后摆动。弯道跑时的蹬地与摆动方向都应与身体向圆心方向倾斜趋于一致。从弯道跑进直道,应在弯道的最后几米处,身体逐渐减小内倾角度,并自然跑2～3步后转入直道的途中跑。

(3)教学重、难点分析。

教学重点:弯道跑时的蹬地和摆动方向都应与身体向圆心方向倾斜趋于一致。

教学难点:克服离心力,在高速跑中积极保持身体平衡。

(4)教学步骤与内容。

①课堂常规:集合整队;检查人数;师生问好;宣布本节课的内容和任务;安排见习生。

②热身:游戏。

③教师讲解并示范弯道跑动作要领。
④教师组织学生进行练习。
⑤教师巡回指导,及时纠错,学生互评。
⑥结束部分:集体放松,教师总结,师生告别。
(5)易犯错误及纠正方法。
①身体未倾斜,摆臂不合理,着地不准确。
纠正方法:首先树立弯道跑动作意识;然后分别进行专项练习,身体侧倾进行摆臂练习,在弯道反复进行着地练习。
②起跑无力,不迅速。
纠正方法:加强正确预备姿势的静态练习,双脚压紧起跑器或者跑道;发展手臂和腿部力量,加强蹬摆动作配合练习;后脚抵住墙体或其他支撑物,加强起跑后的第一步训练。

3.冲刺跑

(1)教学目标。

通过学习,学生应基本知道冲刺跑的基本技术与方法,90%以上的学生应掌握冲刺跑技术动作,养成吃苦耐劳的品质。

(2)动作方法。

冲刺跑(最后15~20米的距离)的任务是尽可能保持途中跑的最高速度冲过终点。冲刺跑应力求在疲劳情况下保持途中跑的正确技术,动员全部力量,以最快的速度跑过终点;技术上要求上体适当前倾,并注意加强后蹬和双臂的用力摆动。离终点最后一步时,上体迅速前倾,用身体有效部位撞终点线。跑过终点后应逐渐减速,不要突然停止,以免跌倒受伤。

(3)教学重、难点分析。

教学重点:发展冲刺跑能力。

教学难点:冲刺时身体姿势的控制与提前减速。

(4)教学步骤与内容。

①课堂常规:集合整队;检查人数;师生问好;宣布本节课的内容和任务;安排见习生。

②热身:游戏。

③教师讲解并示范冲刺跑动作要领。
④教师组织学生进行练习。
⑤教师巡回指导,及时纠错,学生互评。
⑥结束部分:集体放松,教师总结,师生告别。

(5)易犯错误及纠正方法。

①全程节奏感差,呼吸方法不正确,跑的节奏感不强。

纠正方法:原地强化高抬腿练习;行进间强化高抬腿练习;加强150米、200米和250米冲刺跑练习;加强最大力量和快速力量训练。

②冲刺意识不强。

纠正方法:反复强化冲刺跑动作;假想终点线延后10米进行冲刺能力训练;加强200米和250米冲刺跑练习;持续进行快频率摆臂练习。

第五章 跨栏跑

跨栏跑教学视频

第一节 跨栏跑技术

奥运会比赛项目中跨栏跑项目有男子 110 米栏，女子 100 米栏，男、女 400 米栏。跨栏跑的运动成绩是由运动员的平跑速度、过栏技术及跑跨结合能力决定的。可见，跨栏跑要求运动员既要有如短跑运动员的快速起跑、加速、冲刺及撞线技能，又要有高水平的过栏技术及强有力的跑跨结合能力。

一、跨栏跑的技术原理

跨栏跑要求运动员在高速跑的过程中跨越固定的栏架，其中跨栏步和栏间跑对全程速度影响较大。跨栏步中，起跨时间占 28%，过栏时间占 72%，因此加快过栏速度可以缩短栏上时间。起跨动作示意图如图 5-1 所示。物理学中，起落点在同一水平面上斜抛运动的时间公式：

$$T = 2v_0 \sin\alpha / g$$

式中　T——重心飞行时间；
　　　v_0——重心腾起初速度；
　　　α——腾起角；
　　　g——重力加速度。

图 5-1　起跨动作示意图

可见，重心飞行时间与 $2v_0 \sin\alpha$ 成正比，当速度不变，腾起角越小，重心飞行时间越短，过栏速度越快。

跨栏跑起跑和加速几乎跟短跑一样，跑 7 步或者 8 步过第一栏。过栏是一种特殊的技术动作（上栏时，先上栏的腿叫摆动腿，后过栏的腿叫起跨腿。直道上的跨栏，最好用有力的腿做起跨腿);起跨腿快速着地踏上起跨点并缓冲,迅速转入后蹬起跨阶段,摆动腿积极屈膝充分折叠,以便于缩小摆动半径,加快向前摆动,过栏时,摆动腿积极下压,起跨腿屈膝外展积极向前提拉跑出,上体加大前倾角度,从而可以降低身体重心的上下波动差,减小水平速度的损失。过栏后要快速转入栏间有节奏的三步跑,为过下一栏起跨积蓄速度和力量。

二、跨栏跑基本技术要领

跨栏跑是田径运动中技术比较复杂、节奏感比较强、锻炼价值比较高的项目。跨栏跑的技术要求:一是要快速跑,二是完成跨越栏架一系列动作要快。因此,任何距离跨栏跑的特点都是短时间大强度工作。动作自然,而且必须以一定的幅度和较快的频率完成,是现代跨栏跑技术的基本特征。

跨栏跑全程跑的技术可以分为起跑至第一栏技术、途中跑技术、终点冲刺跑技术。

(一)起跑至第一栏技术

起跑至第一栏技术的任务是在有限距离内发挥出较高的跑速,为积极跨过第一栏做好准备,为全程形成良好的节奏奠定基础,要求如下:

(1)起跑至第一栏采用奇数步(如7步或9步)上栏时须将摆动腿放在前起跑器,采用偶数步(如8步)上栏时须将起跨腿放在前起跑器。

(2)起跑后加速跑时,两腿和两臂协调一致,积极用力蹬摆;与短跑相比,重心升起较快,各步后蹬角略大,躯干抬起较早,跑至第6步后身体姿势已接近短跑途中跑,目的是准确地踏上第一栏的起跨点。

(3)起跑后加速要求步数固定,步长稳定,准确踏上起跨点。

(二)途中跑技术

跨栏跑的途中跑由多个跨栏周期组成,跨栏周期包括一个跨栏步和一个栏间跑,主要技术包括过栏技术、栏间跑技术、良好的跨栏周期节奏。

1. 过栏技术

过栏技术中,从起跨腿的脚接触到起跨点到过栏后摆动腿的脚接触地面时的一大步,为跨栏步,由起跨攻栏、腾空过栏和下栏着地构成,如图5-2所示。

图5-2 跨栏步动作示意图

(1)高效的起跨攻栏。

起跨是指起跨腿的脚接触到起跨点到后蹬结束离地瞬间的整个支撑过程。其任务是为迅速过栏创造更大的腾起初速度和适宜的腾起角度。起跨质量直接影响过栏时身体重心移动的轨迹和过栏速度以及下栏后的平稳和继续跑进。因此,正确掌握起跨攻栏技术是掌握好过栏技术的关键。

起跨攻栏主要技术要求如下：

①适宜的起跨距离,适当增加起跨距离,减小起跨角度,易于摆动腿向前攻摆。

②起跨攻栏身体重心较高,减小过栏时重心上下波动差。

③起跨腿落地前积极向下向后做扒地动作,膝关节屈膝缓冲。

④身体重心移过支点后,脚跟提起,上体加速前移,形成积极有利的攻摆姿势。

⑤攻栏时高摆大腿,加大两腿间夹角。

⑥身体各部位动作连贯,上下肢配合协调。

（2）合理的腾空过栏。

腾空过栏是指从起跨结束身体转入腾空起,到摆动腿过栏后着地的这段空中的动作过程,任务是保持身体平衡,快速完成剪绞动作,获得过栏后继续跑进的有力姿势。

腾空过栏主要技术要求如下：

①身体腾空后,躯干积极前倾,两腿分腿角度继续增大。

②起跨时获得较大的水平速度,将垂直速度降至很小,控制身体重心腾起高度。

③过栏时两腿剪绞速度快,下栏动作积极。

④尽量保持起跨前已获得的水平速度,减小过栏时水平速度的损失。

（3）积极的下栏着地。

下栏着地是指从身体重心达到腾空最高点开始,到摆动腿着地支撑这一动作过程。其任务是尽量减小水平速度的损失,使身体平稳、快速地转入栏间跑。

下栏着地主要技术要求如下：

①摆动腿过栏后积极下压,起跨腿屈膝迅速向前提拉,两腿动作协调、积极、连贯,速度快。

②下栏着地距离身体重心投影点要近,着地角度要大。

③下栏支撑时,着地腿膝关节伸直,保持较高的身体姿势,身体重心高度与起跨结束时同高或稍高。

④躯干适当抬起,摆动腿着地时躯干前倾角度与起跨结束时大致相同。

⑤两臂协调配合两腿且积极有力地摆动。

2. 栏间跑技术

栏间跑是指摆动腿从下栏着地点到过下一栏起跨点间的三步跑。其任务是发挥跑速,保持节奏,准备攻栏。栏间跑是在固定距离上,以固定的步数跑过,同时又要跨越栏架,所以步长、步速和支撑、腾空时间都有变化,构成了栏间跑特有节奏。其三步的步长特点为"小、大、中"。

栏间跑技术要求如下：

①栏间跑第1步。步长在栏间跑中最小,与跨栏步下栏阶段紧密相连,其任务是尽快地将跨栏动作转变成跑的动作。因此在下栏着地时,支撑腿踝关节及脚掌用力充分后蹬,起跨腿快速带髋向前提拉,两臂前后用力摆动,身体重心前移。

②栏间跑第2步。与短跑途中跑相似,它是快速跑进的关键步,抬腿高,下压积极,为栏间跑中步长最大的一步。

③栏间跑第3步。该步与起跨攻栏阶段紧密相连,因此要求摆动腿放脚积极迅速,落地点靠近身体重心投影点,步长略短于栏间跑第2步,速度达到最高。

提高栏间跑的速度,主要是加快栏间三步的频率和保持跑的正确节奏,在保证充分后蹬的同时力求减少支撑时间,使腾空时间相对略有加长,肌肉工作用力与放松合理交替。合理的栏间跑技术表现为栏间三步步长比例合理,身体重心高、起伏小,频率快,节奏稳定,直线性强,更加接近平跑技术。

3. 良好的跨栏周期节奏

过栏的跨栏步和栏间跑三步组成一个跨栏周期,良好的跨栏周期节奏是肌肉紧张和放松交替工作的结果,也是获得优异成绩的必要条件之一。

跨栏周期节奏技术要求如下:

①过栏时尽量减小水平速度的损失,栏间跑三步的步速呈递增趋势,第3步达最高速度,过栏着地稍有下降。
②合理分配步长。尽量缩短下栏距离,加大第1步步长。
③缩短跨栏步的腾空时间,栏间跑则缩短支撑时间。
④保持跨栏跑运动直线性,尽量减小身体重心轨迹运行的波动差,在跨栏跑中应始终保持高重心跑。

(三) 终点冲刺跑技术

加快过栏速度,提高栏间跑频率,是提高跨栏周期速度、创造优异成绩的根本途径。跨栏跑后期因体力下降,速度有所下降,可适当增大腾空高度,下最后一栏时要用力蹬地,加大双臂摆动幅度,同时保持上体有一定的前倾角度,为冲向终点和撞线做好准备。

三、跨栏跑技术教学的重点与难点分析

(一) 教学重点

跨栏跑是一项技术比较复杂的非对称周期性运动项目,要求运动员具备良好的速度、力量、弹跳、柔韧性、节奏感和时空感等素质,还需要掌握正确的跨栏跑技术。跨栏跑的主要技术是起跑至第一栏、跨栏步和栏间跑,因此跨栏跑技术教学的重点应主要放在起跑至第一栏、跨栏步及栏间跑技术上。

1. 起跑至第一栏技术教学

起跑至第一栏技术直接影响着全程跨栏跑技术,要求起跑后步点准确、节奏良好、起跨点距离适宜、过栏动作正确。

2. 跨栏步教学

跨栏步是跨栏跑技术中的重要部分,它分为起跨攻栏、腾空过栏和下栏着地三个阶段。在起跨攻栏时,起跨点至栏架的距离要合适,要有利于过栏及水平速度的发挥,过栏时身体各部分协调配合、动作连贯,为下栏着地和栏间跑创造有利条件。跨栏步技术需要上、下肢及躯干的协调配合,下栏后应形成一个良好的跑的动作,与栏间跑紧密结合。

3. 栏间跑技术教学

跨栏技术质量,一是看跨栏步技术,二是看栏间跑技术。从某种意义上说,栏间跑对跨栏跑全程速度的影响更大,栏间跑技术高,过栏时会更加顺利,跨栏技术才能体现出来。栏间跑需要掌握好跑的节奏和直线性,采用合理的短跑技术、较快的步频,才能真正形成"跑栏"技术。

（二）教学难点

1. 柔韧性训练

跨栏跑需要良好的身体素质,对身体的协调性、柔韧性和灵活性要求较高,因此在教学中要始终进行柔韧性练习。

2. 跨栏步和下栏后的身体平衡

由于学生的协调性和灵活性稍差,在攻栏时控制动作的能力差,摆动臂和下压腿的配合时机掌握不好,故过栏时和下栏后的身体平衡保持不好。教学中要重点解决这一难点。

3. 跨栏步和栏间跑的衔接

跨栏步和栏间跑的衔接技术较难掌握。由于学生的身体素质差,正确的跨栏技术做不出来,导致跨栏步和栏间跑的衔接不连贯,常出现动作停顿的现象。这样也会影响栏间跑技术的发挥,致完成全程跨栏跑技术比较困难。初学者一定要选择合适的跨栏步起跨点,过远或过近都不利于跨栏步技术的发挥,从而影响跨栏步和栏间跑的衔接。

第二节　跨栏跑技术的教学与练习

一、跨栏跑技术的教学步骤及内容

（一）建立跨栏跑基本知识和技术概念

1. 内容

（1）观看高水平跨栏跑比赛影像,讲解现代跨栏跑的整体技术特点。

（2）教师现场示范和讲解,使学生进一步了解现代跨栏跑技术,并形成正确的动作表象。

2. 目标

让学生体验跨栏技术的整体感、高速度的动作感以及节奏感;引导学生积极讨论思辨,让学生学习的主体性与教师的主导性相结合。

（二）学习起跑至第一栏技术

动作要领:起跑至第一栏跑8步(奇数步的话,为7步或9步),起跨点准确,注意跑的节奏。

1. 站立式起跑踏上起跨点

练习内容:站立式起跑按标记跑8步(奇数步的话,为7步或9步)踏上起跨点。

2. 站立式起跑过栏

练习内容:用站立式起跑跨越2～3个栏架＋15米快速跑。

3. 蹲踞式起跑过栏

练习内容:用蹲踞式起跑跨越2～3个栏架＋15米快速跑。

4. 注意事项

（1）起跑至第一栏一般跑8步,起跨腿放在前起跑器上,在起跨点上做一明显标记。

（2）跨栏跑起跑后加速的特点是两腿和两臂协调一致,积极蹬摆,后蹬和步幅增大得快而均匀,一般跑到第 6 步以后身体姿势已接近短跑途中跑姿势,注意跑的节奏。

(三)学习跨栏步技术

1. 学习起跨腿攻栏技术

动作要领:起跨腿蹬地有力,屈膝外展,提拉迅速,膝略高于脚踝并勾脚尖。

(1)原地支撑提拉起跨腿的模仿练习(图 5-3)。

练习内容:双手支撑肋木,身体保持前倾,在起跨腿一侧距离肋木 1～1.2 米处横放一栏架,起跨腿屈膝做向上方提拉过栏动作。

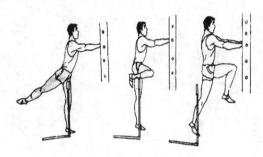

图 5-3　原地支撑提拉起跨腿的模仿练习

(2)走动中起跨腿过栏侧练习(图 5-4)。

练习内容:在跑道上摆放 5～6 个栏架,栏间距 4～5 米,在走动中摆动腿依次提拉越过栏侧。

图 5-4　走动中起跨腿过栏侧练习

(3)跑动中起跨腿过栏侧练习。

练习内容:高抬腿或中速跑过栏侧练习,过栏时摆动腿向前上方攻摆,随摆动腿的下压,起跨腿大、小腿折叠,经腋下向前上方提拉,栏间跑可先用 5 步然后过渡到 3 步。

2. 学习摆动腿过栏侧技术

动作要领:摆动腿过栏时大腿抬高,小腿积极前摆,快速下压着地。

(1)摆动腿过栏模仿练习(图 5-5)。

练习内容:原地或行进间做摆动腿攻栏和下压着地动作。

(2)摆动腿攻栏模仿练习。

练习内容:横放鞍马,原地或走 1～2 步,迅速向前上方摆腿,到超过鞍马高度时,摆伸小腿下压至鞍马上。

(3)摆动腿过栏侧练习(图 5-6)。

练习内容:高抬腿跑或小跑中摆动腿越过栏侧,体会攻栏动作。

图 5-5　摆动腿过栏模仿练习

图 5-6　摆动腿过栏侧练习

3. 过栏练习

（1）原地过栏练习。

练习内容：摆动腿在栏架上方，稍抬起后迅速下压，同时起跨腿蹬离地面做提拉向前动作，在两腿做动作的过程中，体会剪绞动作的时机。

（2）小步跑或高抬腿过栏练习。

练习内容：在小步跑或高抬腿过程中越过栏架，过栏时体会两腿剪绞与上肢动作的配合。

（3）跑动中过栏练习（图 5-7）。

练习内容：站立式起跑过 2～3 栏，体会过栏技术，不要求栏间跑步数。

图 5-7　跑动中过栏练习

4. 注意事项

（1）教学中可以通过上述分解练习和专门性练习帮助学生掌握动作，但分解练习不宜过多，同时要结合跨栏步教学安排较多的发展柔韧性和髋关节灵活性的练习。

（2）教学中应注意学生练习时的足迹，根据学生情况确定适宜的起跨距离。

（3）跨栏步的专门性练习和技术教学过程中，都应注意下肢动作与上体、上肢动作的协调配合。

（四）学习过栏及栏间跑技术

动作要领：注意摆动腿和起跨腿动作的同步性和骨盆的积极向前运动，尤其是摆动腿下压时做扒地式落地动作；保持栏前和下栏瞬间的高重心起跨与支撑动作。

（1）"跨栏坐"攻栏练习（图 5-8）：起跨腿屈膝外展，勾脚尖，摆动腿伸直，上体前倾模仿攻栏动作，两臂配合协调。

图 5-8 "跨栏坐"攻栏练习

（2）走动中连续做起跨提拉练习（图 5-9）。

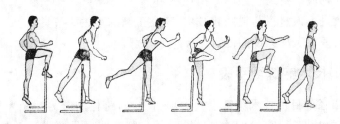

图 5-9 走动中连续做起跨提拉练习

（3）站立式起跑反复跨 3~5 个栏架。用 91.4 厘米高的栏架，栏间距离 11~12.50 米跑 5 步或 8.5~8.9 米跑 3 步。

（4）听信号站立式跨 3~5 个栏架，栏高和栏间距离根据具体情况而定。

（5）站立式起跑连续跨过 5~8 个栏架，适当缩短栏间距离，培养栏间跑节奏感。

（6）过栏侧练习。

①起跨腿过栏侧练习。

练习内容：练习用起跨腿跨越 4~5 个栏架栏侧，栏间采用 3 步跑法。

②摆动腿过栏侧练习。

练习内容：练习用摆动腿跨越 4~5 个栏架栏侧，栏间采用 3 步跑法。

（7）栏间跑练习。

①5 步过栏练习。

练习内容：栏间距为 8~10 米，要求学生栏间跑 5 步过栏。

②3 步过栏练习。

练习内容：栏间距与栏高略低于标准要求，要求学生栏间跑 3 步过 5~7 个栏架。

（8）注意事项。

①栏间跑的教学在起跑至第一栏技术教学之后进行。

②栏间跑时重心要高，节奏感要强；攻栏和着地时要高重心、高支撑，减小重心上下波动差。

③下栏时第一步起跨腿积极前摆，有意识增大第一步步长。

（五）学习全程跑技术

动作要领：跑时重心高，节奏感强，起跨攻栏时重心高、速度快，下栏后摆动腿扒地式落地，注意改进技术细节和整体节奏。

1. 起跑过 5 栏练习

练习内容：用蹲踞式起跑快速跨越 5 个栏架。

2. 起跑过 7 栏练习

练习内容：用蹲踞式起跑快速跨越 7 个栏架。

3. 全程跨栏跑节奏练习

练习内容：栏高和栏间距略低于标准要求，体会全程跨栏跑节奏，提高练习信心。

4. 全程跨栏跑练习

练习内容：用蹲踞式起跑快速跨越标准全程栏。

5. 注意事项

（1）每次课都应进行跨栏跑的专门性练习。

（2）着重改进个人过栏与栏间跑技术，建立正确的跨栏跑节奏。

（3）下最后一栏后尽力冲向终点。

二、跨栏跑技术的练习手段

跨栏跑是田径项目中技术难度最大的项目之一，跨栏跑分为短距离栏（女子 100 米栏、男子 110 米栏）和长距离栏（400 米栏）两种。跨栏跑项目要求运动员具有较快的绝对平跑速度，同时还要求运动员有全面的身体素质和跨栏跑的专项技术能力。速度、耐力、力量、柔韧性、灵敏性、协调性等身体素质对跨栏跑的成绩具有很大影响，因此要从这几个主要素质着手训练来提高跨栏跑技术。

（一）速度素质训练

跨栏跑每一个技术环节都呈现出快速完成动作的技术特征，充分体现了速度素质的重要性。发展速度素质可采用平跑速度训练方法和专项速度训练方法。

1. 平跑速度训练方法

跨栏跑专项速度训练是建立在一般速度能力的基础上的，因此要想进行专项速度能力训练，必须在抓好基本速度能力训练的基础上，结合跨栏跑项目的技术特点和运动员自身技术特点逐步开展。在平跑速度训练过程中，要求运动员跑动重心要高，快频率与技术动作相结合。

（1）快速跑练习法。

如短距离变速跑 100 米（30 米快跑＋20 米惯性跑＋30 米快跑＋20 米惯性跑）、150 米大步跑、30～50 米行进间高重心跑、追逐跑、接力跑等练习方法，可提高运动员神经系统的兴奋度和抑制过程的转换能力，以及有关肌肉群在高强度下的工作能力，从而提高运动员的平跑速度。

（2）反复跑训练法。

反复跑 110 米、150 米、200 米等；进行 30 米加速跑＋20 米放松跑＋30 米加速跑的复合距离跑训练，减少运动员在训练和比赛后半程中产生的心理压力，避免运动员在反复跑训练过程中出现"前松后紧"这一现象。

(3)提高动作速度训练法。

采用小步跑 30 米×3、坡度为 15°～30°的 60 米下坡跑、10～20 秒的原地高抬腿以及在 10～15 级楼梯上快速上下跑的训练方法,提高运动员的步频,尽可能地使运动员获得最大的位移速度。

(4)借助外力跑练习法。

采用橡皮筋牵引跑、顺风跑、坡度为 15°～30°的 60 米下坡跑、缩短步长的海绵块标志跑、有标志物的快速高抬腿跑练习。通过外界刺激,改变运动员原有的动力定型,建立新的条件反射,发展运动员的跑动速度,提高平跑速度。

(5)竞技训练法。

与 100 米短跑运动员共同训练,参加 100 米短跑运动员的测验并与其进行有计划的比赛,能够在很多方面提高运动员的心理素质。

2. 专项速度训练方法

跨栏跑这一运动项目不仅要求运动员的平跑速度要快,对运动员的技术要求也特别高,所以在训练中要将专项速度训练放在整个训练过程中的首要位置。在跨栏跑专项速度训练中应加强跨栏步技术各环节的动作速度以及栏间跑的速度节奏练习。

(1)跨栏步技术动作的训练方法。

①原地垫步连续做摆腿折叠、抬膝下压的"鞭打"动作。

②面向栏侧站立,用伸直的摆动腿快速绕过栏架。

③肋木前支撑提拉起跨腿过栏,要求速度快、方向正。

④走或慢跑做起跨腿和摆动腿栏侧过栏练习,连续过 3～5 个栏架。

⑤缩短栏间距,做栏中高抬腿过 3～5 个栏架,膝关节抬高,步频要快。

⑥过低栏练习,降低栏架高度,练习跨 3～5 个栏架。

(2)栏间跑节奏的训练方法。

①无栏架节奏训练法。采用起跨步训练法,在跑动过程中按栏间跑的节奏跑 3 步做一次起跨步;也可采用标志训练法,即在跑道上放置 3～5 个标志物(如实心球、木块等),标志物之间的距离为 5～6 米,跑 3 步,注意标志物间跑的三步节奏。

②栏间跑节奏训练。降低难度法,通过缩短栏间距离,降低栏架高度,以最大速度平稳又有节奏地连续跨 4～6 个栏架;栏侧训练法,即从栏架一侧跑动做摆动腿和起跨腿过栏练习;跨不同高度的栏架,标准栏架与非标准栏架一高一低穿插摆放;完整技术训练,按标准栏高、标准栏间距完成跨栏跑练习。

(二)耐力素质训练

短距离栏项目以运动员的绝对速度能力和过栏技术能力为最主要的训练目的和训练方向;而 400 米长距离栏项目不仅要求运动员具备短距离栏项目的绝对速度和技术动作能力,同时还要具备较强的速度耐力素质和栏间节奏的掌控能力。耐力素质训练按目的分为两种:一是运动员延迟疲劳的能力训练,二是运动员对乳酸的耐受能力训练。耐力素质训练方法如下:

1. 长距离间歇反复跑

300～600 米跑,强度控制在 70%～80%,重复 3～4 次,每次 3～5 组,每次间歇以走或放松跑为主,避免运动员坐或躺,每组间歇时间控制在运动员心率恢复到 120 次/分钟左右时。训练可根据跑的数量、密度和强度的不同而进行一些调整,也可间隔地将过栏

技术融入进去,变成200～500米不等的过栏练习,以增强过栏的专项速度耐力能力。

2. 各种变速跑

例如,100米快跑＋100米慢跑,重复6～10次,每次2～4组;150米快跑＋100米慢跑,重复5～8次,每次2～3组;300米快跑＋150米慢跑,重复4～6次,每次1～2组;等等。变速跑一般作为恢复运动员速度耐力能力或者运动员处于调整训练期间经常采用的一种训练方法,对于恢复和保持运动员速度耐力能力有较好的效果,每次跑动的强度必须要达到65%以上才能起到训练的作用。

3. 要求强度的速度耐力跑

一般作为周期测试训练或赛前的集中专项能力训练,要求强度达到90%以上,距离可为300米、400米或500米等,组数相对减少,2～4组不等。根据400米栏项目要求,这种训练一般尽量都要配合栏架练习,如300米栏、400米栏或者500米栏加最后100米平跑等练习,以针对性地提高跨栏跑项目的专项能力。

4. 组合跑

例如,100米、150米、200米组合跑,共3～5组;600米、300米、150米组合跑,共2～3组;等等。也可以将几种组合跑组合起来进行练习,或者在组合中比较适合的某项加入栏架,进行专项练习等。练习的强度要求在75%～90%,间歇时间要求每次间隔2～3分钟,每组间隔5～6分钟。

(三)力量素质训练

在跨栏跑力量素质训练中,在平衡发展的前提下,要对快速力量、核心力量、力量耐力和绝对力量进行训练。快速力量起主导作用,核心力量、力量耐力和绝对力量起辅助作用,相互促进。跨栏跑力量训练要以专项技术动作的正确性和动作幅度为重点,贯彻阻力渐增原则、专门性原则、合理顺序性原则以及训练周期系统性原则,科学合理地安排各种力量练习,同时重视腰、髋、腿部肌肉的力量训练并作为力量训练的重点部位。

(1)快速力量训练。在快速力量的训练过程中,负重一般不大,主要采用70%的最大力量或者低于运动员体重50%的重量,练习中主要强调动作速度,如果速度达不到规定要求则适当降低重量,在运动员能够保持动作速度的情况下逐步增加负重。

(2)核心力量训练。主要针对身体核心肌肉群(主要指腹部前后环绕身躯且负责保护脊椎稳定的重要肌肉群,为腹横肌、骨盆底肌群以及背肌这一区域)以及深层小肌肉群进行力量、平衡、稳定等功能性训练。可以采用瑞士球、平衡球、平衡拉力带、垫子等器械进行训练,实现"非平衡—调节平衡—适应"的过程,从而增强运动员在各种情况下的身体各部位动作稳定性以及身体整体稳定性。

(3)力量耐力训练。主要作用是提高运动员在进行跨栏运动过程中反复爆发完成跨栏技术动作并在跨栏的同时完成高速平跑运动时所需要的能力。常见的训练方法是结合专项技术动作,按照能量代谢规律及特点安排循环练习,也可以利用轻重量、重复次数多的与专项技术动作相近的练习和其他形式的较长时间的重复性负重练习来提高力量耐力。

(4)绝对力量训练。可以与力量耐力训练同时进行,只是在重量及次数、组数上有所区别。绝对力量训练多采用负重抗阻练习等。应注意的是,绝对力量训练不宜过早进行,不然会阻碍快速力量的发展,对绝对速度的提高造成障碍。

（四）柔韧素质训练

跨栏跑项目属于技能主导类速度型项目，技术与速度是影响跨栏跑成绩的主要因素，其中过栏技术对下肢柔韧素质有较高的要求。从起跨技术的角度来看，良好的柔韧性可以缩短起跨时间。起跨瞬间要求保持较高的身体姿势，同时腰部要向前上方送出。髋部柔韧性好，有利于速度快且较为轻松地完成摆动腿与起跨腿在栏上的下压和提拉动作。从解剖方面分析，良好的柔韧性是掌握复杂技术的关键，能降低肌肉内部的黏滞性，增强伸展性，有利于提高跨栏跑运动员肌肉放松能力、增大动作幅度以及降低运动员受伤风险。可以通过有效的拉伸方法来提高跨栏跑运动员的柔韧素质，常见的有动力性拉伸、静力性拉伸、"神经肌肉本体感觉促进"拉伸等。在训练中注意以"动"为主，"动静结合"发展运动员的柔韧素质。良好的柔韧素质可以改善运动员的动作幅度，增加跑的步长和步频，从而提高运动员高速跑跨能力。

（五）协调性训练

跨栏跑运动要求身体各环节的配合和各动作的有机衔接。协调性训练是综合身体各项素质和提高运动技术的关键。良好的身体协调性可以使运动员在栏上保持最平稳的身体姿势，保证运动员的速度和力量的发挥，保证技术动作的协调连贯，减少不必要的运动损伤。可以通过垫上"跨栏坐"训练或结合跳绳等器械进行上、下肢协调配合训练。

三、跨栏跑易犯错误及纠正办法

1. 起跨时身体重心低，蹬地不充分，屈腿跳栏

（1）产生原因：起跨点太近，怕过栏，栏前跑的技术差，速度过慢。

（2）纠正方法：高重心跑，画出起跨点标志，适当降低栏架高度，反复做起跨攻栏练习。

2. 直腿攻栏或屈膝绕过栏板

（1）产生原因：对摆动腿动作概念不清；摆动腿膝关节紧张，小腿前伸太早；大腿高抬不充分，摆动腿屈肌力量差。

（2）纠正方法：讲解并示范摆动腿屈膝摆技术，强调大小腿折叠及打开时机，反复做各种模仿练习；利用鞍马、肋木、栏架等器械反复练习摆动腿屈膝摆动动作，要求大腿高抬后再前摆小腿，膝关节放松。

3. 腾空后两腿动作消极，剪绞动作时机不对

（1）产生原因：起跨腿蹬地不充分，过早提拉；髋、膝关节灵活性差；摆动腿直腿摆动，下压动作消极，上体过直。

（2）纠正方法：反复做栏侧过栏练习，适当加长起跨距离，加快跑速，发展髋、膝关节的灵活性和柔韧性。

4. 下栏时身体不平衡，动作停顿

（1）产生原因：起跨腿后拖，当摆动腿脚掌着地时，起跨腿未提举到身体前方，摆动腿下压消极，身体重心落后，起跨时蹬伸不充分，上下肢配合不协调。

（2）纠正方法：做各种跨栏专门练习；做上下肢协调配合模仿练习，改善髋、膝关节灵活性；发展摆动腿踝关节和脚掌力量；提高下肢支撑能力。

5. 栏间跑第一步过小，影响栏间跑的节奏

（1）产生原因：下栏停顿或起跨腿提拉过快，两腿落地的时差太小；支撑腿屈髋、弯膝,下栏时起跨腿未提拉到身体前方。

(2) 纠正方法:在栏间跑第一步着地处放一标志物,反复练习,增大下栏第一步步长;在栏侧跨过2个栏架,发展摆动腿支撑力量。

6. 栏间跑直线性差

(1) 产生原因:起跨攻摆方向不正或提拉不到位;支撑力量不够,产生倒体现象;下栏时手臂摆动过大,造成上体扭转。

(2) 纠正方法:在栏板上做标记,调整攻栏方向;将栏架放在分道线上,要求下栏和栏间跑时沿直线跑进。

7. 蹲踞式起跑至第一栏起跨点不准,加速不及时

(1) 产生原因:起跑后第1步太小;跑的节奏不稳定;自信心不强。

(2) 纠正方法:在起跑后第1步着地处放一标志物进行反复练习;降低第1个栏架高度,建立正确的8步跑的节奏,增强自信心。

8. 全程跑节奏不稳定,不能三步一个栏间地跑完全程

(1) 产生原因:全程跑练习较少,跑速没有发挥出来,节奏感不强。

(2) 纠正方法:增加全程跑练习的次数,提高练习强度,尤其是起跑至第一栏必须发挥出跑速,建立正确的全程跑节奏感。

第三节 中小学跨栏跑教学方法

一、小学生跨栏跑教学方法

(一)教学目标

通过学习,学生应知道跨栏跑的基本动作要领;80%的学生能熟练掌握在快速跑中过低"栏"的技术,并能有效控制与调整给定距离内的步幅;学生乐于重复练习,并在练习中通过自我尝试、自主练习获得成功的体验,培养勇敢顽强的精神;在跨栏与游戏活动时能体会到与他人合作的快乐。

(二)教学重、难点

教学重点:掌握摆动腿、起跨腿过栏的动作要领。

教学难点:摆动腿和起跨腿协调过栏。

(三)动作方法

单腿起跨过第一栏:前腿抬起向前跨,后腿快速往前拉;连续过2个栏架:后腿迅速前收,下栏着地进入跑动状态;连续过多个栏架:打节奏如1、2、3、跨或1、2、3、4、跨,强调栏间跑节奏感。

(四)教学步骤与内容

恐惧心理是阻碍小学生学习跨栏跑的一大因素,因此在技术动作教学初期,使用体操垫或纸板栏架替代栏架进行练习,缓解学生的恐惧心理;善用合作探究的学习方式,结合学生年龄特点进行教学设计。

(1)组织观看跨栏跑比赛视频,并展示多种训练方法,引导学生讨论跨栏跑学习中感到困难或恐惧问题,并解除学生担心的问题,强调无惧是学习跨栏跑很重要的因素。

(2)进行障碍跑小游戏,集体学习"跨栏坐",发展学生腿部柔韧素质和身体素质,如单脚跳、纵跳、原地高抬腿等。

(3)进行"跨栏坐"摆臂下压和摆动腿在栏侧走栏与跑栏练习。为了克服学生恐惧心理,栏架用体操垫代替。强调摆动腿正确的蹬伸,过栏时摆臂不能同手同脚。

(4)学习起跨腿正确的蹬地、屈膝折叠、提拉、下栏着地动作,进行原地扶墙摆动练习,在栏侧进行走栏或跑栏练习。为使学生克服恐惧心理,栏架用体操垫代替,强调身体重心的控制,搭配摆臂控制身体平衡。

(5)站立式起跑过第一栏,在栏架前1米左右画起跨区域,学生寻找适合自己的起跨距离。为使学生克服恐惧心理,栏架用纸板栏架代替,高度比体操垫稍高。

(6)站立式起跑连续过3个栏架,缩短栏间距,使用纸板栏架,强调起跨攻栏、腾空过栏、下栏着地以及栏间跑衔接的节奏和步幅。

(7)提升跨栏步技术和稳定栏间跑节奏,待动作技术熟练后,可以换成低栏架进行练习。

(五)易犯错误及纠正方法

1. 怕栏,不敢过栏

(1)产生原因:心理恐惧和紧张因素;缺乏勇敢的品质。

(2)纠正方法:鼓励并表扬较为勇敢的学生,激起学生练习欲望;降低栏高和缩短栏间距,或者使用替代器材;发展学生身体素质。

2. 碰撞栏架

(1)产生原因:起跨点过远或过近;摆动腿位置低于栏架或起跨腿折叠不及时,踝关节放松,脚尖下垂;身体素质差,重心腾起高度不够。

(2)纠正方法:踏标志点跑,固定起跨点;双手扶肋木进行起跨腿和摆动腿攻摆练习;加强下肢关节柔韧性、弹跳力练习。

(六)教学游戏设计

1. 游戏名称:飞越"虎跳峡"

(1)教学目标:使学生懂得要想飞越"虎跳峡",就必须做快速向前起跳、飞跃动作;发展下肢力量和协调用力能力;培养学生勇敢、顽强的良好品质。

(2)游戏方法:在离起跑线12米处设第一个"虎跳峡",之后相隔6～7米设1个"虎跳峡",共4个"虎跳峡",每4人组成1队,共3～4队,每队每轮比赛派出1名记分裁判员,记取另外1队4名队员的总成绩。比赛开始前,各队分别站在起跑线上,同时出发,跨越4个"虎跳峡"后,跑回起跑线与队友以击掌方式交接,队友继续跑进,最后以各队总成绩判定胜负。

(3)游戏规则:

①比赛进程必须由教师掌控,必须在有序情况下听哨音进行。

②"虎跳峡"长、宽各1米,学生必须跨越"虎跳峡"。

③要求起跳跨越,未能跨越,落在"虎跳峡"区,则成绩加2秒。

(4)教学步骤与方法:

①教师示范跨越"虎跳峡"的完整动作。

②教师示范并讲解"跨越"动作要领。

③指导学生进行"跨越"动作的模仿练习,并及时纠正错误。
④教师示范并讲解完整动作要领。
⑤指导学生进行完整动作模仿练习和完整动作练习,并及时纠正错误。
⑥正式比赛,根据实际情况进行若干轮的游戏比赛。
⑦总结、讨论、奖惩。

(5) 注意事项与要求:安全和纪律方面需要反复强调;技术动作方面,需要反复强调"起跨"。

2. 游戏名称:跨越"危险区"

(1) 教学目标:使学生明白要想跨过"危险区",就必须做快速蹬伸、起跨动作,"栏"间跑 3 步或者 5 步;发展下肢力量和协调用力能力;培养学生勇敢、大胆果断的良好品质。

(2) 游戏方法:在离起跑线 12 米处设第一个"危险区",以后相隔 6~7 米设 1 个"危险区",共 4 个"危险区",共 4 个赛道,见习生担任裁判员。比赛开始前,同学分别站在起跑线上,同时出发,跨越 4 个"危险区",终点线离最后一个危险区 5 米,全长 35 米,以记取的成绩判定胜负。

(3) 游戏规则:
①比赛进程必须由教师掌控,必须在有序情况下听哨音进行。
②"危险区"为长、宽各 1 米,高 40 厘米的海绵块,学生必须跨越"危险区",并且要求在"危险区"之间跑 3 步或者 5 步,再跨越下一个"危险区"。
③要求起跳跨越,未能跨越"危险区",则成绩加 2 秒,犯规学生及成绩在第 3 名之后的学生做俯卧撑 5 个。

(4) 教学步骤与方法:
①教师示范跨越"危险区"的完整动作。
②教师示范并讲解"跨越"动作要领。
③指导学生进行"跨越"动作的模仿练习,并及时纠正错误。
④教师示范并讲解完整动作要领。
⑤指导学生进行完整动作模仿练习和完整动作练习,并及时纠正错误。
⑥正式比赛,根据实际情况进行若干轮的游戏比赛。
⑦总结、讨论、奖惩。

(5) 注意事项与要求:安全和纪律方面需要反复强调,教师必须严格把控场面,避免因无序而造成的伤害事故;对于技术动作方面,需要反复强调"起跨"。

二、初中生跨栏跑教学方法

(一) 教学目标

通过学习,学生应了解跨栏跑的动作要领、动作特点和竞赛规程,能够建立正确的跨栏步技术概念;85%的学生基本掌握跨栏跑技术动作,能连续跨越 3~5 个栏架;发展学生的速度、灵敏、力量、协调性等身体素质;培养学生自信、勇敢、果断的意志品质,体会跨栏运动的乐趣,提高合作意识并积极参与单元学习中的各项练习。

(二) 教学重、难点

教学重点:跨栏步技术摆动腿的抬、伸、压,起跨腿的蹬、屈、拉。

教学难点:身体重心的控制,上下肢协调用力。

(三)动作方法

(1)起跑至第一栏技术教学。起跑后步点准确,节奏良好,起跨点距离适宜,过栏动作准确。

(2)跨栏步教学。在起跨过栏时,起跨点至栏架距离要合适,身体各部分协调配合,动作连贯,为下栏着地和栏间跑创造有利条件。

(3)栏间跑技术教学。掌握好跑的节奏和直线性,运用合理的短跑技术、较快的步频进行栏间跑,形成真正的"跑栏"技术。

(四)教学步骤与内容

通过改造栏架、适当降低栏架高度或用其他辅助性器材,帮助学生克服惧怕心理,建立信心;调整栏间距,以符合大多数学生身体素质水平;改变教学方法,使多数学生体验到跨栏跑的乐趣。

(1)跨栏跑起源和发展介绍;跨栏跑比赛欣赏。

(2)专项柔韧性、协调性练习。过障碍练习:连续过一定高度的跳绳、垫子等;中速跑过低栏架;越过各种障碍的游戏比赛。

(3)跨栏步专门性练习;栏侧起跨腿、摆动腿练习;学习起跑至第一栏技术,中速过3个栏架。

(4)复习栏侧起跨腿、摆动腿练习;学习起跑跨越第1个栏架和栏间3步过栏节奏;不同栏高、栏间距的分层练习。

(5)蹲踞式起跑上第1个栏架;蹲踞式起跑,过3～5个栏架;学生展示、评价。

(五)易犯错误及纠正方法

1. 起跨消极,身体重心低,蹬地不充分,屈腿跳栏

(1)产生原因:惧怕栏架;腿部力量不足;坐着跑,重心低,跑速慢。

(2)纠正方法:适当降低栏架高度和缩短栏间距离;调整学生跑姿;运用辅助性器材练习。

2. 栏间跑直线性差

(1)产生原因:忽视了上下肢协调用力过栏,下栏身体不平衡;摆动腿支撑力量不够。

(2)纠正方法:"跨栏坐"攻栏练习;做好攻栏训练方向标志。

(六)教学游戏设计

影响跨栏跑教学质量的首要因素就是学生对栏架的惧怕心理,教师可以采用"软式跨栏架"或体操垫等进行辅助教学,创编跨栏跑趣味游戏,旨在帮助学生克服跨栏跑的恐惧心理,提高学生的兴趣和参与度。具体方法有弱化栏架概念、减小栏间距离、降低栏架高度、增加训练手段、丰富训练器材等,以辅助的形式循序渐进地帮助学生完成跨栏跑的教学,达到教学目标。

1. 障碍物跨越圆圈接力跑(图5-10)

(1)教学目标:提高过栏技术。

(2)游戏方法:设计一条跑动路线,其中随机放置各种不同的器材(分别供水平和竖直跨越练习使用),障碍物为趣味田径器材。

图 5-10　障碍物跨越圆圈接力跑

（3）游戏规则：从起点出发，依次跨越障碍物后返回起点并击掌交接，用时最短的队为胜。

（4）教学方法：

①变换障碍物（高、低、长、短）。

②改变栏架间的距离。

③改变练习的顺序。

④进行个人或者集体之间的比赛。

（5）注意事项与要求：

①过"栏"后要保持身体平衡，并迅速转换到跑动状态。

②跑动尽量保持匀速，不要在障碍物前刻意减速。

③场地平整，障碍物合适。

2．跨栏往返接力跑（图5-11）

（1）教学目标：提高栏间步幅控制能力。

图 5-11　跨栏往返接力跑

（2）游戏方法：设计一条跑动路线，摆放栏架，间距可均匀增大，栏架为趣味田径软式跨栏架。

（3）游戏规则：从起点出发，跨越完成后向右后转跑至空跑道沿直线返回起点并击掌交接，用时最短的队为胜。

（4）注意事项与要求：

①保持规律的步调；

②保持身体平衡和动作准确；

③场地平整，障碍物合适。

三、高中生跨栏跑教学方法

（一）教学目标

通过学习,85%的学生能够掌握跨栏跑基本动作技术要领,初步形成解决跨栏跑学练和比赛情境中出现的问题的能力；学生一般体能和专项体能水平明显提高,能够较好地完成完整跨栏跑练习；能预防和简单处理跨栏跑运动中常见的运动损伤；了解跨栏跑竞赛规则；培养合作精神和竞争意识,能够调控跨栏跑教学比赛中的情绪。

（二）教学重、难点

教学重点：跨栏步技术；

教学难点："跑跨"和"跨跑"的衔接。

（三）动作方法

1. 起跑至第一栏技术

起跑至第一栏的任务,主要是使身体迅速跑出,尽快发挥出最高速度,并按一定的步数顺利地跨过第一栏。上体的前倾度较小,两臂的摆幅稍大,步幅增加较快。起跑后,前三步比短跑前三步稍大,跑到5～6步时,上体基本正直,最后一步要准确地踏在起跨点上。

2. 过栏动作

（1）当起跨腿踏上起跨点,身体重心移过垂直部位后,摆动腿就要屈膝高抬,大腿向前积极上摆,起跨腿迅速有力地进行后蹬伸直。上体前倾,两臂有力地摆动,整个身体积极向栏"进攻"。当起跨腿蹬离地面后,随着身体的前移、骨盆的前送,摆动腿的小腿积极向前伸直。

（2）起跨腿膝关节外展,向前上方提拉,上体前压。起跨腿同侧之臂用力向前伸,另一臂屈臂后摆。当摆动腿的膝关节摆到栏上时,上体前倾度达到最大,胸部将靠近摆动腿的大腿,前摆的手臂将触及摆动腿的脚,起跨腿也已提拉侧跨在身体的侧面,形成平稳的良好的栏上姿势。

（3）当身体重心接近栏上方时,就开始做下栏动作。这时摆动腿的大腿应积极下压,起跨腿保持大小腿折叠姿势,迅速从身体侧面经腋下向前上方提拉,膝部高抬。前伸的臂沿弧形向后摆动,另一臂向前摆。当摆动腿用前脚掌着地后,起跨腿快速拉到身体正前方,大腿积极高抬前摆,上体前倾,准备跑出第一步,脚的落地点应在身体重心投影点上或稍前一点。

3. 栏间跑技术

跨栏跑的整个栏间跑技术与短跑的途中跑技术基本相同。但在栏间跑中,要特别强调高重心跑,栏间步数应固定,一般跑3步,3步步长的特点是"小、大、中"。

4. 终点冲刺跑与撞线

终点冲刺跑是从过最后1～2个栏架开始的,过最后一个栏的下栏动作要特别快。下栏后,上体应加大前倾角度,加快摆臂,加强后蹬,用全力跑过终点,撞线动作同短跑。

（四）教学步骤与内容

（1）综合运用讲授、讨论以及观看跨栏跑动作技术视频、图片、录像等多种手段和方法,使学生了解跨栏跑的发展简史、文化价值与技术原理。

(2) 合理地运用多种教学方法讲解跨栏步动作技术,使学生掌握"跑"和"跨"动作技术之间的衔接和连贯,如起跨攻栏与腾空过栏动作的衔接、下栏着地与栏间跑第一步的衔接要连贯,并反复练习和强化这些衔接动作,提高学生组合动作技术的熟练程度。

(3) 在学生初步掌握动作技术的基础上,引导学生在比赛情境中运用所学动作技术,培养学生运用综合知识和技能解决复杂问题的能力以及心理调控能力和挑战自我的精神。

(4) 重视学生一般体能和专项体能的练习,如指导学生进行 30 米、50 米计时跑,台阶或高物上双脚上下交换跳,引体向上等练习,促进学生体能水平的提高。

(5) 指导学生学会处理跨栏跑练习常见的运动损伤,了解跨栏跑比赛规则。

(五) 易犯错误及纠正方法

1. 跳栏

(1) 产生原因:起跨点离栏架太近,限制摆动腿向栏迅速前摆,害怕碰栏;摆动腿上摆、下压消极缓慢;起跨腿弯曲过大;心理恐惧问题。

(2) 纠正方法:确定适宜的起跨点,适当加快栏前跑的速度,利用辅助器材代替栏架练习,消除碰栏的顾虑;加强柔韧性练习,掌握摆动腿屈腿摆动的攻栏技术。

2. 上栏前拉大步

(1) 产生原因:下栏后速度下降太快,第一步太短,故被迫拉大后两步;练习时,栏间距太长,跑速和腿部力量不够;跨栏跑只注意跨步,忽视上下肢协调配合,非正确平跑姿势;缺乏信心。

(2) 纠正方法:在第一步落点画上标志,以固定第一步步长;培养和强化下栏后要保持速度并紧接着跑的意识;缩短栏间距或降低栏架高度,适当练习栏间五步跑的连续跨栏;发展腿部力量,提高弹跳力,改善平跑技术。

第六章 中长跑

中长跑教学视频

第一节 中长跑技术

一、中长跑基本技术

中长跑是中距离跑和长距离跑的合称。中跑是对速度耐力要求较高的项目。长跑是以耐力为主的项目。中长跑能改善呼吸系统和心血管系统的功能,发展耐力素质和培养坚毅顽强的意志品质。中跑和长跑的技术基本上是相同的,但由于跑的距离不同,在技术动作的速度和幅度及用力程度上有所不同。中长跑的一般要求是身体重心移动平稳,动作有实效且轻松、自然,并保持良好的节奏。高步频、积极有效的伸髋和快速有力的摆动动作,是现代中长跑技术的主要特征。

中长跑各个项目的完整技术均分为起跑、起跑后加速跑、途中跑、终点跑等。

1. 起跑和起跑后加速跑

中长跑采用站立式起跑。当运动员听到"各就位"口令后,从集合线轻松地走到起跑线后,两腿前后站立,有力的腿在前,紧靠起跑线后沿。前脚跟与后脚尖相距一脚长,左右间隔半脚长,后腿用前脚掌支撑站立。臂的动作有两种:一种是两臂一前一后,另一种是两臂在体前自然下垂。两腿弯曲和上体前倾程度依战术而定,即若要起跑速度越快,则两腿弯曲和上体前倾程度越大。颈部放松,眼向前看5～10米处,整个身体保持稳定姿势,注意听枪声。

听到枪声后,两腿用力蹬地,后腿蹬地后迅速前摆,两臂配合两腿的蹬摆做快而有力的前后摆动,使身体快速向前冲出,过渡到起跑后加速跑阶段。加速跑时,两腿应迅速有力地蹬伸,积极地摆臂,在短时间内达到预定速度。加速跑的距离依项目、个人能力及战术而定,一般中跑加速跑的距离稍长。无论在直道或弯道上起跑,都应该按切线方向跑进,在规则允许的范围内,抢占有利的战术位置,然后进入途中跑。

2. 途中跑

途中跑是决定中长跑运动成绩的主要环节。途中跑应强调轻松、省力、节奏好。途中跑也是中长跑的主要阶段,它是运动员比赛时发挥训练水平和健身者获得锻炼效果的过程。因此,掌握途中跑技术是极其重要的。后蹬是途中跑技术的主要环节。后蹬动作应该迅速而积极,依次伸展髋、膝、踝这3个关节,后蹬角度一般为55°左右。在支撑腿后蹬的同时,摆动腿前摆。前摆时,小腿应自然放松,依靠大腿的前摆动作,膝关节领先并带动髋部向前上方摆出。

支撑腿离地后,人体即进入腾空阶段。因此,蹬离地面的支撑腿应该放松,依靠后蹬反作用力的惯性和大腿的向前动作,使小腿折向大腿,形成膝关节弯曲、大腿和小腿折叠动作。但是,这种折叠动作比短跑要小一些。

当摆动腿前摆结束时,大腿开始向下运动,膝关节随之自然伸直,用前脚掌在离身体重心投影点的前方一脚到一脚半长处着地。前脚掌着地后,膝关节稍稍弯曲,进入垂直支撑后再过渡到全脚掌着地。这种顺势的缓冲动作,可以减小脚着地时对身体前进产生的阻力,使人体尽快地转入后蹬。着地时,脚尖应向前,两脚足迹内缘要在一条线上。中跑比长跑的下落着地动作应更积极一些。

中长跑时,上体接近垂直或稍前倾,头部正直。胸部正对前方并微向前挺,整个躯干姿势自然而不僵硬。摆臂时,肩部要放松,两臂弯曲,肘关节约成90°,两手半握拳,前后自然摆动。前摆时稍向内,后摆时稍向外。

中长跑时,有一半以上距离是在弯道上跑进。根据弯道跑时需要有一定向心力的特点,在跑的技术上也应与短跑一样有相应的变化。但由于中长跑跑速较短跑慢,因此中长跑变化的程度也比短跑小。

3. 终点跑

终点跑是临近终点的一段冲刺跑。终点跑的距离要根据项目、训练水平、个人特点、战术需要及比赛具体情况而定。一般情况下,800米跑可在最后200～300米,1500米跑在最后300～400米,3000米及以上跑步项目可在最后400米或稍长的距离开始终点跑。速度素质好的运动员,往往在跟随跑的前提下,在最后一个直道时,突然加速;耐力素质好的运动员,多采用更长跑段的终点跑。不论终点跑距离的长短,在终点跑之前,必须抢占有利位置,并注意观察对手情况,动员全部力量冲过终点。

4. 中长跑的呼吸

中长跑时,为了改善气体交换与血液循环的条件,应注意呼吸的节奏。呼吸的节奏取决于个人特点和跑的速度,一般是跑两三步一呼气,跑两三步一吸气。随着跑速的提高,呼吸频率也相应加快,在终点跑时,有些运动员采用一步一呼、一步一吸的方法。呼吸应自然和有一定的深度。随着疲劳的出现,应着重加深呼气,只有充分呼出二氧化碳才能吸进氧气。由于强度大、竞争激烈,仅用鼻子呼吸是不足以提高呼吸频率的,应采用半张的口与鼻子同时呼吸,以最大限度地满足机体对氧气的需要。

中长跑时,由于内脏器官机能惰性的限制,氧气的供应暂时落后于肌肉活动的需要,跑一段距离后会不同程度地出现胸部发闷、呼吸困难、动作无力,迫使跑速降低,甚至有难以坚持跑下去的感觉。这种生理现象叫作"极点"。它与准备活动、训练水平、运动强度等有关,跑的强度大,"极点"出现得早;跑的强度小,"极点"出现得迟而且感觉轻,适应的时间也短。"极点"现象也与训练水平有关,训练水平高,内脏器官的适应能力就强,"极点"出现得较缓和、短暂。"极点"是可以克服的,在练习过程中,应遵循循序渐进原则,充分做好准备活动,掌握好途中跑的速度变化。当"极点"出现时,可适当降低跑速,注意深呼吸,特别是加深呼气,同时要以顽强的意志坚持下去。克服"极点"的过程,不仅是提高训练水平的过程,也是锻炼意志、培养克服困难精神的过程。

二、中长跑技术教学的重点与难点分析

1. 教学重点

途中跑技术是中长跑技术教学的重点。它是起跑后加速跑结束到终点跑之前的这

段距离的跑进。中长跑技术中途中跑距离最长,因此正确掌握并合理地应用途中跑技术是极其重要的。

2. 教学难点

蹬与摆的配合和呼吸是中长跑技术教学的难点。在一个跑的周期中,当身体重心移过支撑点以后,即开始后蹬与前摆的动作。这时摆动腿膝关节迅速有力地向前上方摆出,同时支撑腿在摆动腿积极配合下,快速有力地伸展髋关节、膝关节、踝关节,最后通过脚掌过渡到脚趾蹬离地面,形成摆动腿与支撑腿的协调配合。前摆技术是小腿自然放松与大腿自然折叠,以大腿带动小腿积极摆出。后蹬技术是首先伸展髋关节,再迅速伸展膝关节和踝关节。前摆与后蹬方向相反,后蹬是推动人体向前移动的动力,但必须有机体各部位的协调配合,特别是摆动腿应积极有力地前摆,才能取得较好的后蹬效果。

第二节 中长跑技术的教学与练习

一、中长跑技术的教学步骤及内容

中长跑技术教学,须把掌握技术和提高学生心肺功能及发展耐力素质结合起来,在一系列跑的练习中使学生掌握中长跑技术和提高耐力。在教学过程中,注意采用多种教学手段,变换跑的形式,避免枯燥、单调,以调动学生学习的积极性。

1. 使学生了解中长跑的一般知识

通过讲解,学生应了解中长跑的历史、发展现状、分类与锻炼价值等,掌握学习中长跑的要求和注意事项,且学习的积极性和主动性被调动起来。

2. 学习途中跑技术

(1)结合示范(或通过图片等直观教学资料),讲解途中跑技术,使学生建立正确的途中跑技术概念,了解途中跑技术的要求、方法和要领。

(2)中速放松的匀速跑60~80米,体会摆臂动作。要求跑得自然、放松,跑的姿势正确。

(3)中速反复跑100~200米,每跑一次,休息一段时间。要求在中速情况下体会上下肢的摆、蹬动作协调配合。

(4)快和慢的交替跑:30米快跑+20米慢跑+20米快跑+30米放松跑,或60米快跑+40米慢跑+40米快跑+60米慢跑。要求快跑与慢跑之间的过渡自然,提高肌肉紧张和放松能力。

(5)定时定距跑:在规定的时间跑完预定的距离。要求呼吸与跑的节奏协调配合,培养学生的速度感。

(6)采用各种变换形式的跑,因地制宜变换环境的跑,快慢交替的四角跑,保持间距的蛇形跑,分组循环的接力跑、越野跑、坡道跑、阶梯跑。

3. 学习起跑和起跑后加速跑技术

(1)结合示范(或通过图片等直观教学资料),讲解站立式起跑和起跑后加速跑技术,建立正确的站立式起跑和起跑后加速跑技术的概念,了解站立式起跑和起跑后加速跑技术的要求、方法和要领。

(2)以组为单位,在起跑线后做站立式起跑"各就位"口令的起跑预备姿势练习,听

口令做站立式起跑练习(跑出 3~5 米)。要求两脚位置正确,身体保持稳定,腿、臂蹬摆积极。

(3) 采用站立式起跑的追逐练习。两人(或多人)一组相距 3~5 米,听口令后同时起跑进行 50~80 米的追逐跑。要求在保持技术正确的前提下全速追逐。

(4) 结合 1500 米起跑线学习站立式起跑和起跑后加速跑技术,教师讲解集合线、起跑线的位置,以口令、吹哨、鸣枪 3 种响声进行分组发令起跑练习(以 10 人一组为宜)。要求起跑后加速跑出 50 米后返回。

(5) 结合 3000 米、5000 米起跑线学习弯道上起跑后加速跑技术。教师讲解在弯道上起跑后的抢道路线和注意事项,以口令、吹哨、鸣枪 3 种响声进行集体发令起跑练习。要求起跑后加速跑 30 米后返回。

4. 根据学生个体特点在完整练习中改进和提高中长跑技术

(1) 讲解终点跑和全程跑的要求和方法。

(2) 按水平分组,由站立式起跑出发,进行 200 米、400 米或 600 米的中速重复跑,在最后 50~150 米处开始适当加速,以冲刺跑跑过终点。

(3) 全程跑:组织教学测验或比赛并进行技评。测验、比赛距离,男生 1500 米,女生 800 米。

二、中长跑技术的练习手段

身体素质水平,将直接影响运动技术的完善程度,运动水平越高,身体素质水平也越高。不同专项运动所要求的主要身体素质不同,中长跑项目主要依赖耐力素质、速度素质,其次是力量素质和协调、柔韧素质,因此首先要发展耐力素质。

1. 发展耐力素质

耐力素质可分为有氧代谢耐力(一般耐力),有氧、无氧混合代谢耐力和无氧代谢耐力。在学生的中长跑训练过程中,三种不同代谢供能的耐力,是互为基础、相互依存、相互促进的不可分割的整体。

训练研究指出:"有氧代谢是混合代谢和无氧代谢供能的基础。逐步改善和提高混合代谢和无氧代谢供能的能力,既能促进有氧代谢供能能力的改善,又能有效地促进专项运动能力的提高。"

(1) 发展有氧代谢供能耐力的特征和方法。

有氧代谢供能耐力又称一般耐力,在中长跑项目中占有重要地位。一般耐力是中长跑学生改善和提高速度耐力的基础素质,所以学生的一般耐力水平将直接影响耐力素质和运动成绩。

一般耐力的发展将有效地改善心肺系统功能和肌肉代谢能力,提高氧的利用率和支撑器官的能力,其中对最大通氧量的增加、每搏输出量和氧的利用率的提高、二氧化碳排出量和支撑器官能力的改善的效果最为明显。

中长跑的一般耐力与速度耐力的主要区别是代谢过程不同。一般耐力是有氧代谢过程,速度耐力是以有氧与无氧代谢为主的代谢过程。因此,在中长跑的训练中切忌以发展速度耐力训练代替一般耐力训练,即使达到了相当高的运动水平,一般耐力训练也是不可缺少的。

发展一般耐力,主要采用持续训练方法。长时间进行越野跑、耐力跑及障碍跑等是最佳手段。跑的方式可以是匀速跑也可是变速跑,心率以100~160次/分为宜,以人体吸进的氧气与机体代谢所需要的氧气基本相等为最佳。还可采用间隔训练法发展一般耐力,或是采用克服自身体重的长时间的跳跃练习,再进行上肢、下肢快速力量耐力练习。此外,长时间骑自行车、滑雪、游泳、爬山、球类运动等,也是较好方法。

(2) 发展专项耐力的特征和方法。

中长跑的专项耐力,实质是运动员的专项运动持续能力,也就是专项速度耐力。专项耐力训练中身体代谢供能方式,也因专项的不同而有所差别。提高有氧代谢、无氧代谢及混合代谢的能力是专项耐力训练取得最佳效果的关键,因此,训练中应因人而异,控制好有氧代谢、无氧代谢及混合代谢供能的比例,跑的速度、距离以及间歇方法。专项运动的距离越短,无氧代谢与混合代谢训练比重越大。训练实践表明:"随着学生成绩的提高,混合代谢供能的训练比重也相应地逐步增加,其训练比重一般为60%~75%,并有继续加大趋势。"

提高专项耐力的训练方法,按机体供能的方式可分为三种:有氧训练、有氧无氧训练、无氧训练。训练要根据训练任务因项、因人控制好不同供能方式的训练比例。合理地交替运用各种训练手段对提高专项耐力和运动水平有显著的作用。另外,根据中长跑的专项需要,对所需的供能方式进行反复强化的训练,在此基础上,逐步加大无氧供能训练和速度耐力混合供能训练,是提高专项运动能力的重要保证。发展专项耐力一般常采用间歇法跑、变速跑、重复跑、略高或略低于专项距离的及时跑、检查跑、测验跑等。专项耐力训练在全年训练中可根据任务的不同应有计划、有目的地安排和强化。

2. 发展速度素质

速度素质对中长跑运动员是非常重要的,尤其是中距离跑运动员。中长跑是以速度耐力为主的项目,发展速度素质应结合项目特征,才能取得良好效果。

中长跑速度与短跑速度的主要区别是供能方式不同。短跑运动中供能的主要是磷酸能(CP),中长跑运动中主要是乳酸能(ATP),因此,中长跑的速度训练与短跑的速度训练是有区别的。

中长跑的速度训练,第一,应以克服体重的速度力量和速度力量耐力的力量训练为主,以改善神经肌肉系统快速度、长时间的收缩能力来发展速度。第二,速度耐力是中长跑运动项目的突出特征,所需要的速度是有机体处在乳酸逐步积累的条件下表现出的速度,即乳酸能速度,因此中长跑速度训练应在有机体乳酸堆积的条件下发展速度。

中长跑速度训练的方法主要有:

(1) 准备活动热身后,进行大量的组合速度素质练习及跑的速度训练。

(2) 速度耐力训练后,待机体乳酸尚未完全恢复时,进行短距离跑的速度练习。

(3) 在耐力跑中,突出高频率快跑,以改善神经系统的"速度"功能。

(4) 耐力和速度耐力跑的训练后,紧接着做速度力量和速度力量耐力的组合训练。

3. 发展力量素质

训练学理论把学生的力量分为最大力量、速度力量和力量耐力三种性质的力量。中长跑项目的力量训练不是追求最大力量,这已为教师们所认识。中长跑项目所需要的是速度、力量、耐力的逐步增长,并与专项能力训练和身体素质训练科学地融为一体,保证学生的步长、步频和动作节奏的稳定性,促进专项速度耐力水平的提高。

中长跑力量素质训练经常采用的方法有:

(1) 丘陵地带越野跑：要求上坡时用力蹬地加快速度，下坡时减慢速度、加快动作频率。

(2) 负重越野跑：对学生的负重量有严格的限制，最大不得超过体重。训练要求是在保持动作快、节奏及稳定性好的前提下逐步延长跑的时间，然后逐步加快跑的速度，这对提高学生的速度力量耐力和专项速度耐力有明显的训练效果。

(3) 长时间连续跳跑练习：要求保持动作的快频率、快节奏，逐步增加跳的距离。

(4) 综合力量练习：把适合项目特征和个人特点的6~8个力量练习手段合成一个组，再依据不同性质力量之间的关系，予以科学排序，进行不同次数和不同间歇的重复练习。其重复组数，以使学生有机体代谢供能与专项能力训练时的代谢供能达到相同的程度为准，这对学生整体力量素质的协调发展是极为有利的。

训练研究结果证明：力量训练与专项能力训练相结合，对提高运动员专项速度耐力有非常显著的训练效果。

4. 发展协调、柔韧素质

中长跑学生的协调、柔韧素质训练是不可缺少的训练内容。但是不同的运动项目与协调、柔韧素质的相关性差异较大，其训练比重、训练方法的差别也较大。与其他类项目比较，协调、柔韧素质与中长跑项目的相关程度相对较低。因此，中长跑学生的协调、柔韧素质训练不是单独进行的，而是贯穿在训练的全过程之中。协调、柔韧素质的水平将直接影响运动技术的完善程度。训练中应重视协调、柔韧素质的训练。身体素质的发展和中长跑专项能力的提高是相辅相成的，决不能因为项目特征对身体素质的要求不同而忽视了全面身体素质训练。即使达到了较高的专项运动水平，身体素质训练也是不可缺少的。

三、中长跑易犯错误及纠正办法

1. 起跑抢跑和起跑后加速过快

(1) 产生原因：不重视中长跑的起跑技术，身体重心过分前移，不善于分配体力急于抢位。

(2) 纠正方法：加强中长跑起跑技术练习，强调"各就位"姿势时身体重心的稳定，要教育学生遵守起跑规则，教会学生合理地分配体力和运用加速跑的方法。

2. 跑的动作紧张、不协调

(1) 产生原因：技术概念不清，不会放松肩部和腿部的肌肉，身体姿势不正确，过于前倾后仰。

(2) 纠正方法：反复讲解与示范，使学生掌握正确的动作要领，多做柔韧性练习，增强弱肌群的力量，使各部分肌肉力量发展平衡；多做上体保持正直的慢跑、中速跑、变速跑和跑的专门性练习，强调身体放松。

3. 身体重心起伏过大，跑的直线性差

(1) 产生原因：后蹬角度太大，摆臂方向不正确，脚着地呈"八"字形，两腿的力量不均匀。

(2) 纠正方法：注意膝关节向正前方摆动，用适宜的后蹬角度跑；加强弱腿力量练习，增强手臂、肩部的力量，加强摆臂技术练习，沿跑道的白线跑，强调用前脚掌内侧着地。

4. 后蹬效果不好,形成"坐着跑"

(1) 产生原因:技术概念不清,蹬地腿离地过早,关节灵活性和腿的柔韧性差,腿部和踝关节力量差。

(2) 纠正方法:反复讲解和示范,使学生建立正确的技术概念,加强后蹬跑、跨步跳、上坡跑、支撑送髋、原地多级跳等练习,要求髋关节、膝关节、踝关节充分伸展,强调送髋动作,加强腿部力量练习。

5. 呼吸方法不正确和跑的节奏感差

(1) 产生原因:学生对跑时的呼吸方法、跑的节奏掌握不好,跑的速度感及均匀分配体力的能力差。

(2) 纠正方法:反复讲解、示范,使学生了解正确的呼吸方法及跑的节奏感的重要意义。采用原地跑步,练习呼吸与步子的协调配合,逐渐过渡到途中跑,保持呼吸和步子的协调配合。多做各种跑的练习,在练习中强调保持稳定的步长和步频以及均匀的跑速,通过分段报时的方法逐渐培养跑的速度感。

第三节 中小学中长跑教学方法

一、小学生中长跑教学方法

1. 游戏名称:草地赶跑

(1) 教学目标:发展耐力素质,提高中长跑专项能力。

(2) 游戏方法:在草地上标出相距 4 米的平行线两条,将游戏者分成人数相等的甲、乙两队,相向错位站在两线外侧准备,本游戏需要裁判员一名。当裁判员发出"预备"口令后,各队游戏者两脚前后开立,呈起跑预备姿势。当发出"甲"口令后(计时开始),甲队队员向后转跑出,乙队队员则一对一地直接向前追赶,无场地限制一直追下去,直至追赶 1 分钟或裁判员发出"停止"口令,交换追赶角色。各队以两次追赶中追赶到人次数多的队为优胜队。因是剧烈的快跑,所以一定要做好准备活动。

(3) 游戏规则:抢跑两次者,判对方胜一次。追赶不限距离,限时 1 分钟。被追者可跑曲线,只有当追赶者用手拍到被追赶者后背,判被捕。

(4) 教学步骤与内容。

①课堂常规:集合整队、清查人数、检查服装;师生问好;宣布教学内容及学习目标和要求;安排见习生。

②热身活动:绕操场跑两圈;活动关节。

③基本部分:讲述游戏规则;教师示范并讲解草地赶跑上肢及下肢动作;组织正式比赛。

④结束部分:集合整队;放松运动;总结、讨论、惩罚;师生告别。

(5) 注意事项与要求:需要反复强调安全问题,老师应严格控制好现场,避免因无秩序造成的意外事故;对于技术方面,需要学生注意呼吸节奏以及有意识地前后摆臂。

2. 游戏名称:圆圈等距跑

(1) 教学目标:发展中长跑速度及耐力素质。

(2) 游戏方法:在平整的场地上,画出直径为 20 米或 30 米的圆,也可由游戏者手拉

手围成大圆圈。游戏者站立在大圆圈上,报数准备。本游戏需要裁判员一名。裁判员呼号,呼到号的两名游戏者立即起动,按顺时针方向从圆圈外绕大圆圈跑一周,以先回到自己位置者获胜。然后裁判员呼其他游戏者号,直到每个游戏者均跑一次为止。绕大圆圈跑时,无论顺时针、逆时针,身体始终保持内倾姿势。

(3) 游戏规则:抢跑两次即失去游戏资格。呼到号的游戏者必须立即转体,从圆圈外绕跑。在圆圈外绕跑时,不能推站在圆圈上的人,否则犯规。绕跑摔倒后,马上起身再跑。

(4) 教学步骤与内容。

①课堂常规:集合整队、清查人数、检查服装;师生问好;宣布教学内容及学习目标和要求;安排见习生。

②热身活动:绕操场跑两圈;活动关节。

③基本部分:讲述游戏规则;教师示范并讲解圆圈等距跑上肢及下肢动作;组织正式比赛。

④结束部分:集合整队;放松运动;总结、讨论、惩罚;师生告别。

(5) 注意事项与要求:需要反复强调安全问题,老师应严格控制好现场,避免因无秩序造成的意外事故;对于技术方面,需要学生注意呼吸节奏以及有意识地前后摆臂。

3. 游戏名称:"龙"形障碍跑

(1) 教学目标:发展跑速、耐力素质,培养团结精神和坚忍的意志品质。

(2) 游戏方法:自然地形地物上设置障碍物(高栏架、跳箱、垫子、树),并选择环形跑的路线1000米左右,备发令旗。每队10名队员。各队以纵队队形站好,除排头外,其余队员都将右手前伸、左手后伸,队员之间手拉手组成"龙"队站好准备。本游戏需要发令员1名、起终点裁判员2名、途中检查员3名(在障碍物处)。发令员发出"预备"口令后,各队游戏者手拉手,"龙头"站在起跑线后,集体成屈蹲姿势预备。当发出"跑"的口令后开始计时。"龙头"领着"龙身"首先钻出高栏架向前跑,踏过跳箱,跳过河沟,绕过树林,返回到起终点线。以"龙尾"到达的先后顺序排列名次。在钻栏时,"龙身"依次成蹲姿,游戏者前后手牵手互相配合钻过。这是过障碍的难点。在走与跑过程中,"龙头"可组织队员喊口令进行节奏跑,有利于振奋本队精神。

(3) 游戏规则:抢跑两次者,取消比赛资格。"龙身"在途中不能断开,如断开必须接上再继续跑进,违者取消比赛资格。按规定的方法越过障碍物,违者取消比赛资格。

(4) 教学步骤与内容。

①课堂常规:集合整队、清查人数、检查服装;师生问好;宣布教学内容及学习目标和要求;安排见习生。

②热身活动:绕操场跑两圈;活动关节。

③基本部分:讲述游戏规则;教师示范并讲解障碍跑上肢及下肢动作;组织正式比赛。

④结束部分:集合整队;放松运动;总结、讨论、惩罚;师生告别。

(5) 注意事项与要求:需要反复强调安全问题,老师应严格控制好现场,避免因无秩序造成的意外事故;对于技术方面,需要学生注意呼吸节奏。

4. 游戏名称:圆圈循环接力跑

(1) 教学目标:提高速度和耐力素质水平,培养合作精神。

(2)游戏方法:在场地上画一个半径为20～30米的圆圈,用两条互相垂直的直线将圆圈分成四等份,取两条直线两端的延长线为四条起跑线。备接力棒4～6根。将游戏者每5人一组分成4～6组。在第一起跑线后每组站两人,分别为第一和第五传棒人,各组第一传棒人持接力棒做好起跑准备;在第二、三、四起跑线后每组各站一人,为第二、三、四传棒人。游戏开始,组织者发令后,各组第一传棒人迅速跑向第二起跑线,将棒传给本组第二传棒人,并留在第二起跑线后等候接本组第五传棒人传来的接力棒;第二传棒人跑出将棒传给本组第三传棒人,后依次进行,第五传棒人接棒后再传本组第一传棒人,依次循环进行,直到所有游戏者均回到各自最初的位置为止,以第五传棒人最先到达第一起跑线的组为胜。

(3)游戏规则:游戏开始时,外道游戏者的站位要有适当的提前量。必须沿圆圈外沿跑,超越前面的人时,要从外侧越过。不得阻碍他人跑进,传棒后可进入圈内,等其他组的游戏者跑过后再站回起跑线。传接棒不得抛扔,掉棒者要在原地拾起棒再跑。

(4)教学步骤与内容。

①课堂常规:集合整队、清查人数、检查服装;师生问好;宣布教学内容及学习目标和要求;安排见习生。

②热身活动:绕操场跑两圈;活动关节。

③基本部分:讲述游戏规则;教师示范并讲解圆圈循环接力跑上肢及下肢动作;组织正式比赛。

④结束部分:集合整队;放松运动;总结、讨论、惩罚;师生告别。

(5)注意事项与要求:需要反复强调安全问题,老师应严格控制好现场,避免因无秩序造成的意外事故;对于技术方面,需要学生注意呼吸节奏。

5. 游戏名称:往返跑

(1)教学目标:提高中长跑专项耐力水平。

(2)游戏方法:在跑道上设置1000米的往返路线,在500米处设置折返点。备标志旗、路标、标志带、计时跑表。男女混合编组。将游戏者组织到起跑标志旗后准备。本游戏需发令员2名、计时员1名、终点裁判员1名、检查员4名。发令员发出"预备"口令后,游戏者马上以横队站在起跑标志旗后准备,当发出"开始"口令时(计时开始),游戏者集体跑出,沿着路标跑过,直至绕过折返点并取回标志带,返回到起跑标志旗处。每名游戏者返回起跑标志旗处计时停止,按计时成绩排列名次。游戏者平时要有长跑基础。

(3)游戏规则:按规定路标往返跑,折返点处发标志带,无标志带者不排列名次。可走、跑交替。

(4)教学步骤与内容。

①课堂常规:集合整队、清查人数、检查服装;师生问好;宣布教学内容及学习目标和要求;安排见习生。

②热身活动:绕操场跑两圈;活动关节。

③基本部分:讲述游戏规则;教师示范并讲解往返跑上肢及下肢动作;组织正式比赛。

④结束部分:集合整队;放松运动;总结、讨论、惩罚;师生告别。

(5)注意事项与要求:需要反复强调安全问题,老师应严格控制好现场,避免因无秩序造成的意外事故;对于技术方面,需要学生注意呼吸节奏,并提前做几次快速跑,使内脏器官尽快适应。

6. 游戏名称：负重砖道跑

（1）教学目标：发展速度耐力素质、力量素质、运动协调能力，培养勇敢、果断的品质。

（2）游戏方法：30米长跑道2条，各跑道上每隔0.5米摆一纵向砖块。备同等质量的实心球4个、计时跑表等。将游戏者编号，按号比赛。本游戏需发令员1名、计时员1名、检查员2名。发令员发出"预备"口令后，游戏者站在本跑道起跑线后，两手在腰侧各夹一实心球预备。当发出"开始"口令后（开始计时），游戏者立即向前踏砖块跑进，如没有踏准砖块而落地，可重踏，直至跑过终点线，计时停止。以成绩排列名次。游戏者在跑进过程中，要目测砖块的踏点；宁可跑慢、踏准，也不要为求快而落地；两手在体侧夹紧球，以免球落地。

（3）游戏规则：砖块必须依次踏到，否则取消比赛资格；实心球落地，取消比赛资格；成绩相等，名次并列。

（4）教学步骤与内容。

①课堂常规：集合整队、清查人数、检查服装；师生问好；宣布教学内容及学习目标和要求；安排见习生。

②热身活动：绕操场跑两圈；活动关节。

③基本部分：讲述游戏规则；教师示范并讲解负重砖道跑上肢及下肢动作；组织正式比赛。

④结束部分：集合整队；放松运动；总结、讨论、惩罚；师生告别。

（5）注意事项与要求：需要反复强调安全问题，老师应严格控制好现场，避免因无秩序造成的意外事故；对于技术方面，需要学生注意呼吸节奏，提前做几次快速跑，使内脏器官尽快适应。

二、初中生中长跑教学方法

1. 游戏名称："曲线中长跑"接力

（1）教学目标：发展身体速度耐力素质，培养学生中长跑的兴趣和吃苦耐劳精神。

（2）游戏方法：在一块平坦场地上，画5个等边三角形，边长10米，每个三角形相连，如图6-1所示。备接力棒、计时跑表。将游戏者组成每队10人的甲、乙两队，按抽签的顺序进行比赛。本游戏需发令员1名、检查员1名、起终点裁判员1名。当裁判员发出"预备"口令后，1号游戏者手持接力棒，两脚前后开立，两腿屈膝站立预备。当发出"跑"口令开始计时，游戏者立即按所画路线跑进，凡是跑到顶角端和底角端，两脚必有一脚踏角而过，另一腿方可迈步再沿斜线跑进，直至跑完第五个等边三角形的最后一个边，将接力棒递给2号游戏者，2号游戏者接棒后，重复1号游戏者的动作，直至10号游戏者跑完全程回到起点止。最后以各队全程跑计时成绩排列名次。游戏前，准备活动时要重点活动膝盖、腰和踝部，并做加速跑练习。

（3）游戏规则：计时精确至0.1秒。在跑动的全程中，没踏顶角、底角者为犯规，全队累计3次犯规取消成绩。在踏角过程中，如果身体重心高，致使身体向前滑动，则不算犯规。在跑的过程中，可踏线或沿外侧线跑，沿内侧线跑5步以上为犯规1次。交接棒时，谁掉棒，谁负责捡起棒。

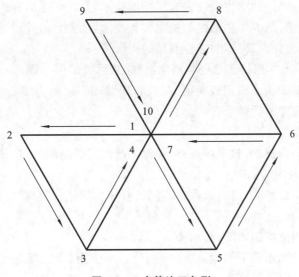

图 6-1 5 个等边三角形

(4) 教学步骤与内容。

①课堂常规:集合整队、清查人数、检查服装;师生问好;宣布教学内容及学习目标和要求;安排见习生。

②热身活动:绕操场跑两圈;活动膝盖、腰和踝部。

③基本部分:讲述游戏规则;教师示范并讲解曲线"中长跑"接力上肢及下肢动作;组织正式比赛。

④结束部分:集合整队;放松运动;总结、讨论、惩罚;师生告别。

(5) 注意事项与要求:需要反复强调安全问题,老师应严格控制好现场,避免因无秩序造成的意外事故;对于技术方面,需要学生注意呼吸节奏以及有意识地前后摆臂。

2. 教学名称:中长跑的途中跑

(1) 教学目标:通过学习,85%的学生应能改进途中跑腿的前摆和后蹬技术,发展学生的奔跑能力,提高协调、速度素质;能了解和掌握途中跑技术,激发学生的学习兴趣,使其积极参与体育活动。通过创设学习环境,培养学生积极参与的态度和顽强拼搏的品质,感受合作互助的快乐和集体荣誉感。

(2) 动作方法:上体正直或稍前倾,胸部正对前方,整个躯干自然、不僵硬,摆臂以肩为轴,前后自然摆动。

(3) 教学重、难点分析:教学重点是解决途中跑腿的前摆和后蹬技术;教学难点是前摆积极,后蹬充分,动作协调。

(4) 教学步骤与内容:集中讲解途中跑技术,教师示范辅助练习的内容,即小步跑、高抬腿、后蹬跑;教师示范途中跑技术,强调动作的节奏、用力的方向、身体的协调。

(5) 易犯错误及纠正方法。易犯错误:后蹬无力,坐着跑。纠正方法:讲清楚在后蹬时,髋、膝、踝三关节的用力顺序和充分伸展动作,后蹬时强调摆动腿前摆带动同侧骨盆前送;加强腰、腹肌力量练习,跑时强调腰、腹肌保持适当的紧张。

三、高中生中长跑教学方法

(1) 教学目标:通过创设学习环境,学生能了解途中跑技术,其学习兴趣被激发,能积极参与体育活动;85%的学生能改进途中跑的技术,发展学生的奔跑能力,提高协调素质。通过游戏的组织,培养学生的组织能力和自我学习能力,培养顽强拼搏的精神,感受合作互助的快乐和集体荣誉感,并建立和谐的人际关系。

（2）动作方法:上体保持正常姿势略向前倾,腿后蹬结束一刹那,小腿自然放松并与大腿自然折叠,大腿带动小腿积极向前方摆动,摆臂动作以肩为轴心,以肘发力,两手放松呈半握拳姿势,两臂前后摆动。

（3）教学重、难点分析。

教学重点:途中跑技术;教学难点:途中跑下肢蹬与摆的配合,呼吸节奏的把握。

（4）教学步骤及内容。

①课堂常规:集合整队、清查人数、检查服装;师生问好;宣布教学内容及学习目标和要求;安排见习生。

②热身活动:绕操场跑两圈;活动关节。

③基本部分:教师示范并讲解,学生专门练习小步跑、高抬腿、后蹬跑、加速跑;练习匀速跑60～100米,中等强度反复跑80～150米。

④结束部分:集合整队;放松运动;总结、讨论、惩罚;师生告别。

（5）易犯错误及纠正方法。易犯错误:坐着跑;跑的路线不直,身体重心上下起伏过大。纠正方法:反复讲解和示范,使学生了解技术的要领;多做后蹬跑、上下坡跑、台阶跑和各种弹跳练习;加强弱腿与弱臂的力量练习,加强腿部力量练习;采用适宜的后蹬角度跑。

第七章 接力跑

第一节 接力跑技术

一、接力跑基本技术

接力跑的基本技术包括短跑技术和传、接棒技术两部分。接力跑成绩取决于各棒次队员的速度和传、接棒技术,以及传棒队员与接棒队员传、接棒的时机。接力跑的形式多样,目前在大型室外田径比赛中,正式设置的内场竞赛项目一般为男、女4×100米接力和男、女4×400米接力。

（一）4×100米接力技术

第一棒传棒人以右手持棒,采用蹲踞式起跑,按规则接力棒不得触及起跑线和起跑线前的地面。持棒起跑技术和短跑起跑技术基本相同。持棒方法有以下3种(以右手持棒为例):

①右手的食指握住棒的后部,拇指与其他三指分开撑地。
②右手的中指、无名指握住棒的后部,拇指、食指和小指成三角撑地。
③右手的中指、无名指和小指握住棒的后部,拇指和食指分开撑地。

1. 传、接棒方法

接力跑的传、接棒方法有上挑式、下压式和混合式三种。

(1) 上挑式。

接棒人的手臂自然向后伸出,手臂与躯干成40°～50°,掌心向后,拇指与其他四指自然张开,虎口朝下,传棒人将棒向前上方送入接棒人的手中。

这种传、接棒方法的优点是接棒人向后下方伸手臂的动作比较自然,传棒人传棒动作也比较自然,容易掌握;缺点是接棒后,手已握在接力棒的中部或前部,使后几棒运动员在传、接棒时可握的接力棒前端越来越少,致使持棒运动员必须在跑进中调整手与棒的接触部位。因此,这种方法容易造成掉棒和影响快速跑进。

(2) 下压式。

下压式也称"向前推送"传、接棒法。在传棒时,手臂不要太高,而是用手腕动作将棒向前下方推送入接棒人手中,并且传棒人可以用手腕动作来调整传棒动作的准确性。因此,在做此动作时,接棒人的手臂向后伸出,手臂与躯干成50°～60°,手腕内旋,掌心向上,拇指与其他四指自然张开,虎口朝后,传棒人将棒的前端由上向下"压送"到接棒人手中。

下压式传、接棒方法的优点是每一棒次的接棒,都能握住接力棒的一端,使运动员能够充分利用接力棒的长度和接棒人手臂长度进行交接,便于持棒快跑;缺点是接棒时,接棒人的手臂比较紧张,不够自然。

(3) 混合式。

在4×100米接力比赛中,传、接棒方法的实际运用有两种形式:一种是3个接力区的传、接棒方法都采用下压式。另一种是采用混合式的传、接棒方法,即在第一接力区第一棒运动员用上挑式将棒传给第二棒运动员;在第二接力区第二棒运动员用下压式将棒传给第三棒运动员;在第三接力区第三棒运动员用上挑式将棒传给第四棒运动员。

采用哪种传、接棒方法要因人而异,它还受身高、臂长、手掌大小和传、接棒运动员习惯的影响,只要能使传、接棒达到默契、精确、快速就可以。无论采用哪种传、接棒方法,都应是第一、三棒运动员沿跑道内侧跑进,以右手将棒传给第二、四棒运动员的左手,第二棒运动员沿着跑道外侧跑进,以左手将棒传给第三棒运动员的右手。为了集中精神保持高速度,4×100米接力运动员都要采用不回头看棒的接棒方式。

2. 传、接棒时机与位置

传、接棒应该在传棒运动员跑速不下降和接棒运动员已发挥出接近自己最高跑速,两人大约相距1.5米且跑速相近的瞬间完成。传、接棒的位置在接力区前沿15~17米处为宜,因为这时接棒运动员可以发挥出接近自己最高的跑速,同时也能避免在接力区之外传、接棒而犯规。传、接棒的位置可以通过调整接棒运动员的起动标志线(当传棒运动员跑到此标志线时,接棒运动员开始起跑)来确定。起动标志线受传棒运动员和接棒运动员的跑速和传、接棒技术熟练程度以及最佳传、接棒时机等因素影响。接力跑运动员应该在反复练习中确定传、接棒的最佳位置和接棒运动员的起动标志线。

3. 一个接力区传、接棒技术全过程的各个阶段动作

一个接力区传、接棒技术动作阶段主要是指从传棒运动员进入接力区预跑前的标志点起,到接棒运动员起动至两个人跑进接力区后半段,并完成传、接棒动作为止的动作过程。它可分为预跑阶段、相对稳定高速跑阶段和传、接棒阶段,其中以传、接棒阶段最为重要。传、接棒阶段是指传、接棒运动员各自以不同的速度进入接力区,并不断缩短两人之间的距离,直到传棒运动员将棒安全、平稳、准确、顺利地传递到接棒运动员手中的过程。这个阶段又可细分为最靠拢阶段、信号阶段、伸臂阶段、瞄准阶段和交接阶段。

4. 接力跑运动员棒次安排原则

4×100米接力全程是由4名运动员共同完成的,因此,在安排运动员棒次时,应考虑各棒次对运动员的起动、途中跑的加速能力、身高等要求,尽量发挥出每名运动员的特长。一般是第一棒持棒跑106~108米,应安排起跑技术好并善于跑弯道的运动员;第二棒持棒跑100米(实际跑126~128米),应安排专项耐力好并善于传、接棒的队员;第三棒持棒跑100米(实际跑126~128米),应安排除具备跑第二棒的条件外,还要善于跑弯道的运动员;第四棒持棒跑92~94米(实际跑120米),应安排短跑成绩最好、冲刺跑能力强的运动员。

(二) 4×400米接力技术

4×400米接力的传、接棒技术也不简单,虽然传、接棒是在速度相对较慢情况下进行的,相对较为容易,也不易犯规,但是它有两个接力区不是在按道次划分的各自接力区传、接棒,而是几乎都在第一道一个接力区内传、接棒。在势均力敌的接力赛跑中,第二棒与第三棒、第三棒与第四棒运动员传、接棒时，运动员往往是在齐头并进或紧紧跟随的复杂情况下进行的，要做到既不多跑距离又不犯规，还能迅速、及时地传、接棒，那是比较困难的。

4×400米接力第一棒采用蹲踞式起跑，起跑技术同4×100米接力；第二棒采用站立式起跑，上体左转，目视传棒运动员，要估计好传棒运动员最后一段跑的速度。如果传棒运动员最后仍然保持较好的跑速，那么接棒运动员可以早些起跑；如果传棒运动员的跑速缓慢，接棒运动员应晚些起跑并主动接棒。

4×400米接力，多采用右手传递接力棒的方法，即第一棒运动员以右手将棒传给第二棒运动员的左手，第二棒运动员跑出后将接力棒换到右手，以后各棒次接力棒均按此方法传接。使用这种方法进行传、接棒，可以避免扰乱传、接棒的节奏和平衡，也不会在传棒运动员十分疲劳的最后阶段，造成棒的传接混乱和疏忽。它的缺点是运动员用左手接棒多有不便，不少运动员觉得用右手接棒要自然些。

二、接力跑技术教学的重点与难点分析

1. 教学重点

教学重点是掌握上挑式和下压式传、接棒方法及其运用。如果传、接棒技术差，势必影响跑速，耽误时间，所以掌握传、接棒技术是接力跑的重要环节。接力跑教学应放在短跑技术教学之后，从学习采用各种接力跑游戏开始，使学生对接力跑项目特点有初步的了解。然后学习上挑式和下压式传、接棒方法及各棒起跑技术。最后学习接力区内高速跑进中的传、接棒技术和进行全程跑的练习与比赛。在教学中要使学生树立集体观念，培养学生团结协作和集体主义精神。

2. 教学难点

教学难点是掌握确定标志线的方法和队员之间的默契配合，它关系着传、接棒人是否都在接近个人最高跑速中不失时机地完成传、接棒，以取得优异成绩。接力跑的训练，重点应放在提高跑速和改进传、接棒技术上，每名队员的单跑速度是提高全队跑速的基础，应着重提高接力队员的单跑速度。良好的传、接棒技术，可以使4×100米接力的成绩比4名接力队员个人100米跑成绩总和提高2.5～3.0秒（若是4×400米接力，可提高4秒左右）。因此，接力跑训练应作为短跑训练的一部分，而且要将短跑训练与接力跑的传、接棒技术训练结合起来。在日常的短跑训练中，应利用可能的机会进行传、接棒技术练习，在既完成短跑训练负荷又能改进传、接棒技术的情况下，达到两者的统一。另外，接力队员的稳定和长期的配合训练，也是使全队队员在快速跑进中传、接棒技术达到默契的重要因素。

第二节　接力跑技术的教学与练习

一、接力跑技术的教学步骤及内容

1. 建立完整的接力跑技术概念

（1）介绍接力跑的一般知识，提出学习接力跑的要求，通过讲解、示范及观看录像资料调动学生学习接力跑的主动性和积极性。

(2) 通过各种接力跑游戏,让学生体会接力跑项目的特点。

2. 学习传、接棒技术

(1) 两人配合,按口令原地做上挑式和下压式传、接棒技术练习。两列横队,前后两人相距1.50米,两脚前后开立,左脚在前,传棒人的右肩对着接棒人的左肩。

(2) 按教师信号原地摆臂,做后伸接棒手臂动作的练习(先左臂后右臂,交替反复练习)。

(3) 传棒人持接力棒原地统一节奏摆臂并听信号做传棒练习。

(4) 在走步中按同伴信号做传、接棒练习。

(5) 在慢跑中做传、接棒练习。

(6) 在中速跑中做传、接棒练习。

注意事项:

(1) 先做上挑式传、接棒技术练习,再做下压式传、接棒技术练习。

(2) 传棒发出信号要适时,传棒动作是在接棒人手臂伸出后,故要在看准后再做传棒动作,在此之前,要保持继续摆臂动作。

(3) 应将速度和身高相近的同学分配在一起。

(4) 在走、跑中做传、接棒练习时,重点是接棒人手臂动作要正确和稳定,抓好传棒动作的时机和路线。

3. 学习各棒起跑技术

(1) 结合示范(或通过图片等直观教学资料)讲解各棒起跑的正确技术概念,使学生了解技术要求、方法和要领。

(2) 右手持接力棒,做弯道蹲踞式起跑练习。

(3) 在直道上做左臂支撑地面的半蹲踞式起跑练习。

(4) 在弯道上做右臂支撑地面的半蹲踞式起跑练习。

做(3)、(4)练习时,开始先单独做,然后两人一组共同做传、接棒练习,接棒人应特别注意确定和调整好起跑标志线。

4. 学习全程接力跑技术

(1) 分组连续进行50~100米的接力跑练习。

(2) 分组进行全程接力跑练习。

(3) 分组进行接力跑教学比赛。

二、接力跑技术的练习手段

1. 增强学生速度和力量素质的方法

学生速度和力量素质的提高是提高接力跑成绩的基础,由于4×100米接力一般在环形场地进行,故应该注意学生各项能力的训练和提高。

(1) 速度素质的发展。

要提高学生反应速度素质、加速度素质和速度耐力素质等,建议采用15米蹲踞式起跑、20米站立式起跑、30米加速跑、50米跑练习。

(2) 力量素质的发展。

要着眼于爆发力和耐力的发展,建议采用快速半蹲杠铃、加速跑和变速跑练习。

在教学中将接力跑和短跑训练相结合,采用加速跑、行进间跑等辅助手段提高学生速度和力量素质。

2. 提升学生接力跑专项素质的方法

接力跑专项素质教学重点应放在提高弯道跑速,提前起动,传、接棒技术的学习上。

(1)弯道跑技术训练。

弯道跑技术训练的目的在于保持和提高弯道跑的绝对速度,具体方法有:

①弯道站立式起跑,距离20~40米,要求尽量靠近跑道内沿,强调摆臂的等差性。

②带棒蹲踞式弯道起跑,距离30米,要求做到弯道加速。

③弯道接力区内站立式起跑,距离10~15米,要求做到快速加速。

④直、弯道进出练习,距离20~40米,要求持棒进行。

(2)提前起动训练。

提前起动练习的目的在于熟悉提前起动的时机和提高传、接棒双方在速度上配合的默契程度,具体方法有:

①15米加速跑练习。

②双人15米追逐跑练习。

③单臂支撑站立式起跑练习。

(3)传、接棒技术训练。

上挑式和下压式是通常采用的传、接棒技术。在长期教学实践和训练比赛中推荐使用下压式传、接棒技术,原因在于:方法比较简单,容易掌握,传棒学生只需将棒从上向下放到接棒学生手中即完成动作;接棒后,接棒学生不用移动棒在手中的位置,且一旦出现失误,再进行接棒的可能性也较大;同时,只要传棒学生放棒位置正确,接棒学生正好抓住棒的一端,而另一端又正好可以传给下一棒学生。上挑式传、接棒技术的优点是接棒的动作比较自然,易掌握,多用于第2、3棒次之间的传递;缺点为易掉棒和影响持棒跑进速度。一般推荐第1、3棒次学生用右手持棒,第2、4棒次学生用左手持棒,采用"下压—上挑—下压"的方式进行传、接棒。传、接棒时机的确定可根据传、接棒双方的跑速和传、接棒技术的熟练程度而定。由于传、接棒必须在接力区内完成,范围为20米。接棒人应充分利用接力区的前10米,做好起跑、加速的准备,一般在17米处交接棒。在实践中,受学生起动能力、加速能力和配合熟练程度等因素的影响,学生应该学会调整步幅和速度,寻找合适的起跑标志点。传、接棒技术训练的目的在于使学生熟悉和掌握传、接棒技术,缩短传、接棒时间,提高接力跑成绩,具体方法如下:①击掌交接练习;②原地摆臂传、接棒练习;③慢跑传、接棒练习;④60米分段传、接棒练习;⑤"下压—上挑—下压"传、接棒练习。

在提高400米跑能力训练中,经常采用2人、3人或4人在200米、300米、400米反复跑中加入传、接棒技术的训练,既能提高400米跑项目运动员训练的兴趣,又能在较接近4×400米接力速度的情况下掌握接力跑技术。同时,也要经常参加4×400米接力测试和比赛,通过比赛总结经验,不断完善接力跑技术。

三、接力跑易犯错误及纠正方法

1. 接棒人过早地超越传、接棒的标志线,使传棒人无法向他传棒

(1)产生原因:接棒人起跑太早;起跑标志线离接力区过远;高估了传棒人的跑速;接棒人过于紧张。

(2) 纠正方法：全神贯注地起跑；缩短起跑标志线和接力区之间的距离；经常在高速跑的情况下练习传、接棒动作；正确判断同伴的跑速和自己的竞技状态。

2. 传棒人超过接棒人

(1) 产生原因：接棒人起跑太晚，低估了传棒人的跑速；反应太慢（指从看到传棒人到达起跑标志线时到自己真正开始跑这段时间太长）。

(2) 纠正方法：全神贯注地起跑；延长起跑标志线和接力区之间的距离；其余均同上一错误的纠正方法。

3. 接棒人接棒时回头看，影响跑速

(1) 产生原因：对接棒信心不足，精神过于紧张。

(2) 纠正方法：较慢速度下练习接棒动作；目光始终向前，反复练习，消除紧张心理。

4. 接棒人没有按应跑的跑道一侧跑进，给传递接力棒造成困难

(1) 产生原因：没有形成各棒次在跑道内侧或外侧跑进来传、接棒的习惯。

(2) 纠正方法：反复讲解和示范各棒次队员正确的跑进路线和传、接棒技术，在队员形成正确的概念之后反复练习。

5. 传棒人持棒臂前送太早，或接棒人接棒臂后伸太早

(1) 产生原因：传棒人跑到终点时过于疲劳，担心自己不能及时赶上接棒人；接棒人担心不能及时接到棒。

(2) 纠正方法：在特别强调注意的动作与意义的情况下，反复进行传、接棒动作的练习，消除紧张心理。

6. 掉棒

(1) 产生原因：传、接棒时过于紧张；接棒人还没有做好接棒动作就传了棒；手持棒的部位不正确。

(2) 纠正方法：在中速跑进中安全地传、接棒，传、接棒时严格按照先后次序；传棒人应负主要责任，必须握紧棒，直到把棒安全送到接棒人手中；明确传、接棒时手持棒的正确部位。

第三节　中小学接力跑教学方法

一、小学生接力跑教学方法

1. 游戏名称：相向追赶跑

(1) 教学目标：发展速度，学习传、接棒技术。

(2) 游戏方法：在场地上画 50 米长直道 4 条，在两端线上各跑道间各插 2 米高的小旗一面，跑道中间画一接力区（20 米），备接力棒两根。把游戏者分成人数相等的两队，每队再分甲、乙两组，各成一列横队排在接力区两边线外。甲组第一个人持接力棒站在接力线后，听到口令即向前跑过本队接力区至端线，绕过小旗折回，同时乙组第一人进入接力区做好准备，等甲组第一人折回跑到一定距离时起跑，甲、乙组两人在接力区内完成传、接棒，乙组第一人接棒后向前绕过另一端小旗折回，再在接力区内将棒传递给甲组第二人。这样依次往返，以最后一人先返回接力区的队为胜。

(3) 游戏规则：必须在本队两跑道内进行。传、接棒方法参照田径接力赛规则。

(4)教学步骤与内容。

①课堂常规:集合整队、清查人数、检查服装;师生问好;宣布教学内容及学习目标和要求;安排见习生。

②热身活动:绕操场跑两圈;活动关节。

③基本部分:讲述游戏规则;教师示范并讲解接力棒传接技术要求;组织正式比赛。

④结束部分:集合整队;放松运动;总结、讨论、惩罚;师生告别。

(5)注意事项与要求:需要反复强调安全问题,老师应严格控制好现场,避免因无秩序造成的意外事故;对于技术方面,需要学生注意传、接棒技术要求以及有意识地前后摆臂。

2. 游戏名称:往返接力

(1)教学目标:发展速度素质和提高接力技术,培养团队协作精神。

(2)游戏方法:备接力棒两根、有底座的旗杆或标枪10~14根(积木亦可)。在15~20米内将旗杆分成两列并排。每个队员从起跑线开始,绕着旗杆迂回跑,跑到最后一根旗杆再往回跑到起跑线后,把接力棒传给下一人,自己站到排尾。按此法依次进行,每人都跑完一次,先跑完的队为胜。

(3)游戏规则:没有接到接力棒不得超越起跑线,否则重跑;跑的时候,不可碰倒旗杆,如碰倒必须由本人扶起;接力棒不能抛接,否则判违例。

(4)教学步骤与内容。

①课堂常规:集合整队、清查人数、检查服装;师生问好;宣布教学内容及学习目标和要求;安排见习生。

②热身活动:绕操场跑两圈;活动关节。

③基本部分:讲述游戏规则;教师示范并讲解接力棒传接技术要求;组织正式比赛。

④结束部分:集合整队;放松运动;总结、讨论、惩罚;师生告别。

(5)注意事项与要求:需要反复强调安全问题,老师应严格控制好现场,避免因无秩序造成的意外事故;对于技术方面,需要学生注意传、接棒技术要求以及有意识地前后摆臂。

3. 游戏名称:迎面接力

(1)教学目标:发展速度素质,培养团队协作精神。

(2)游戏方法:场地一块,接力棒若干。将游戏者分成人数相等的两队,各队再分成两组,相距30米,面对面成纵队站立,一组排头持棒站在起跑线后。组织者发令后,排头迅速起跑,将棒交给本队另一组排头,然后站到排尾,依次进行。每人都跑完一次,先跑完的队为胜。也可以成横队站立,便于加油和观看,轮到跑时提前站到起跑线后。

(3)游戏规则:接棒时不得越出限制线;棒必须交到手中,不得抛接;掉棒时由本人拾起。

(4)教学步骤与内容。

①课堂常规:集合整队、清查人数、检查服装;师生问好;宣布教学内容及学习目标和要求;安排见习生。

②热身活动:绕操场跑两圈;活动关节。

③基本部分:讲述游戏规则;教师示范并讲解接力棒传接技术要求;组织正式比赛。

④结束部分:集合整队;放松运动;总结、讨论;师生告别。

（5）注意事项与要求：需要反复强调安全问题，老师应严格控制好现场，避免因无秩序造成的意外事故；对于技术方面，需要学生注意传、接棒技术要求以及有意识地前后摆臂。

4. 游戏名称：十字接力

（1）教学目标：发展速度素质，培养团队协作精神。

（2）游戏方法：备接力棒4根。画一个直径为10～15米的圆圈，通过圆心再画两条互相垂直的线，组成十字线，将十字线延长到圈外1米，作为起跑线。将游戏者分成人数相等的四队，在圈内成单行站在十字线上，面向圈外的起跑线，各排头手持接力棒站在起跑线后。组织者发令后，各队第一人沿圆圈按逆时针方向奔跑，各队第二人在第一人将要跑回本队起跑线时，站到起跑线后等待接棒。第一人将棒交给第二人后，自己站在本队队尾。依次进行，以先跑完的队为胜。

（3）游戏规则：跑时不得跨进圆圈或踏圆圈线；接力棒如掉在地上，必须拾起再跑，不允许抛接棒；超越别人时，必须从外侧（右侧）绕过，不得推人、撞人；完成传棒后，必须迅速离开跑道，不得妨碍别人。

（4）教学步骤与内容。

①课堂常规：集合整队、清查人数、检查服装；师生问好；宣布教学内容及学习目标和要求；安排见习生。

②热身活动：绕操场跑两圈；活动关节。

③基本部分：讲述游戏规则；教师示范并讲解接力棒传接技术要求；组织正式比赛。

④结束部分：集合整队；放松运动；总结、讨论；师生告别。

（5）注意事项与要求：需要反复强调安全问题，老师应严格控制好现场，避免因无秩序造成的意外事故；对于技术方面，需要学生注意传、接棒技术要求以及有意识地前后摆臂。

5. 游戏名称：蛇形跑接力

（1）教学目标：提高速度素质和快速变向跑的能力。

（2）游戏方法：在起（终）点线后每隔2米插根标杆，在距起（终）点线的20～30米处插一标志旗。将游戏者分成人数相等的两队，成纵队站在起跑线后。发令后，第一人持接力棒绕杆跑进，抵终点标志旗折返，将接力棒传给第二人后到排尾站立。第二人同前人方法跑进，以先跑完的队为胜。可在往返时均绕杆跑进。

（3）游戏规则：绕行跑进中将杆碰倒者需自己扶起；必须绕过各杆后经终点标志旗后返回。传接棒需在起点标杆后侧以击掌示意。

（4）教学步骤与内容。

①课堂常规：集合整队、清查人数、检查服装；师生问好；宣布教学内容及学习目标和要求；安排见习生。

②热身活动：绕操场跑两圈；活动关节。

③基本部分：讲述游戏规则；教师示范并讲解接力棒传接技术要求；组织正式比赛。

④结束部分：集合整队；放松运动；总结、讨论；师生告别。

（5）注意事项与要求：需要反复强调安全问题，老师应严格控制好现场，避免因无秩序造成的意外事故；对于技术方面，需要学生注意传、接棒技术要求以及有意识地前后摆臂。

二、初中生接力跑教学方法

游戏名称：扶竿赛跑

（1）教学目标：提高奔跑能力。

（2）游戏方法：场地一块，接力棒若干根。把游戏者分成人数相等的若干组，每组先指定一人到折返处扶竿站立。听口令后开始比赛，各组第一个人持棒到达扶竿处接替扶竿人，并完成传接棒，扶竿人则迅速返回本队，同下一个人交棒后到队尾站立。全队依次进行，以最先完成的队为胜。

（3）游戏规则：竹竿不能倒地，否则重做；游戏者必须与返回者传棒后才能起跑出发。

（4）教学步骤与内容。

①课堂常规：集合整队、清查人数、检查服装；师生问好；宣布教学内容及学习目标和要求；安排见习生。

②热身活动：绕操场跑两圈；活动关节。

③基本部分：讲述游戏规则；教师示范并讲解接力棒传接技术要求；组织正式比赛。

④结束部分：集合整队；放松运动；总结、讨论；师生告别。

（5）注意事项与要求：需要反复强调安全问题，老师应严格控制好现场，避免因无秩序造成的意外事故；对于技术方面，需要学生注意传、接棒技术要求以及有意识地前后摆臂。

三、高中生接力跑教学方法

（1）教学目标：通过学习与练习，90％的学生掌握接力跑和传接棒动作技术，并能在比赛中熟练运用；提高学生跑的能力和协调、敏捷等身体素质，养成锻炼身体的习惯；同时，在接力跑棒次安排中激发才智，培养果断、拼搏进取、团结协作的品质和集体荣誉感。

（2）传、接棒动作方法。

上挑式：接棒人手臂自然向后伸出，手臂与躯干成40°～50°，掌心向后，拇指与其他四指自然张开，虎口朝下，传棒人将棒由下向前上方挑送到接棒人手中。

下压式：接棒人手臂后伸，与躯干成50°～60°，掌心向上，拇指与其他四指自然张开，虎口朝后，传棒人将棒的前端由上向下压送到接棒人的手中。

（3）教学重、难点分析。

教学重点：传、接棒动作技术。

教学难点：传接棒配合的默契程度、接力区交接棒的过程。

（4）教学步骤及内容：原地练习传、接棒技术，先采用传棒人跑、接棒人原地接的练习，再采用传、接棒人都在跑动中传、接棒的练习，教师巡回辅导、纠错。两人一组，进行从慢走到跑步的传、接棒练习。

（5）易犯错误及纠正办法。易犯错误：起跑标志线不准确；起跑不果断，加速没力量。纠正方法：初步确定起跑标志线后，反复进行练习，并根据传接棒同伴的具体情况、技术特点，作适当调整；反复练习，强化动作。

第八章 跳远

跳远教学视频

第一节 跳远技术

一、跳远基本技术

（一）跳远特征

1. 技术能力特征

跳远是运动员在快速助跑中起跳、跨越尽可能远的距离的水平跳跃项目。它是一种对运动员的速度、爆发力和协调、灵活性要求较高的体能类的速度力量性项目。跳远项目特征决定了跳远运动员的专项身体素质训练是以发展速度（移动速度、动作速度）为主，以快速力量为核心，以耐力、柔韧性为基础；技术训练中突出快速助跑及准确、强有力的起跳和连贯的跑跳结合技术训练，并注意技术与运动员身体素质能力的协调性，在实际训练中形成适合个体能力的技术特征，从而保证跳远成绩稳步提高。

2. 专项能力特征

跳远的专项能力可分为专项力量素质和专项速度能力。所谓专项力量素质，就是指直接参与专项技术动作的特定肌群，在单位时间内克服阻力的能力。跳远专项力量素质包括专项支撑力量、快速起跳力量和专项摆动力量。跳远的专项速度能力要求运动员在短时间内发挥出最高速度，同时做好起跳的准备。所以说跳远的跑动技术要比短跑技术复杂，这要求运动员不仅要跑得快，而且要放松、自然，跑得准确；要求步幅开阔，快速流畅，连贯、协调而富有节奏。

（二）技术分析

跳远是由助跑、起跳、腾空和落地四个技术环节组成的一个完整的运动过程。其特点是技术动作数量少、结构简单，具有高速度、高强度的运动性能。

学习跳远技术，第一，要求运动员在极短的时间内，使距离和步数相对固定的助跑达到最高速度，准确地攻入起跳板；第二，要求运动员在助跑速度猛烈冲击下的瞬间进行起跳，把助跑速度转化成腾空初速度；第三，要求运动员起跳腾空形成的身体重心抛物线达到尽可能长的时间；第四，要求运动员在起跳腾空后具有一种阻止身体向前旋转的能力，以保证落地时将两腿伸到身体重心的前面落地。

1. 助跑技术

助跑是跳远技术的重要组成部分。它的主要任务是通过助跑获得水平速度，准确地跑入起跳板，为快速有力的起跳创造条件、做好准备。所以，助跑必须做到快、准、稳、直四个要点。快,就是要跑得快,特别是快跑段的最后四步,跑的节奏越快越好,力求达到本人的最高速度;准,就是要准确地跑入起跳板;稳,就是助跑的起跑姿势、跑的技术、跑的距离和加速方法要稳定,不能随意变化;直,就是要保持直线跑进。

完整的助跑技术由起跑、加速跑、快跑等技术环节组成,现对助跑技术的各个技术环节分述如下:

(1) 起跑技术。

①起跑技术的作用。

a. 可集中注意力,调节比赛情绪,稳定心理状态。

b. 调动体能,促进助跑顺利加速,更好地提高跑速。

c. 保证助跑节奏稳定,步点准确。

②起跑技术的分类。

跳远助跑的起跑技术有多种,可分为动态起始式和静态起始式两大类。

动态起始式有以下几种方式方法:

a. 先走几步踏上起跑标志线开始助跑。

b. 由走过渡到慢跑后踏上起跑标志线开始助跑。

c. 走几步或慢跑几步后做一垫步踏上起跑标志线开始助跑。

d. 先向后退一步然后向前上一步踏上起跑标志线开始助跑。

采用这类助跑起跑技术时,如助跑步数是双数步,则用起跳腿的脚踏上起跑标志线开始助跑;如助跑步数是单数步,则用摆动腿的脚踏上起跑标志线开始助跑。采用动态起始式起跑技术,动作自然、放松,能轻快、自如地调动身体积极加速,较有利于发挥助跑速度。

静态起始式有以下几种方式方法:

a. 半蹲踞式:根据个人习惯,用起跳腿(或摆动腿)的脚站在起跑标志线上,摆动腿(或起跳腿)后退一脚,前后两脚的间距为半脚长,重心大部分落在前脚上;然后弯曲两腿,上体前倾将前腿的异侧臂伸直,重心落在前腿和支撑腿上,形成半蹲踞姿势。

b. 双脚前后站立式:两脚前后开立,根据个人习惯用起跳腿(或摆动腿)的脚在前,并站于起跑标志线上,两脚左右间距为半脚长,重心大部分落在前脚上;上体前倾,逐渐往前移动身体重心,直至失去平衡的瞬间,前腿的脚掌积极蹬地,后腿迅速前摆,双臂协调摆动,开始加速跑。

c. 两脚平行站立式:两脚分开同肩宽,站立于起跑标志线上,两臂自然放松下垂,置于身体的两侧;然后双膝自然弯曲,身体重心逐渐往前移,直至失去平衡的瞬间跑出第一步,开始加速跑。

采用静态起始式起跑技术,动作用力程度比较稳定,易集中注意力,稳定心理状态,有利于全程助跑技术节奏的稳定和准确。

现代国内外优秀跳远运动员,大多数采用动态起始式起跑技术,以更好地发挥助跑速度。

(2) 加速跑技术。

跳远助跑是一个加速运动过程,不论采用何种形式进行,助跑始终有一个不断加速的过程。只有通过加速,才能达到最高速度,处于高速运动状态。从运动实践来看,有三种加速跑方法。

①步频加速法。

步频加速法是指用快频率发动跑速。在加速过程中,以加快步频的方法来积极加速,达到最高速度。这种加速方法通常为个子矮小、身体灵活协调、爆发力好、快跑能力强、善于快速用力的运动员所采用。

②步长加速法。

步长加速法是指用积极后蹬,加大步长来发动跑速。在加速过程中,以加大步长为主,达到最高速度。这种加速方法加速稳步,动作易做到自然、放松,但需要有较长的助跑距离。所以这种加速方法适用于个子高、发挥跑速较晚和力量型的运动员。

③同步加速法。

同步加速法是指在加速过程中,以步长和步频同步增长的方法来积极上板加速,达到最高速度。这种加速方法动作自然连贯、心理活动平稳,较适用于自我控制能力强、协调性好的运动员。

(3) 快跑技术。

跳远助跑的"快跑段",一般是指最后 4～8 步助跑,特别是助跑的最后 4 步,直接与起跳衔接,是一个重要的技术环节,通常人们称之为"助跑与起跳相结合技术",而这一阶段被称为"起跳准备阶段"。这一阶段从生物力学角度分析,又可分为"意识准备阶段"和"跳跃功能性准备阶段"。

①意识准备阶段。

意识准备阶段是在助跑倒数第四步和倒数第三步之间,在此期间,跑的技术动作没有什么变化。

②跳跃功能性准备阶段。

跳远助跑的倒数第二步和倒数第一步组成起跳的跳跃功能性准备阶段。其中,助跑倒数第二步是跳跃功能性准备阶段的准备性动作,助跑倒数第一步是跳跃功能性准备阶段的功能性动作。

助跑倒数第二步的技术要求:身体重心十分自然地稍有降低,支撑腿减小后蹬角,积极、快速、有力地后蹬,加大步长,缩短腾空时间;上体正直,重心平稳而迅速地向前移动;起跳腿折叠大小腿迅速向前摆动,减小两腿间的夹角,很快靠近即将着地的摆动腿,加速摆动腿的着地动作。

助跑倒数第一步的技术要求:摆动腿用前脚掌快速着地,积极退让,保证身体重心自然协调地下降,减小蹬地角,促进髋部积极前移,用力蹬离地,迅速以髋发力,大小腿折叠向前摆动,使起跳腿快速放脚着板;缩短步长和腾空时间,加快步频。起跳腿着板及时而准确,将身体重心移压到起跳腿上,上体保持正直。

2. 起跳技术

起跳是改变人体运动方向的主要技术环节。它的主要任务是在助跑速度猛烈冲击下的瞬间,进行快速有力的起跳,创造适宜的腾起角,将助跑的水平速度转变成腾空的初速度,以获得跳的远度。跳远运动近似物理力学的抛射运动,决定跳远远度的主要因素是人体重心腾起时的初速度和腾起角。而腾起初速度和腾起角又是在助跑猛烈冲击下起跳时获得的水平速度和垂直速度的综合结果。

(1) 起跳技术构成。

起跳技术可分为着地、退让和蹬伸三个部分，总的要求是放脚着地要快速而柔和，退让要积极而适度；蹬伸动作有力、快速而充分。

①放起跳脚的着地技术

在助跑最后一步，摆动腿快速着地，积极退让，重心自然地稍有下降，减小蹬地角，快速用力蹬离地面后迅速折叠大小腿向前摆动，迫使起跳腿向前低抬大腿、积极下压，几乎伸直腿，快速放脚着地成全脚掌支撑。脚着地要积极、快速而柔和，落地点在离身体重心投影点前一脚半长的地方。

②起跳脚的退让技术。

在起跳腿的脚成全脚掌支撑的同时，摆动腿折叠大小腿，迅速向前摆过垂直面，推动身体重心及时而准确地移压到起跳腿上，两臂摆至靠近躯干的前后两侧。

通过退让，可以减轻人体在起跳瞬间所承受的巨大压力，减小水平制动冲量，从而降低水平速度损失量，保证实现肌肉超等长收缩，使肌肉处于最大紧张状态，为随后快速有力的蹬伸创造有利条件。

③起跳腿的蹬伸技术。

在积极退让身体重心，使之及时而准确地移压到起跳腿上时，起跳腿快速用力蹬地，充分蹬直髋、膝、踝三关节，同时摆动腿以髋发力带动大小腿成折叠状，以膝领先，快速而协调地向前上方摆动，摆至大腿水平。两臂协调一致地配合腿的动作向前上方摆动，并提肩拔腰。直至脚尖离地完成蹬伸动作，形成腾空步。

(2) 起跳时腿和两臂摆动的作用。

①摆动腿快速有力蹬地和摆动，能更好地利用助跑速度，推动身体重心迅速前移，加快起跳腿的放脚着地动作。

②在起跳脚着地后，摆动腿和两臂的协调摆动，能减小起跳脚着地时的冲撞力，有利于起跳脚的积极退让，缩短退让时间。

③当起跳蹬伸时，摆动腿和两臂协调快速向前上方摆动，能加大起跳腿对地面的作用力，增加起跳力量。

④摆动腿和两臂摆至水平时的"突停"，能更好地利用起跳惯性，加速身体向前上方腾起。

⑤能维持身体平衡，以免影响起跳的方向。

总之，腿和两臂的协调摆动动作，对完善起跳技术、加快起跳速度和提高起跳效果，都有重要作用。

3. 腾空技术

根据运动生物力学知识，人体在腾空阶段，在没有外力作用下，做任何动作都不会改变身体重心移动的轨迹。但在实践中，在跳远的腾空阶段，人体做些身体各部位互相补偿的空中动作，将有利于起跳动作和更合理地利用人体在空中身体重心移动的轨迹。

跳远腾空动作的动力主要来源于起跳。空中动作的主要任务是利用身体的补偿动作，维持身体平衡，为正确合理的落地动作创造条件、做好准备，以便充分利用身体腾空抛物线的轨迹。跳远的腾空动作有蹲踞式、挺身式、走步式三种。

(1) 蹲踞式。

蹲踞式是最简单易学的一种空中动作。在助跑起跳腾空后，保持较长时间的腾空步,上体正直,双臂成前上举,将起跳腿大小腿折叠并迅速向前提拉,然后与摆动腿并拢,两腿继续上举,膝部接近胸部成蹲踞姿势。在落地前上抬大腿,前伸小腿,上体前倾的同时,两臂由上前方向下后方摆,准备落地,即屈膝缓冲向前跪,两臂由下后方向前摆,使身体重心迅速移过落地点。

(2) 挺身式。

起跳成腾空步后,摆动腿大腿快速下放,向下后方摆动,向前送髋与身后的起跳腿靠拢。抬头挺胸,双臂经肩上后方举全身充分伸展,使身体在空中形成展身背弓姿势,以维持身体的平衡。待越过身体重心抛物线的最高点后,做收腹举腿,两臂向前下方轮摆,前伸小腿进行落地。脚跟触沙面时即屈膝缓冲,双臂由前向后再向上前方轮摆,使身体重心迅速移过落地点。

(3) 走步式。

走步式腾空动作大致有两种形态:一种是带有展身动作的空中换步技术,另一种是如同自然的跑步动作的空中换步技术,即一种带有展身动作,另一种不带展身动作。它们在空中的换步顺序是一样的:在起跳成腾空步后,摆动腿大腿积极下压,迅速向下后方摆动,摆至身后的同时,起跳腿屈膝,折叠大小腿,以髋发力向前上方摆至大腿水平,完成两腿前后交换动作。肩轴与骨盆轴反方向转动,带动两臂协调配合换腿动作,在体侧做前后交叉绕环动作。上体稍后仰,随后处在身后的摆动腿向前上方提拉,并与起跳腿并拢,完成二步半走步式动作,形成准备落地姿势,做送髋前伸小腿的落地动作。两腿屈膝缓冲,两臂迅速由下后方向上前方摆动,使身体重心很快地移过落地点。

跳远的空中技术动作,对跳远成绩虽不能起到最主要的作用,但也具有一定的影响。对于青少年跳远运动员来说,最好在教学训练中先学蹲踞式,再学挺身式,最后学走步式。

4. 落地技术

落地技术动作充分利用抛物线轨迹,它的质量直接影响跳远的成绩。良好的落地技术,能使跳远成绩增加 20 厘米左右。跳远的落地技术动作有三种:侧倒法、前倒法和臀坐法。

(1) 侧倒法。

当脚后跟接触沙面时,一侧腿紧张用力地支撑着,另一侧腿放松,身体重心在双臂摆动的带引下,向支撑腿的侧前方运动,身体随即向支撑腿的侧前方倾倒。

(2) 前倒法。

当脚后跟接触沙面时,脚掌下压,双膝迅速弯曲缓冲。借助双臂向下后方摆动的力量,向前跪膝倒身,使身体重心迅速移过落地点。

(3) 臀坐法。

迅速送髋,前伸腿落地,双脚跟触沙面,即借助惯性力,双脚抬起使身体继续往前运动,用臀部坐于落地点的前面。

落地技术动作应做到以下几点:

(1) 尽力使身体重心迅速移过落地点,避免身体后倒和身体任何一部分触及落地点的后面。

(2) 小腿应该尽量向前伸,以充分利用抛物线的轨迹。

二、跳远技术教学的重点与难点分析

（一）教学重点

许多学生和初学跳远者，在跳远练习时不能进行快速有力的踏跳而使身体重心腾空高度不够，跳得不远，甚至有的学生将"跳"远变成了"跑"远。助跑和起跳动作的质量直接影响腾空与落地动作的质量。起跳是跳远的重要技术环节，其目的是使人体在助跑的基础上，获得垂直向上的速度。起跳（有起跳脚着地、退让、蹬伸三个部分）必须在短时间内完成，蹬伸时，蹬地、摆腿、挥臂、拔腰、挺胸、提肩、顶头必须同时协调用力。在起跳技术教学中，应注意起跳动作的连贯性和用力蹬伸时的协调性，以保证起跳的良好效果。同时，还要把起跳技术教学与助跑和腾空动作的技术教学结合起来，使助跑、起跳、腾空动作技术自然、连贯、协调，以保持整个动作的完整性。因此，跳远技术教学的重点应是助跑和起跳，而首先应教会学生正确的起跳技术，指导学生向上跳起来。

（二）教学难点

助跑和起跳，使人体由向前运动转为向上运动，从而获得适宜的腾起角度和最快的腾起初速度。要在高速助跑中进行快速有力的踏跳，因此跳高技术教学的难点应是助跑和起跳相结合技术。在助跑和起跳相结合技术的教学中，应注意加快助跑最后阶段的速度和节奏，强调准备起跳和用力起跳之间的衔接，使起跳在不降低助跑速度的前提下完成，以保证助跑和起跳的最佳效果。

在教学中，有些教师为使学生有腾空动作而利用助跳板或高坡让学生练习，助跳板弹性较大、踏跳面高，高坡有前高后低的倾斜面，大大降低了踏跳的难度，在不大用力的情况下便可使身体重心上升较高，增加了腾空时间和距离，给腾空动作和落地动作创造了有利条件。在腾空和落地技术教学中，采用此教法能使学生节省体力，增加练习次数，提高学生学习兴趣，是一个较好的教学手段。

实际上，各技术环节也有其自身的教学重点与难点。例如，助跑的教学重点是助跑的加速方法，教学难点是助跑的准确性；起跳的教学重点是起跳腿的蹬伸技术，教学难点是起跳腿的着地缓冲技术；蹲踞式跳远腾空技术的教学重点是腾空步技术，教学难点是并腿团身前伸腿准备落地技术；挺身式跳远腾空技术的教学重点是伸髋挺身技术，教学难点是腾空步后摆动腿向下后方的摆动技术；落地技术的教学重点是两腿前伸技术，教学难点是缓冲引体移过落地点技术。

第二节　跳远技术的教学与练习

一、跳远技术的教学步骤及内容

（一）了解跳远的一般知识

通过讲解，学生应了解跳远的一般知识和技术要求，调动学习跳远技术的积极性和主动性。

（二）初步掌握跳远技术

1. 学习和初步掌握蹲踞式跳远

（1）结合示范（或通过图片、视频等直观教学资料）讲解蹲踞式跳远技术，使学生建立正确的蹲踞式跳远技术概念,了解蹲踞式跳远的要求、方法和要领。

(2)原地向高处跳起,在空中收腹举腿屈膝成蹲踞姿势,目的是让学生体会空中蹲踞动作,建立空中蹲踞动作的本体感觉。此练习可以连续做,每组做4~6次。

(3)助跑4~8步,在起跳区做蹲踞式跳远。起跳区宽30~35厘米。练习时,应注意助跑与起跳的良好结合,助跑不要"跨大步""错小步"或减速。练习前应教授学生用反方向助跑丈量步点的方法,提高学生在规定区域内起跳的能力。

(4)助跑6~10步,在缩小的起跳区或起跳板处做蹲踞式跳远。通过练习,学生应初步掌握蹲踞式跳远技术,可采用"先高后远"的练习方法,即在起跳区(起跳板)前所跳远度的1/3处放置高度约30厘米的横杆或松紧带,在沙坑里约所跳远度的2/3处沙面上放一明显的标志物(如白布带),练习者经助跑起跳后,先做腾空步跨过横杆或松紧带再做蹲踞动作,接着两腿前伸越过沙面上的标志物,然后下落于沙坑。

2. 学习和初步掌握挺身式跳远

(1)结合示范(或通过图片、视频等直观教学资料)讲解挺身式跳远技术,使学生建立正确的挺身式跳远技术概念,了解挺身式跳远技术的要求、方法和要领。

(2)原地向高处跳起,在空中做挺身送髋动作,稍收腹后双脚落于沙坑。

(3)助跑4~6步,在跳箱上起跳(或在起跳区起跳,但将沙坑沙子适当挖低),做挺身式跳远。这个练习可以增加腾空的高度和时间,便于在空中做挺身动作。

(4)助跑4~6步,在起跳区起跳做挺身式跳远。

(5)助跑6~8步,在缩小的起跳区或起跳板处起跳做挺身式跳远。

做(4)、(5)练习时,仍可采用"先高后远"的方法。

(三)改进和完善跳远技术

1. 改进和完善助跑与起跳相结合技术

(1)上一步起跳练习。摆动腿在前,膝关节微屈。随着身体重心前移,起跳腿屈膝前摆,然后大腿积极下压,以脚跟滚动到全脚掌着地。接着起跳腿用力蹬伸,摆动腿屈膝上摆,两臂配合在体侧向前上和后上摆动,做起跳动作向前上方跳起。

(2)在跑道或平坦的草地上,做3步助跑起跳和腾空步的练习。摆动腿在前,由起跳腿开始迈出跑三步起跳,在空中做腾空步,然后用摆动腿落地向前继续跑进,主要体会和掌握助跑与起跳相结合的技术。

(3)助跑4~6步,在跑道上连续做一步起跳腾空步。起跳成腾空步后,摆动腿主动伸髋下放,在空中起跳腿主动"赶超"摆动腿并做积极的上板放脚起跳动作。

(4)助跑4~6步,在起跳板(或起跳区)起跳,在空中做腾空步,然后以摆动腿下落于沙坑,继续向前跑进。

(5)同上练习,但助跑步可增加到8~10步。

(6)助跑8~10步,在起跳板(或起跳区)起跳,在空中做腾空步后做蹲踞式或挺身式跳远练习,体会摆动腿的快速跟摆。

做(3)、(4)、(6)练习时,要特别注意助跑步点的准确性和稳定性,事先要丈量和调整好助跑步点,使助跑与起跳密切结合。

2. 改进和完善腾空技术

(1)蹲踞式。

①助跑4~6步,起跳后做腾空步练习。

②助跑 4～6 步,起跳成腾空步后,将起跳腿向前上提举与摆动腿靠拢(形成空中蹲踞动作),然后两腿前伸下落于沙坑。

③逐渐加长助跑距离,做完整的蹲踞式跳远练习。练习时,起跳要有一定高度,腾空步要做得充分,将该姿势持续片刻时间,不要急于做向前收起跳腿的动作。

(2)挺身式。

①通过立定或行进间的挺身式跳远模仿练习,学会下放摆动腿,接着做挺身送髋和两臂的配合等动作。

②从 50 厘米左右的高处向前跳下,在空中做挺身式跳远模仿练习。

③助跑 4～6 步,起跳至跳箱盖上做摆动腿下放练习,过渡两步做跳下跳箱盖的挺身式技术模仿练习。

④助跑 4～6 步,起跳成腾空步后,摆动腿向下、向后摆动,起跳腿屈膝向摆动腿靠拢,两臂配合摆动,髋部前送,挺胸展体成挺身姿势,然后收腹举腿,两腿前伸落于沙坑。

⑤逐渐加长助跑距离,做完整的挺身式跳远练习。练习时,起跳要有一定的高度,腾空步动作要做好,然后抓住腾空步后下放摆动腿和挺身送髋的适宜时机,进行这些关键技术的练习。

3. 改进和完善落地技术

(1)原地向高处跳起,在空中做收腹举腿练习。练习时,要求大腿向胸部靠近,几乎触及胸部。

(2)立定跳远练习:在沙坑边沿站立做立定跳远,落地前提举大腿,两臂后摆,然后两腿伸出,用脚跟领先落于沙坑,接着迅速屈膝,两臂迅速前摆,使身体重心移过落地点。

在沙坑内接近个人落地点附近放置标志物(如白色布带),用"先高后远"的方法让学生进行跳远练习,在下落前腿向前提举,然后小腿前伸,两脚跟在标志物前着地。

(四)巩固和提高完整的跳远技术

(1)丈量全程助跑的步点,做全程助跑的蹲踞式、挺身式跳远练习,全面巩固和提高技术。

(2)根据每个学生的具体情况,分别采用相应的有效手段,巩固和提高各技术环节的技术水平。

(3)进行完整技术的评定。

(4)组织跳远教学比赛。

二、跳远技术的练习手段

(一)项目特性

跳远是一项需要速度、力量、爆发力的运动项目,跳远的成绩和各项身体素质有着非常密切的关系。首先,要跑得快、跑得稳;其次,要想跳得远,还需要有较大的力量和爆发力,跑得越快,所需的力量和爆发力也越大。力量素质无疑是跳远运动员的一项主要能力,和其他项目有所不同,跳远项目所需要的是助跑速度和起跳能力在高水平层次上的平衡发展,是速度和力量的完美结合。跳远的起跳能力也就是起跳腿伸肌离心收缩能力,以及从离心收缩向向心收缩的快速转换能力。起跳能力,首先取决于起跳腿的蹬地力量,也就是起跳腿髋关节、膝关节、踝关节伸肌收缩的能力。只有这些能力不断提高和

发展,跳远运动员才有可能创造出优异的成绩。

(二)跳远一般身体素质训练

1. 下肢力量训练

(1)发展臀大肌和股后部肌群专项力量。

①栏架练习法。

将10个栏架按照3米间距进行摆放,进行连续双脚跳栏架练习;将10个栏架按照5米间距进行摆放,进行腾空步过栏架练习;将10个栏架按照1米间距进行摆放,进行正面及侧面的高抬腿过栏架练习;将10个栏架按80厘米间距依次摆放,进行侧面正踢腿过栏架练习。

②负轻杠铃练习法。

负轻杠铃(20~30千克),原地高抬腿30次;原地弓箭步跳25~30次;原地半蹲跳10~20次;原地换腿跳30~40次;原地弓箭步上下起20~30次。

③橡皮带练习法。

借助橡皮带的弹性,进行多种专项力量训练,如进行摆腿、前折叠、后折叠、直腿摆、单腿扒地等练习;同时也可以使用橡皮带带领学生进行腾空步、摆腿跨步、单腿跨步、单跨步摆腿等练习;采用双向双人的方式,让学生使用橡皮带进行牵拉,这样就可以为学生创造一种非平衡状态,以此进行50米的跳远腾空步动作练习;使用橡皮带让学生进行40~50米的牵引助跑练习。

(2)增强腿部肌肉快速退让性收缩能力。

①负重半蹲跳。

肩部负重(杠铃、杠铃片等)屈膝半蹲,前脚掌用力蹬伸连续向上或向前跳起,下蹲要慢,起跳要快,负重量要适宜。

②负重深蹲(半蹲)。

负重80~140千克的杠铃进行全蹲训练,从80千克开始,做8次深蹲,90千克做7次,100千克做6次,依次类推,至最大深蹲力量,要领是腰腹发力顶住,缓慢下蹲,快速起立;负重160~240千克的杠铃进行半蹲训练,从160千克开始,10个/组,直至最大半蹲力量,要领是慢下快起。

(3)增强腿和双臂的摆动协调性。

①纵跳与收腹纵跳。

站在平地或沙坑里,用前脚掌快速向上蹬伸跳起屈膝,或屈膝收腹,同时两臂从体侧向上摆动,一般平地练习10~15次/组,沙坑练习8~10次/组。

②连续多级蛙跳。

双腿屈膝,双臂后举,两腿蹬伸,双臂前摆跳过一定距离,双足落地时脚跟着地,并迅速滚动到前脚掌,依次连续跳5~10次,练习时要求双臂与腿的配合要协调,中间下蹲幅度不要太深,动作连贯性要好。

2. 核心力量训练

(1)髂腰肌肌群力量训练。

①弹力带附于膝关节快速抬腿练习:运动员面对横向固定物两手握住,躯干稍前倾(前倾主要是为了给练习腿前摆创造空间),伸髋,支撑脚前脚掌着地,支撑脚踝关节用力保持高重心,练习腿大腿前摆的幅度为与地面平行,后放的幅度为与支撑脚在同一位置。

这一练习对助跑技术最直接的作用是能提高运动员跑动的步频。

②弹力带附于踝关节快速摆腿下压练习：运动员背对横向固定物，两手握住，支撑脚与两手在同一平面内，练习腿大腿前摆的幅度为与地面平行，后摆下压的幅度超过支撑脚，后摆下压的同时伸髋。该练习对助跑技术最直接的作用是能提高运动员跑动的步频。

（2）腹背肌肌群力量训练。

①静力性手段：躯干悬空俯卧负重静力练习、躯干悬空仰卧负重静力练习。

②动力性手段：肋木悬垂举腿、俯卧高抬躯干悬空负重背起。

（3）腹外斜肌肌群力量训练。

①稳定状态下的训练手段：肋木侧悬体侧屈、仰卧双脚屈膝前伸。

②非稳定状态下的训练手段：双手俯卧支撑双脚放瑞士球上左右摆。

（4）髋关节肌群力量训练。

①稳定状态下的训练手段：仰姿单（双）脚置于高台屈腿快速挺髋练习。

②非稳定状态下的训练手段：仰姿单（双）脚置于瑞士球屈腿快速挺髋练习。

3. 上肢力量训练

跳远运动员上肢力量训练可采用平推杠铃、持哑铃原地摆臂、站姿哑铃肩上举等练习，还可以采用手持轻质量杠铃片或哑铃，做腾空步手部动作摆动。

4. 速度训练

（1）站立式30米跑、60米跑、100米跑。

运动员短距离加速能力的最直接体现就是30米加速跑的速度，它是运动员从静止开始加速，以最短的时间达到或接近的最高速度。30米跑是检验跳远运动员加速水平的一项非常重要的专门能力。60米跑反映了运动员短时间内的加速能力，还直接体现运动员达到最高速度之后保持速度的能力。100米跑除反映跳远运动员加速能力和保持速度能力之外，还反映运动员的各项快跑能力。

（2）通过各种方法保持（加大）步长，提高（保持）步频。

例如，采用高抬腿转加速跑、先下坡助跑再接平地助跑4～8步、逐渐加速到最高速度的助跑、顺风助跑、腿部负重物快跑、拖重物加速跑、蹲踞式起跑加速、计时后蹬跑、计时高抬腿跑、上坡跑等练习。此外，还可以采用连续助跑过间距为1.5～2米标志物的练习来提高运动员的步频。

（三）跳远专项力量素质训练

跳远运动员肌肉力量练习根据肌肉的收缩形成，可分为动力性和静力性两种。动力性力量练习是肌肉收缩与放松交替进行的抗阻练习，如杠铃蹲起、仰卧推举等。静力性力量练习是肌肉在收缩用力时，肌肉长度不发生变化的"等长收缩"练习。通过多种专项力量练习，运动员能获得肌肉产生相应张力和快速收缩克服阻力的能力，直接有效地转换成能完成良好的助跑与起跳技术动作所需的力量素质。

1. 发展起跳支撑力量练习

（1）坐蹲：依运动员重心高度，确定凳子高度，一旦下蹲臀部触及凳子面，双腿即刻发力依次伸展髋、膝、踝关节。

（2）静止半蹲：运动员负最大或次最大杠铃负荷，下蹲屈膝关节约140°位置，相对静止，停顿3～5秒后立即快速发力伸展髋、膝、踝3关节。

2. 提高起跳爆发力练习

（1）力量性爆发力练习：一般多采用立定跳远、立定三级跳远、立定多级跳、多级蛙跳等方式来提高力量性爆发力。这些练习的共同点是在人体预备姿势或相对静止状态下，下肢肌肉以较慢速度收缩完成蹬伸动作，从而获得克服较大吸引力并推动人体向前上方运动的爆发力。

（2）速度性爆发力练习：

①短助跑单足跳：在4~6步助跑高速度下完成5~10级的单足跳。

②助跑单足跳结合跳跃过栏架：在助跑4~8步较高速度下起跳腿完成1个单足跳，结合摆动腿摆动跳跃越过一定高度栏架，最后落入沙坑。

3. 肌肉超等长收缩练习

跳深练习：包括从高处跳下并立即向前上方反弹起跳两个环节。它运用肌肉在离心（拉长）收缩以后马上进行向心（缩短）收缩时产生的力量会大得多的原理来发展爆发力。由于运动员从高处跳下，其肌肉要具备短暂紧张的能力，这种能力表现出来的力量可超过人体重量的20倍或更多。因此，刚刚进行这项练习的运动员要循序渐进，以一般力量训练为先决条件，并从准备期的后期开始，一般每周可进行1~2次练习。运动员只有在掌握技术且支撑运动器官适应的情况下才能完成跳深练习。

三、跳远易犯错误及纠正办法

1. 助跑步点不准

（1）产生原因：助跑起跑方法不固定；助跑加速节奏和步长不稳定；气候、场地、身体状况和心理因素的影响。

（2）纠正方法：固定助跑的起跑方式，正确使用助跑标志；反复跑步点，固定助跑的动作幅度和节奏；在各种环境下练习，提升适应能力，提高助跑的稳定性。

2. 助跑最后几步减速

（1）产生原因：助跑步点不准，最后几步拉大步或倒小步；起跳前上体后仰，臀部后坐，后蹬不充分；害怕犯规和害怕跑快了跳不起来。

（2）纠正方法：助跑要果断，建立用速度去争取远度的意识，消除害怕心理；保持跑的直线性和动作结构稳定性，加快上板前几步的步频；踏上第二标志点后积极进行加速。

3. 起跳制动过大

（1）产生原因：最后一步起跳腿上板不积极；身体重心落后，过分前伸小腿致最后一步过大；盲目追求腾空高度。

（2）纠正方法：注意加快起跳腿上板时的速度，在快速跑进中自然地完成起跳；提高助跑身体重心，用"扒地"式动作踏板起跳；在斜坡跑道上做下坡跑起跳。

4. 起跳后身体前倾，失去平衡

（1）产生原因：起跳时身体前倾；急于做落地动作。

（2）纠正方法：反复进行起跳腾空步的练习；加大空中动作幅度，以增加旋转半径；注意起跳时头和上体的姿势。

5. 挺身式跳远中以挺腹代替挺胸展髋

（1）产生原因：起跳不充分；起跳后摆动腿膝关节紧张，摆动腿下放过晚，未向身体垂直面之后摆动；头和上体后仰。

(2)纠正方法：起跳要充分，上体肩要顶住，保持正直；腾空后，摆动腿膝关节放松，积极地下放和后摆。

6. 走步式跳远中换步动作幅度小

(1)产生原因：换步时两大腿摆动不够，下肢配合不协调。

(2)纠正方法：强调以髋发力，大腿带小腿运动；重点放在下肢的换步动作上，在此基础上强调上肢动作。

7. 跳远落地时小腿前伸不够

(1)产生原因：上体过分前倾；腰腹力量小和下肢柔韧性差。

(2)纠正方法：做立定跳远练习，要求落地前大腿抬起，小腿尽量前伸，落地后积极做屈膝缓冲；加强腰腹力量和下肢柔韧性的练习。

第三节 中小学跳远教学方法

一、小学生跳远教学方法

1. 游戏名称：青蛙跳（一年级）

(1)教学目标：通过跳跃游戏，发展学生的速度、协调、下肢力量等身体素质。

(2)游戏方法与规则：将本班学生分为4个队，列纵队站于起跳线后，跳跃时双手背后相握，双脚同时向前跳跃，跳至15米外的返回点后迅速转身回跳，跳回起点后与第二名队员击掌交接，第二名队员出发向前跳跃，直至本队最后一名队员跳完。以最先完成的队获得胜利。

(3)注意事项与要求：要求学生在跳跃过程中始终保持双脚起跳与落地，双手置于背后，依靠下肢力量跳跃。在教学过程中注意课堂秩序与学生跳跃时的安全，教师在课前前往场地检查，避免意外事故的发生。

2. 游戏名称：跳小栏架（二年级）

(1)教学目标：通过教学，学生能进一步掌握跳跃动作的技术，下肢弹跳力得以发展。

(2)游戏方法与规则：使用足球训练中的小栏架6~8个，按照从低到高的顺序间隔摆放，分两组进行练习。

(3)注意事项与要求：提醒学生利用双臂带动身体向上跳起，腰腹发力收紧，避免身体左右倾斜，同时身体保持正直，不可过度前倾。

3. 游戏名称：青蛙跳荷叶（三年级）

(1)教学目标：培养学生的灵敏性、协调性等身体素质。

(2)游戏方法与规则：在30米长的三条跑道上，分别间隔40厘米、50厘米、60厘米放置一个垫子，带领学生先进行间隔40厘米的跳跃2组，然后进行间隔50厘米的跳跃1组，最后进行间隔60厘米的跳跃1组。

(3)注意事项与要求：跳跃过程中要求双脚起跳与落地，且必须落于垫子上。注意使用的垫子不可太厚，避免学生跳至垫子边缘致踝关节受伤。

4. 游戏名称：单脚跳接力（四年级）

（1）教学目标：发展学生的弹跳能力，培养团体协作能力。

（2）游戏方法与规则：在相距20米的两端线处插标志立柱。将本班学生分为2个小组，每组分2个队，迎面列纵队站于端线标志立柱后，待教师发出"开始"口令后，起点处队员单脚跳至对面20米处的队员处，然后击掌接力，对面队员即出发，同样进行单脚跳跃，直至最后一人完成接力。

（3）注意事项与要求：学生在跳跃过程中始终保持单脚起跳与落地；在教学过程中注意课堂秩序与学生跳跃时的安全，教师在课前前往场地检查，避免意外事故的发生。

5. 游戏名称：兔子舞（五年级）

（1）教学目标：培养学生的团结合作能力、适应能力和节奏感。

（2）游戏方法与规则：将学生分为两队，列纵队站立，后一人双手搭于前一人肩膀上。教师讲解口令"左左、右右、前后、前前前"的含义，即左脚跳两下，右脚跳两下，双腿合并向前跳一下，向后跳一下，再连续向前跳三下。先用口令练习两至三次，熟悉后跟随音乐节奏进行游戏。

（3）注意事项与要求：每个学生的弹跳能力不同，所以步长有所不同，要提醒学生团结协作，步幅大的学生减小一点步幅，步幅小的学生尽量增大一点步幅。

6. 立定跳远教学（六年级）

（1）教学目标：基本掌握立定跳远技术，发展学生的协调性、力量及弹跳能力；能够正确说出立定跳远的技术动作要领，培养学生认真学习的态度和吃苦耐劳的精神。

（2）动作方法：立定跳远由预摆、起跳、腾空、落地四个技术环节组成。预摆时，两脚左右开立，与肩同宽，两臂前后摆动，前摆时两腿伸直，后摆时屈膝，降低重心，上体稍前倾，呈半蹲姿势，切勿蹲得太深，避免影响蹬地发力；起跳时，双脚要充分蹬地，切勿前脚掌离地，失去发力的支撑点；起跳时，两脚快速用力蹬地，同时两臂稍曲由后往前上方摆动，向前上方跳起腾空，并充分展体，在这项技术环节里，快速有力的蹬地、上下肢的协调配合、空中展体是关键，同时要充分展髋，有明显的腾空动作；落地时，收腹举腿，小腿往前伸，同时双臂用力往后摆动，并屈膝落地缓冲，这里要注意的是，在落地瞬间双腿屈膝前跪，或是侧身向前倒地，避免向后倒地或支撑。立定跳远的每一个技术环节都非常重要，应正确、规范地掌握，以提高立定跳远的成绩。

（3）教学重、难点分析。

教学重点：双脚起跳，双脚落地；教学难点：摆臂与蹬地的配合。

（4）教学步骤与内容。

①教师导入，并做示范动作。

两脚自然平行开立，上体稍前倾，两腿屈膝，两臂后举。然后两臂向前上方用力摆起，同时两脚用力蹬地，迅速向前上跳出。落地时，小腿前伸，用两脚跟着地，立即屈膝缓冲，保持身体平衡。

②学生练习立定跳远基本动作。

a. 学生在教师指导下练习立定跳远的基本动作。

教法：学生练习，教师和其他学生观察，及时给予评价。

要求：做好立定跳远准备动作。

b. 学生自主练习立定跳远。

教法:教师对动作不标准的学生进行指导。

c. 动作标准的学生和动作不标准的学生自由组合,互相帮助。

d. 教师总结。

(5) 易犯错误及纠正办法。

①预摆时站立姿势不对。

错误动作:立定跳远练习时两脚前后站立,双脚并拢站立或两脚间距过宽。

产生原因:对立定跳远准备姿势的概念不清楚。

纠正办法:两脚前后站立导致双脚不能同时蹬地用力,不能同时落地;双脚并拢站立或两脚间距过宽会导致蹬地时浪费力量。在每次练习之前先闭目想一想动作要领:双脚平行站立,距离同肩宽;两脚脚尖向前,不能呈"内八字""外八字"。

②手臂的摆动方向与身体的重心移动方向相反。

错误动作:预摆屈膝重心下移时,手臂向上摆,也就是手臂的摆动方向与身体重心起伏方向相反。

产生原因:身体不协调,对身体重心的移动与手臂摆动协调配合的作用不清楚。

纠正办法:注意身体重心的移动与手臂摆动的协调配合,同时多练习双足起蹬,即双脚开立,距离同肩宽,双手半握拳;双臂向上摆时双脚起踵,身体重心上移;双臂向后摆时身体屈膝下蹲,重心下移,脚跟着地。反复进行练习。

二、初中生跳远教学方法

1. 立定多级接力跳远

(1) 教学目标。

①认知目标:通过学习,学生能够进一步掌握立定多级接力跳远的完整概念与动作技术;

②技能目标:发展学生的身体协调性、灵敏性及下肢力量,使大多数学生基本掌握起跳和缓冲落地的技术动作;

③情感目标:培养学生机智果断、遵守规则、友好合作的优良品质,锻炼他们吃苦耐劳和勇于进取的精神,促进他们友爱互助的情感养成。

(2) 动作方法:从起跳线开始,参赛者一个接一个进行蛙跳。每组中的第一个参赛者在起跳线后面站立,下蹲向前立定跳远,双脚着地。裁判员标记距离起跳线最近着地点(脚跟)。如果参赛者向后倒,用手着地,其手撑地处就是最近的着地点。第一名参赛者的着地点作为第二名参赛者立定跳远的起跳点,本队第三名参赛者从第二名参赛者的着地点开始起跳,以此类推。当本队最后一名参赛者跳完后,比赛结束后,记下着地点。

(3) 教学步骤和内容:首先在沙坑或者海绵垫上学习原地起跳蹬伸技术,再学习向上、向前的摆臂动作并做出空中"突停"动作,最后学习收腹落地动作。

2. 蹲踞式跳远

(1) 教学目标。

①认知目标:通过学习,学生们能进一步掌握蹲踞式跳远的完整概念与技术构成;

②技能目标:发展学生的跳跃能力、协调性、灵敏性,提高他们的下肢力量,70%以上的学生能够基本掌握起跳、空中蹲踞和缓冲落地的技术动作;

③情感目标:培养学生的组织纪律性,锻炼他们吃苦耐劳和勇于进取的精神,促进他

们友爱互助的情感养成。

（2）动作方法：在助跑起跳腾空后，保持较长时间的腾空步，上体正直，双臂向前上举。过了 2/3 的腾空时间，则将留在身后的起跳腿迅速向前提拉，大小腿折叠，然后与摆动腿并拢，两腿继续上举，膝部接近胸部成蹲踞姿势。在落地前上抬大腿，前伸小腿，上体前倾的同时，两臂由上前方向下后方摆，准备落地。当脚跟触沙面时，屈膝缓冲向前跪，两臂由下后方向前摆，引身体重心迅速移过落地点。

（3）教学重、难点分析。

教学重点：快速助跑，有力起跳；教学难点：助跑与起跳技术的衔接。

（4）教学步骤与内容。

首先学习起跳技术，重点是起跳后成腾空步，一般采取原地模仿起跳、行进间上一步起跳成腾空步、行进间上三步起跳等练习；其次学习空中动作，例如行进间做蹲踞式空中动作模仿练习、站在高台向下跳做收腹落地动作、短助跑起跳做收腹落地动作等；最后学习完整技术动作。

三、高中生跳远教学方法

（1）教学目标。

①认知目标：让学生掌握挺身式跳远的完整概念与技术构成；

②技能目标：让绝大部分学生基本掌握挺身式跳远腾空与落地技术和起跳后的空中平衡能力；

③情感目标：培养学生勇敢、果断的优良品质。

（2）动作方法：单腿起跳进入腾空步后，摆动腿的膝关节伸展，小腿自然由向前、向下到向后方而成弧形摆动，此时留在体后的起跳腿向后摆的摆动腿靠拢，挺胸展髋，成展体姿势。快落地时，双脚、双手向身体前方合拢落地。

（3）教学重、难点分析。

教学重点：助跑与起跳技术的充分配合；教学难点：起跳成腾空步后，大腿带动小腿积极下放成挺身姿势。

（4）教学步骤与内容。

①复习短程助跑与起跳。

要点：节奏清晰，由慢至快，最后两步要求加快步频，向前性要好，起跳腿放脚积极，跑跳结合连贯。

练习：行进间三步起跳（2～3 次）；6～8 步助跑起跳（2～3 次）。

②学习挺身式跳远技术。

要点：起跳成腾空步后，摆动腿下放向后摆动，与起跳腿靠拢，同时展髋挺身，两臂经体侧绕至体前上举或直接上举，在空中形成挺身姿势，然后收腹举腿，前伸小腿着地，着地后积极前移重心，屈膝缓冲。

练习：3 步助跑挺身式跳远练习（5～6 次）。

第九章 三级跳远

三级跳远教学视频

第一节 三级跳远技术

一、三级跳远基本技术

三级跳远是通过连续的三次跳跃达到尽可能远的水平距离的一项运动,三跳由一个单足跳、一个跨步跳和一个跳跃来完成,单足跳和跨步跳必须由一条腿来完成。此项运动对运动员身体素质要求较高,技术比较复杂,是一项身体素质与技术高度统一的运动项目,由最初的自由式跳法逐渐发展为高跳型和平跳型技术,以及现在的速度型技术。

1. 自由式跳法

三级跳远项目从最初出现,一直到 20 世纪 40 年代,运动员都是用随意的跳法来进行训练和比赛,没有形成固定的技术模式。

2. 高跳型技术

高跳型技术第一跳腾空的抛物线轨迹高而远,从三跳的远度来看,第一跳的远度最大。这种跳法动作幅度较大,强调高抬大腿积极刨地,对运动员的力量素质和跳跃能力提出了较高的要求;在进行各种跳跃练习时没有注意快速节奏,而只突出了第一跳的作用。

3. 平跳型技术

平跳型技术在 20 世纪 60 年代出现。平跳型技术第一跳的抛物线轨迹低而平,第二跳和第三跳的比例相差不大;强调发挥和保持水平速度,注重向前摆腿,在三跳中缩短第一跳的远度,使水平速度较好地得以保持,可以加大第三跳的远度,最终使得第一跳和第三跳的远度比较接近。这种技术的优点是能够减小水平速度的损失,而且可以避免运动员受伤。平跳型技术要求整个技术自然连贯和向前性好,注重发展运动员的速度和三跳的快速节奏,在技术练习中多采用完整技术和较长距离助跑技术练习。

4. 速度型技术

速度型技术是在平跳型技术基础上发展起来的,它继承了平跳型技术的优点,更加强调发挥和保持水平速度。与平跳型技术相比,它最突出的特点是第三跳的远度明显加大。速度型技术突出一个"快"字,即助跑快,三跳节奏快;强调在力量练习和跳跃练习中的快速用力,同时均衡发展两腿的跳跃能力,尤其是力量较差腿的跳跃能力。速度型三级跳远运动员更加注重速度训练,他们都具有较高的速度素质。在技术练习中,一般以全程助跑完整技术练习为主;更加注重发挥和利用水平速度,尽量减小水平速度的损失。

二、三级跳远现代技术及未来发展趋势

速度型技术是当今世界三级跳远技术发展的必然趋势。根据当前的发展状况，未来三级跳远技术的发展应该具备以下四个特点：

（1）为了获得更大的水平速度，助跑的步数会有所增加，助跑距离会更长，助跑最后几步与第一跳结合得更加自然，整个助跑与平跑技术十分相近。

（2）运动员注意力主要集中在快速用力上，即助跑快、在完成正确技术动作前提下的三跳节奏快，以及完整技术各环节的快速自然衔接。

（3）单足跳和跨步跳时的着地动作更加自然，接近跑的着地动作。着地点恰到好处，最大限度地减小了水平速度的损失。并且身体重心正好压在支撑腿上，支撑和用力蹬伸程度加大，使得着地动作的集中用力更加突出。因而，三级跳远的着地技术应该重点强调集中用力，也就是要集运动员的意志、着地时的摆动和蹬伸动作，以及身体各部位的协调配合为一点，并作用于身体重心。

（4）重视加强弱腿的跳远技术，在第三跳中力量较差腿起跳采用挺身式或走步式动作，充分发挥弱腿的跳远能力，以获得最大的远度。

三、三级跳远的技术原理

三级跳远的成绩表现为运动员在腾空中所获得的垂直高度与水平距离上。三级跳远运动员身体重心的移动轨迹为三个相连的平缓抛物线，其轨迹的总远度决定了三级跳远成绩。

（1）腾起初速度。

腾起初速度是由助跑所获得的水平速度和起跳时所产生的垂直速度合成的，它与运动员的身体能力和技术水平有着密切的关系。一般来说，助跑速度越快，起跳速度越快，腾起初速度也就越大。

（2）腾起角。

运动员起跳脚蹬离地面的瞬间，身体重心的腾起方向与水平线之间的夹角称为腾起角。腾起角与腾起时身体重心的水平速度和垂直速度相关。在三级跳远中应该适当减小第一跳的腾起角，加大最后几步的助跑和起跳中的向前用力效果，增加向前运动的速度。所以，在助跑过程中，应加快助跑速度，起跳时尽可能地减小水平速度的损失，努力获得尽可能大的垂直速度。在三级跳远项目中保持适宜的腾起角，提高腾起初速度，才能获得理想的腾空高度和远度。

四、三级跳远技术要领及要求

水平速度是决定三级跳远的关键因素，助跑为三级跳远中获得水平速度的必要过程。助跑的距离取决于运动员的加速能力，优秀的三级跳远运动员助跑距离一般为35～50米。

1. 助跑技术

（1）助跑的起动方式。

①静止状态开始起动。

一般采用"半蹲式"或"站立式"姿势开始助跑，有利于固定第一步步长，提高全程助

跑的准确性。

②行进间起动。

此方法为在踏上标志物之前采用走、慢跑、垫步等方法进行起动,使运动员开始助跑时比较自然、放松,有利于发挥速度。

运动员要根据自身的情况和特点选择适合自己的助跑起动方式。

（2）助跑节奏。

三级跳远的助跑节奏可分为逐渐加速和积极加速两种。

①逐渐加速：由静止状态起动逐渐增加步频和步幅,过程均匀、平稳,最后几步达到最大速度。

②积极加速：助跑开始几步较小,步频较快,积极加速,在短时间内获得较快的速度。

运动员要根据自身情况和特点选择适合自己的助跑节奏。

2. 第一跳技术

三级跳远的第一跳为单足跳,第一跳的起跳是从助跑最后一步摆动腿蹬离地面,起跳腿快速、积极踏板开始的。助跑最后一步时,摆动腿积极有力地蹬地,起跳腿以积极、自然的动作快速踏上起跳板,起跳腿在向前迈时大腿抬得要比平时跑时稍低一些。此时,上体保持垂直或适当前倾,起跳腿着地点离身体重心的投影点较近,一般优秀运动员的着地角度为69°±3°。起跳脚着地后,膝关节弯曲缓冲,随着身体的前移,上体和骨盆应快速前移,同时,摆动腿大小腿折叠,积极前摆,整个身体像一个压紧的弹簧,处于蹬伸前的最有利姿势。随着身体的快速前移,起跳腿要及时进行快速的蹬伸动作,与此同时,摆动腿和两臂迅速向前上方做大幅度的摆动。起跳结束时,上体正直,起跳腿的髋、膝、踝三个关节充分伸直,摆动腿屈膝高抬,同时抬头、挺胸、两臂摆起。起跳结束后运动员进入腾空阶段,在保持一段时间腾空步后（约三分之一的距离）摆动腿开始向下、向后摆动,同时起跳腿屈膝,大、小腿收紧,脚跟贴近臀部,积极前摆。接着摆动腿后摆,起跳腿向前高抬,小腿自然下垂,完成换步动作。换步动作结束后,起跳腿继续向前上方提拉,髋部积极前送,摆动腿和两臂向后摆至最大幅度。

3. 第二跳技术

三级跳远中的第二跳为跨步跳,在第一跳腾空的后三分之一段,运动员的身体重心开始下降。此时,起跳腿继续高抬,摆动腿充分后摆,以加大两大腿之间的夹角。同时两臂摆到身体的侧后方。接下来起跳腿积极下压,做有力的扒地动作,同时摆动腿和两臂用力地向前摆动。着地时,髋、膝、踝部有关肌肉要保持紧张,使着地动作富有弹性,身体重心保持在较高的位置,身体要尽量保持正直。优秀运动员的着地角度为68°±2°。起跳脚着地后要及时屈膝、屈踝,进行适当的缓冲,使身体快速前移。当身体重心接近支撑点上方时,摆动腿和两臂快速有力地向前上方摆动,身体向上伸展,起跳腿进行快速有力的蹬伸动作。在蹬离地面的瞬间,起跳腿的髋、膝、踝三关节应充分蹬直。第二跳的起跳角度比第一跳要小,优秀运动员的起跳角度为60°±2°,腾空高度也相对较低,一般腾起角为14°±1°。运动员腾空后要保持较长时间的跨步姿势。摆动腿积极上提,上体前倾,起跳腿屈小腿向后摆动,使两大腿间的夹角达到最大。在跨步跳的腾空阶段,起跳腿换至身体躯干的后下方,上体保持正直。两臂的向前摆动在开始时是增加起跳腿的蹬地力量,接着是维持身体的平衡,然后向后摆。摆动腿的小腿前伸准备着地。扒地动作应该在着地前就做出,像单足跳着地那样积极有力。着地点应该在身体重心投影点前适当的地方,以避免身体前旋。应以全脚掌着地,脚掌紧绷,向前滚动至前脚掌,上体伸直。在起跳时躯干前倾的姿势有利于保持向前性,此时摆动腿向后的有力摆动也有助于运动员向前跳出。

4. 第三跳技术

三级跳远中第三跳为跳跃,第三跳起跳的着地角度稍小于前两跳,为 66°±2°,这有利于运动员获得较大的垂直速度。起跳着地后,起跳腿要屈膝以积极缓冲,身体快速前移,摆动腿和两臂快速有力地向前上方摆出。起跳时要伸髋、伸背,上体保持正直。在起跳结束的瞬间,起跳腿的髋、膝、踝三关节充分蹬直,摆动腿和两臂高摆,以增加身体重心向上移动的距离。第三跳的起跳角度和腾起角度都稍大于前两跳,分别为 63°±3° 和 18°±2°。运动员为了获得最大的远度,应尽可能地快速向前跳出,以减小水平速度的损失。两臂向前上方摆动,摆动腿的膝部向前高抬成至少 90°。在腾空阶段,运动员可以采用在跳远中所用的蹲踞式、挺身式或走步式动作技术。一般人都采用蹲踞式动作技术,这种动作比较适合腾空时间相对短的人。优秀运动员采用挺身式或走步式动作技术。在开始做落地动作的时候,要屈膝向前抬腿,同时两臂摆向前方,成团身姿势。落地前瞬间收腹举腿,小腿尽量前伸,以求达到最大的远度。落地动作是为了争取尽可能大的远度,当运动员的脚接触沙面的瞬间,上体稍微抬起,两臂向前摆,膝和髋部顺势向前。然后,身体向侧方倒下,这一动作可防止运动员落地时后坐。

三级跳远的摆臂动作有单臂摆、双臂摆和单双臂混合等几种方式。单臂摆有利于保持水平速度,双臂摆有利于维持身体的平衡,而单双臂混合摆则兼有前两者的优点。

五、三级跳远技术教学的重点与难点分析

三级跳远是以体能训练为主导,以技能训练为关键而组成的体能主导类快速力量型项目。

三级跳远的技术关键为保持每跳的水平速度和适宜的腾起角,以及腾空时两腿动作的正确节奏和起跳腿及时着地等。

1. 三级跳远的教学重点

第一跳与第二跳相结合的技术为三级跳远的教学重点。

2. 三级跳远的教学难点

"扒地"式的下落起跳技术和各跳间的衔接技术是三级跳远的教学难点。

第二节　三级跳远技术的教学与练习

一、三级跳远技术的教学步骤及内容

(一)三级跳远技术基础阶段的教学步骤及内容

1. 了解三级跳远技术和知识

①简要介绍三级跳远发展概况和技术特点。

②通过示范、讲解、看图等方法,介绍三级跳远技术,明确学习重点和难点。

要求:采用侧面示范,重点介绍完整技术的结构、节奏及技术特点、技术关键、教学重

点及教学难点。

2. "扒地"式着地动作的模仿练习

（1）手扶肋木站立或原地站立，摆动腿屈膝向前上方摆动至大腿与地面平行。支撑腿伸直，摆动腿以大腿带动小腿积极下压，小腿自然伸直，用全脚掌在身前约30厘米处"后扒"着地。

要求：摆腿带髋向前上方移动，两臂动作与腿部动作协调配合。"扒地"时小腿不能放松前甩，髋部尽量保持较高位置。

（2）多级跨步跳。在草地或跑道上做多级跨步跳，开始动作幅度小，逐渐加大动作幅度，体会"扒地"式着地技术。后蹬充分，摆动腿大腿前摆接近水平，蹬、摆配合协调，充分向前。空中两大腿分离角度较大，强化着地前积极下压大腿的"扒地"意识，以全脚掌着地，两臂配合做前后摆动。

3. 连续单足跳

要求：动作幅度大。起跳离地后，在达到重心移动轨迹最高点前，大小腿应充分折叠，下落时起跳腿前摆，以"扒地"式积极着地缓冲，再接下一个蹬伸起跳；动作连贯，富有弹性，着地缓冲时髋关节保持较高位置。

4. 4~6步助跑单足跳

助跑后，起跳腿做单足跳。起跳后，起跳腿大小腿折叠、前摆，空中换步成跨步姿势，以起跳腿落入沙坑并顺势向前跑出；两臂配合做前后摆动，换步后由体前拉引至身体侧后方。

要求：起跳腿大小腿折叠充分，蹬摆配合协调，换步自然，上体保持正直或稍前倾。

5. 4~6步助跑单足跳接跨步跳

助跑4~6步起跳，起跳腿大小腿折叠、前摆，以"扒地"式着地后，接着起跳做空中跨步跳，以摆动腿落入沙坑。

要求：单足跳向前，弧线低平，着地时有"扒地"动作，着地缓冲不屈髋，身体重心处于较高位置。

6. 单足跳标志点或障碍物练习

要求：单足跳充分蹬地，两腿剪绞换步及时，单足跳和跨步跳衔接连贯、自然。

7. 6~8步助跑跳远

6~8步助跑后，用跳远的摆动腿做起跳腿进行跳远。起跳后，两腿和两臂协调配合快速向前上方摆起，双脚落入沙坑。

要求：起跳向上用力明显，上体正直。

8. 4~6步助跑跨步跳接第三跳

4~6步助跑后第一跳起跳腿起跳，摆动腿屈膝快速向前上方摆动，摆动腿着地后紧接着起跳，两腿屈膝高抬，双脚落入沙坑。

要求：起跳时，蹬摆积极，跨步幅度大，摆动腿"后扒"着地积极，迅速缓冲转入快速蹬伸；第三跳起跳时，双臂和摆动腿高抬上摆，加大重心上移距离和速度。

9. 3~4步助跑小幅度完整三级跳远

3~4步助跑起跳，第一跳远度不大，在落地时，充分保证高重心。落地后，做一个幅度不大的向上跳，最后接一次高重心的跳跃。

要求：重点体会第一跳技术，特别是第一跳空中换腿时机和"扒地"式着地动作的衔接。

10. 6～8步助跑三级跳远

要求：第一跳要平，第二跳要远，第三跳要高，三跳节奏均匀，及时、积极下压大腿做"扒地"式着地，着地时膝关节较直，身体重心较高。

（二）三级跳远技术改进巩固阶段的教学步骤及内容

此阶段的教学，要达到改进各部分技术动作，提高助跑的准确性，掌握三级跳远基本技术及三跳节奏，并根据个人特点，形成适合个人的三跳节奏的目标。

1. 6～8步助跑单足跳，着地后用起跳腿踏上跳箱盖

高重心助跑6～8步，用起跳腿做单足跳，着地后继续起跳，跳上高30～40厘米的跳箱盖。克服单足跳后起跳腿前摆和大腿高抬不充分的缺点。

要求：起跳腿充分蹬地后，再做换腿动作。起跳腿折叠、前摆，前摆时与摆动腿空中换腿，这时起跳腿在前摆过程中，大腿应接近水平，用全脚掌踏上跳箱盖。

2. 6～8步助跑单足跳接跨步跳，以摆动腿踏上跳箱盖

6～8步助跑起跳后做单足跳，着地后接着进行跨步跳，在空中形成腾空步。摆动腿在前，伸直落在30～40厘米高的跳箱盖上，起跳腿此时折叠向前摆出，并向前下方跨跳，然后自然跑出。

要求：下放摆动腿时，尽可能不降低身体重心，此时髋继续前移，并带动折叠的起跳腿向前摆出，身体重心移至摆动腿脚掌上时，摆动腿轻轻地用脚踝力量蹬跳箱盖向前下方跨跳。上体在整个动作过程中要保持正直。

3. 8～12步助跑三级跳远

各跳间设置障碍，如第二跳越过实心球，第三跳越过约50厘米高的橡皮筋；或者，第二跳踏上40～50厘米高的跳箱盖，第三跳腾空越过60～70厘米高的横杆。体会第二跳和第三跳着地起跳技术及三跳节奏。

要求：着地起跳时，上体保持正直，及时有力地向前上方摆腿摆臂，蹬摆协调配合，动作幅度较大，三跳节奏均匀。

4. 用跳远摆动腿做单个跨跳

从20～30厘米高处用摆动腿（第二跳结束时的着地腿）摆动，向前做单个跨跳。站立，摆动腿屈膝以大腿发力向前上方摆起，双臂配合向后摆动。当大腿前摆至与地面平行时，臀部和大腿后群肌肉快速用力收缩，使大腿积极向下后回摆，此时髋继续向前上方运动。随着大腿回摆，膝逐渐接近于伸直，用全脚掌在体前着地，形成"扒地"动作，此时两臂前摆至体侧下方。脚着地的瞬间，身体重心迅速过渡到支撑腿的脚弓上方。

要求：前跨腾空后再做"扒地"着地动作。整个动作中，上体应保持正直，两臂配合前腿下压动作，用力摆动。"扒地"动作积极、明显，着地重心高。

5. 短程助跑用跳远摆动腿做起跳成腾空步跳远

8～10步助跑后起跳，起跳腿充分蹬伸，上体保持正直。摆动腿和两臂急速配合向前上方摆起，成腾空步后，收腹举腿，双脚落入沙坑内。或者成腾空步后，单脚落入沙坑。

要求：助跑、起跳衔接连贯，身体重心保持在较高位置，起跳腿积极蹬伸，双臂摆动配合协调，向上提腰，腾空步空中保持时间相对较长。

6. 连续做"单足跳—跨步跳""单足跳—跨步跳—跨步跳""单足跳—单足跳—跨步跳"的组合跳

各种组合跳跃距离20～50米。体会各跳动作的简单配合,体会髋部连续前移,发展弹跳力和身体灵活性。

要求:各跳节奏均匀,上体正直,身体重心高,"扒地"动作积极、明显,着地后落地腿蹬伸快,两臂配合协调。

7. 6～10步助跑五级单足跳,落入沙坑

体会空中换腿前摆,改进单足跳动作及连续快速起跳能力。

要求:换腿动作及时,着地时起跳腿髋、膝、踝关节伸直,踝关节灵活缓冲,反弹跳起速度快。

8. 6～10步助跑五级跨步跳,落入沙坑

体会跨步跳动作和换腿时机,改进跨步跳动作及"扒地"式着地技术。

要求:腾空时身体平衡,两大腿分离角大,着地时大腿主动积极下压,身体重心高,水平速度损失小。

(三)三级跳远技术提高阶段的教学步骤及内容

以提高三级跳远专项能力为主,根据个人特点,改进和完善三级跳远完整技术,提高运动成绩。

1. 确定全程助跑距离

通过丈量步点和反复练习,最终确定全程助跑距离,并做好标志。丈量步点方法可参照跳远。

要求:助跑至少14步,逐渐加速,在起跳板前速度达到最大;上板意识要强。

2. 中程或全程助跑接单足跳

用于检验助跑步点的准确性和快速起跳的能力。

要求:步点准确,上板意识强;助跑与起跳衔接紧密,起跳充分,向前性好;单足跳空中重心移动轨迹较"平"。

3. 中程或全程助跑按标志进行三级跳远

在三跳的相应落点,根据距离设定标志,在助跑速度较快的条件下,按标志进行三级跳远练习。

要求:助跑快,上板前三步步幅无明显变化,助跑起跳向前性好。各跳动作幅度较大,三跳成一条直线,节奏均匀,水平速度损失较小。根据个人特点,确定适合自己的三跳比例。

4. 中程助跑五级单足跳,落入沙坑

提高单足跳的技术及连续起跳能力。

要求:单足跳动作幅度较大,节奏感强,远度适宜。"扒地"动作积极、明显,反弹起跳速度快。

5. 中程助跑五级跨步跳,落入沙坑

提高跨步跳的能力及"扒地"式着地起跳技术。

要求:跨步跳动作幅度大,距离较远,积极"后扒"着地,身体重心高,髋部前移快,起跳迅速、有力。

6. 中程助跑"单足跳—单足跳—跨步跳—跨步跳",落入沙坑

提高单足跳和跨步跳技术;体会各跳的节奏感。

要求:动作幅度大、节奏感强,着地动作积极,起跳速度快,各跳之间衔接连贯,节奏均匀。

7. 用跳远的摆动腿起跳做跳远练习

提高第三跳技术和动作协调性。

要求:起跳时,身体重心较高,蹬摆动作快速有力,配合协调,空中动作平稳,收腹举腿落地。

8. 各种形式连续跳跃组合练习

例如,单足跳—单足跳—跨步跳、单足跳—跨步跳、单足跳—单足跳—跨步跳—跨步跳等。提高连续起跳能力,增强动作节奏感,发展弹跳力及灵敏素质。

要求:重心高,起跳速度快;重心移动快;动作幅度大,节奏均匀,动作转换协调。

9. 发展专项身体素质

各种跑跳练习,如跳深、跳台阶等锻炼下肢爆发力的练习。

10. 中速助跑三级跳远

要求:三跳节奏明显,重心移动速度快。

11. 全程助跑三级跳远

要求:起跳动作正确,三跳连贯,做到第一跳"平",第二跳"远",第三跳"高"。重心前移速度快,节奏鲜明。

二、三级跳远技术的练习手段

三级跳远力量训练首先要遵循全面均衡发展原则。在制订力量训练计划时要切实落实全面均衡发展原则,注重下肢、上肢、腰腹力量的均衡协调发展,如果力量训练单一、不均衡,不仅没有效果,很可能导致运动员在跳远过程中因力量素质不达标而出现肌肉群损伤。对于这一点,我们要给予足够重视,关注运动员各个重要肌肉群力量素质的发展,制订合理计划,力求能使运动员在跳远过程中发挥出最高水平。三级跳远力量训练在遵循全面均衡发展原则的基础上还应遵循优先性原则。研究显示,在力量训练过程中应优先发展对跑跳动作有直接作用的肌群,比如下肢肌群是直接支撑三级跳远动作完成的肌群,因而在力量训练过程中应优先发展下肢力量素质,其次才是腰腹力量和上肢力量。

1. 上肢力量训练

上肢力量训练除最常用的俯卧撑外,还可采取持哑铃原地摆臂练习、平推杠铃负重抗阻练习。俯卧撑是最简单和最方便的练习方式,也是公认的最有效的训练方式之一,可以有效克服身体重量,增强上臂肌肉群力量。持哑铃原地摆臂练习不仅能显著增强蹬摆力度,也可在一定程度上锻炼身体的平衡性和协调性。

2. 腰腹力量训练

腰腹力量训练通常采取悬垂举腿和双手支撑前举腿两种训练方式。前者可有效增强腹直肌、腹斜肌和髋部、腰部肌肉力量,后者主要是锻炼腹直肌和股直肌。悬垂举腿的动作要领是两手悬垂于单杠,间距同肩宽,两膝伸直且足背绷紧,双腿有规律地上举和下放,动作与深呼吸配合,力求充分,可适当在小腿上增加负重,以加大训练难度,提升训练效果。

3. 下肢力量训练

下肢力量训练可利用杠铃,采取不同方式进行,常用方式主要有以下几种:①负重140～160千克的杠铃进行坐蹲训练,要领是上体保持正直;②负重120～140千克的杠铃进行全蹲训练,要领是缓慢下蹲,快速起立;③负重160～180千克的杠铃进行半蹲训练,要领是向上跳起要迅速;④两肩各负重50千克的杠铃进行弓步换腿走训练,要领是摆动腿向前上方拉伸,放腿过程中脚跟先着地,平稳过渡到脚尖,保证蹬踏充分。在进行负重训练时,应根据每个运动员来确定适宜的负重量,遵循循序渐进原则。

4. 专项力量训练

专项力量训练包括快速跳跃力量训练、持续力量训练及爆发力训练。快速跳跃力量训练可采取分腿跳、原地单足跳、收腹跳等训练方式。在具体练习中,最好是三种方式搭配交叉进行,每次练3～5组,每组包含三种方式,各以6～8次为宜,动作要领是在保持身体直立的前提下以最大的力量和最快的速度跳起。持续力量训练以杠铃为主要器械,具体方式主要有以下几种:两肩各负重50千克的杠铃,弓步站立,两腿成135°,两肩挺直,目视前方,保持静止,直到双腿感到微微颤抖即做放松练习,每次练习3～5组;两肩各负重50千克的杠铃保持半蹲姿势30～40秒,每次练习3～5组;两肩各负重50千克的杠铃进行弓步快走练习,每次练习3～5组,每组100步以上。以上方式可合理搭配,交叉练习。爆发力训练可采取以下方式:两肩各负重50千克的杠铃,起跳腿踩在40～60厘米高的凳子上做迅速有力的蹬摆动作,练习过程中上体保持正直;小腿绑沙袋,两膝跪在垫子上,脚尖勾起,猛然发力上跃,双腿在空中迅速前伸落垫,练习过程中上体挺直。两种训练方式交叉练习,每次4～6组,每组蹬摆运动6～8次,跪垫上跳跃3～5次。

5. 速度训练

由于三级跳远运动的助跑属于短跑,对运动员的下肢爆发力要求较高,因此三级跳远速度训练必须采用力量训练与速度训练相配合的方式才能达到一定的训练效果。常见的速度训练方法主要有:

(1) 下坡跑训练,坡度控制在10°以内,坡的距离以40～50米为宜,运动员向下倾斜跑动,从坡顶向坡下超速度跑动,直至自身匀速停下,一般下坡跑结束再继续进行30～40米平跑。在训练中教练员应提醒运动员不能急停,以免造成不必要的运动损伤。此训练方法可以加快身体重心的前移,提高运动员的步频,使运动员的神经对肌肉产生记忆,从而建立快速反射机制,在三级跳远中才能够更快地进入比赛状态。

(2) 负重牵引跑训练,两人一组通过牵引绳进行30米往返跑速度训练,此训练方法对运动员步幅、步频有显著提高效果。

(3) 短距离冲刺跑练习,例如30米、60米、100米、150米冲刺跑。除此之外,还可以进行200米跨步跳、200米后蹬跑练习,有利于发展运动员速度素质。

三、三级跳远易犯错误及纠正办法

1. 第一跳腾空太高

(1) 产生原因:起跳前下蹲,上板制动步幅太大,屈膝缓冲不及时;起跳腿上板前小腿前伸,身体后仰;助跑起跳向前意识差,身体没有积极前移。

(2)纠正方法:做短程助跑起跳练习,强调起跳前不改变跑的姿势,起跳腿上板有积极"扒地"动作;强调助跑起跳的向前意识,加大摆动腿向前摆动的幅度与力度,身体快速前移;标出第一跳的距离,控制起跳用力方向和大小。

2. 第一跳换腿时,起跳腿膝关节伸直前摆,消极着地

(1)产生原因:对第一跳的概念理解不清;起跳时,起跳腿用力过大,空中身体不平衡。

(2)纠正方法:讲清动作要领,明确概念;练习连续单足跳,强调起跳腿蹬地后折叠前摆动作;短程助跑起跳,强调助跑起跳的向前意识及"以摆带蹬"的起跳技术。

3. 第一跳空中换步时机不当

(1)产生原因:概念不清,动作不熟练,没有掌握好换步时机;助跑与起跳脱节,身体前倾,腾空角度小;起跳不充分,急于向前收起跳腿。

(2)纠正方法:练习短程助跑起跳,掌握起跳向前用力的方向,起跳动作要充分;短程助跑单足跳,强调起跳时上体正直和起跳后成腾空步再换步;6~8步助跑单足跳,在接近腾空中段处设置标志,要求起跳后身体到达标志上方时做换步动作。

4. 第一跳换腿时,摆动腿下伸,后摆不充分

(1)产生原因:动作紧张、不协调,用力效果差;两腿换腿时机掌握不好。

(2)纠正方法:做连续单足跳练习,强调在两腿剪绞换腿的动作过程中,摆动腿向下后摆的动作,掌握协调用力的方法;短程助跑起跳做小幅度的单足跳,起跳方向要向前,下放摆动腿要强调后摆动作,着地时要使身体重心处于较高位置。

5. "扒地"动作不明显

(1)产生原因:对"扒地"动作概念不理解;换腿动作不及时,着地方式有误。

(2)纠正方法:讲清动作要领,明确概念;练习连续跨步跳,强化大腿积极下压和"后扒"意识;练习短程助跑单足跳,体会换腿动作时机,换腿动作要连贯、协调。

6. 第二跳距离太短,好像迈了一步,造成三跳节奏不均匀

(1)产生原因:第一跳腾空过高过远,着地时起跳腿承受不了冲击力,膝关节弯曲过大;第一跳换腿时,起跳腿伸直,膝关节前摆,消极着地;着地时,起跳腿距身体重心投影点太近,来不及起跳。

(2)纠正方法:改进第一跳技术,加大起跳时向前用力及起跳腿换腿时膝关节折叠动作的幅度;控制第一跳距离,按规定的三跳远度标志进行练习;做连续的"单足跳—跨步跳—跨步跳—单足跳"的组合跳练习,改进"扒地"式着地技术及把握起跳用力时机。

7. 第三跳跳不起来

(1)产生原因:第二跳着地动作过于消极;第二跳着地时,上体前倾过大,身体重心太低,起跳腿过于弯曲;腿部力量差。

(2)纠正方法:

①2~3次跨步跳后接跳远落入沙坑,着重改进"扒地"式着地动作及起跳用力时机。

②助跑4~6步三级跳远。限制第一跳远度,第二跳跳上跳箱,上体保持正直。第二跳踏在跳箱上做第三跳起跳。在跳箱上起跳时要充分蹬直起跳腿,充分伸展身体。

③加强腿部力量及动作协调性练习。

8. 助跑速度与技术水平不适应,第二、第三跳都跳不起来

(1)产生原因:助跑距离增加过长,速度加快后,各跳腾空远度加长,动作节奏与速度不适应;身体素质差,特别是支撑力量差。

(2)纠正方法:

①助跑距离逐步增加,当技术动作适应新的练习强度后,再逐步增加助跑距离。

②做发展腿部力量的练习,如采用跳深、连续跳越栏架、从低器械上向前跨出落下做连续两次单足跳或跨步跳的练习。

9. 三跳不在一条直线上,左右偏斜

(1)产生原因:起跳时,身体重心未移至支撑腿上,使腾空时身体不稳定,影响动作节奏,使下一跳着地起跳时,身体重心不经过支撑腿;身体重心过于偏移支点,使摆臂摆腿方向不能正对前方,影响身体向前移动。

(2)纠正方法:强调起跳及着地起跳时身体重心的正确位置;在跑道上画一条直线,沿直线方向跳进。

10. 身体空中不平衡

(1)产生原因:身体重心在起跳和着地时向左或向右偏;三跳的落点偏离直线,落地时脚掌不正;手臂与腿的摆动配合不协调,上体前倾。

(2)纠正方法:

①强调起跳和着地时身体重心的正确位置。

②强调助跑方向和三跳的落点在一条直线上,每跳着地时,脚尖正对前方。

③在短距离助跑的单足跳、跨步跳以及两跳结合的练习中,体会和改进摆臂的方法和及其与腿部动作的配合。

11. 助跑速度与技术动作脱节

(1)产生原因:助跑速度变快后难度加大,动作节奏特别是着地动作的节奏不好控制,身体重心移动速度快,起跳困难;下肢支撑力量差;新的助跑起跳平衡还未建立。

(2)纠正方法:循序渐进地增加助跑速度,多做完整技术练习,逐渐增加第一跳的远度;发展腿部肌肉做退让性工作时的力量。

第三节 中小学三级跳远教学方法

一、小学生三级跳远教学方法

1. 游戏名称:"包袱、锤子、剪子"

游戏目的:发展弹跳力及灵敏性。

游戏器材:场地一块。

游戏方法:将学生分成人数相等的两组,成两列横队,左右间隔1米,两组相距2米相对站好。教师有节奏地喊"1、2、3"。当喊"1、2"时,都用力向上跳,喊"3"时起跳落地成下列三种姿势:两脚并拢落地,代表锤子;两脚前后分开落地,代表剪子;两脚左右分开落地,代表包袱。根据两脚落地的姿势判断胜负,锤子胜剪子,剪子胜包袱,包袱胜锤子,获胜多的组为胜。

游戏规则:必须按教师口令做,如果动作过慢则判为犯规。

注意事项与要求:安全第一,可加快速度,提高学生反应能力。

2. 游戏名称：跳障碍

游戏目的：提高快速跑动中的灵敏性，发展跳跃能力。

游戏器材：在场地上画出若干间隔为40厘米或90厘米的格线和直径为40厘米的圆。

游戏方法：每个格和圆允许单脚着地一次，可以按人计时分胜负，也可以分成几个组进行比赛。游戏的要求也可以变化，如过横线时并脚跳过，过圆时必须用远侧的脚交叉步跨进圆内等。

游戏规则：如有犯规动作或触线，即扣1分；用时最短、扣分又最少者获胜。

注意事项与要求：安全第一，尽量多做练习，距离适宜，可加快速度，提高学生反应能力。

3. 游戏名称：小白兔跳（双脚跳跃）

动作要领：身体正直站立，双脚合拢，手臂屈肘放于身体两侧，双臂摆动带动身体积极向前上方跳跃，落地屈膝缓冲进行下次跳跃。

要求：积极向上跳，尽可能地维持身体平衡，每一跳衔接连贯，完成动作尽可能迅速。

4. 开合跳

动作要领：站姿跳跃，双手往头顶上方击掌，注意手肘尽量伸直在头部两侧夹紧，同时使身体往上延伸，落下时双脚往外张开为肩膀宽的1.5倍。再跳一次后双脚并拢，双手拍大腿两侧，注意身体仍要往头顶方向延伸。

要求：积极向上跳跃，身体保持正直。

5. 游戏名称：双人跳绳跑

游戏目的：培养相互配合、协作的团队精神，发展学生跳跃能力。

游戏方法：准备跳绳（长2.5米）两根。在场地上画两条相距15米的平行线，一条为起点线，另一条为折回线。教师将学生分成人数相等并为偶数的两队，各成两路纵队站在起点线后，横排两人为一组。第一组学生并肩站立，一人左手握绳柄，一人右手握绳柄，把绳荡在身后做好准备。游戏开始时教师发令，二人同摇一根绳并跳绳跑到折回线。脚触线后，二人再跳绳返回本队，把绳交给第二组学生，然后站到队尾。第二组学生接绳后，依照前面方法进行，直至全队轮流一次，以先完成的队为胜。

游戏规则：跳绳跑时，必须连续一摇一跳，不得全跑；中途失误停绳后，必须在原地重新摇绳后，方能前进；两人的脚都触到折回线后，方能返回。

6. 游戏名称：快快跳起来

游戏目的：发展弹跳能力和协同配合能力。

游戏方法：将学生分成人数相等的若干队，各队成一列纵队，间隔2~3米，前后距离1米；各队第1,2名队员各持绳一端，面对本队队员站在队前两侧。教师发令后，各队持绳队员共同持绳向队尾跑去，每个队员依次迅速跳起来，使绳从脚下通过；持绳队员跑到排尾后，第一人留下站在队尾，第二人则持绳跑回排头与第三人共同持绳继续向排尾跑去。如此依次进行，每个人都要做持绳队员，最后以先跳完的队为胜。

游戏规则：发令后方能开始比赛，必须按规定的动作跳起、过绳；持绳队员必须各持绳端共同跑进，如途中有一端脱手，必须从脱手地点重新拉好绳再继续跑；短绳必须保持一定高度，不得过高或过低。

7. 原地单腿跳

动作要领:身体正直单腿站立,支撑腿微屈,另一条腿大腿抬平,双臂向上摆动带动身体,支撑腿屈膝蹬地,蹬离地面后支撑腿小腿折叠向臀部靠拢,当身体达到最高点后支撑腿屈膝落地,双臂维持身体平衡。

要求:学生做起跳练习时,速度尽可能快。

8. 跳山羊

动作要领:用体操垫摆至约 50 厘米高的"山羊",学生排队跳跃,跳跃时上臂支撑到垫子上方,越过"山羊"。在此过程中,教师应确保学生安全。

二、初中生三级跳远教学方法

1. 初步掌握阶段一

(1) 教学目标:85%的学生能初步掌握三级跳远的技术;通过学习与练习三级跳远,发展学生的跳跃能力和身体素质;培养学生不怕困难、勇往直前的品质和超越自我的精神。

(2) 动作方法。助跑:采用 6～8 步的助跑方式。起跳:学生通过助跑到达起跳板附近,起跳脚落地进行"扒地"式起跳,单足跳落地后做跨步跳,接着做一个跳跃,在最后一跳的腾空阶段做出蹲踞式或挺身式动作,最后落入沙坑。

(3) 教学重、难点分析:第一跳和第二跳的衔接技术为三级跳远的教学重点,"扒地"式落地起跳技术为教学难点。

(4) 教学步骤与内容:

①教师讲解三级跳远动作要领,第一跳为单足跳,第二跳为跨步跳,第三跳为跳跃。让学生思考这些动作,教师做示范,使学生在大脑中产生三级跳远技术动作运动表象。②进行单足跳、跨步跳的辅助性练习,同时重点讲解"扒地"式落地起跳技术要领,让学生重复练习原地"扒地"式落地起跳,体会"扒地"式落地起跳技术要领。③在助跑跑道上进行第一跳和第二跳衔接练习,第一跳、第二跳衔接后跳入沙坑,使学生初步掌握第一跳与第二跳的衔接。④完整三级跳远练习,用 6～8 步助跑进行完整的三级跳远技术练习。

(5) 易犯错误及纠正办法。

①易犯错误:学生前脚掌起跳,没有进行"扒地"式起跳;学生动作紧张,不敢跳跃。

②纠正方法:讲解"扒地"式落地起跳技术要领,做原地"扒地"式动作,体会"扒地"感觉;采用心理训练法消除恐惧心理,提高学生自信心。

2. 初步掌握阶段二

(1) 教学目标:85%的学生能掌握三级跳远的技术;通过学习与练习三级跳远,发展学生的跳跃能力和身体素质;培养学生不怕困难、勇往直前的品质和超越自我的精神。

(2) 动作方法。助跑:采用 8～12 步的助跑方式,提升助跑速度。起跳:学生通过助跑到达起跳板附近,起跳脚落地进行"扒地"式起跳,单足跳落地后做跨步跳,接着做一个跳跃,在最后一跳的腾空阶段做出蹲踞式或挺身式动作,最后落入沙坑。

(3) 教学重、难点分析:第一跳和第二跳的衔接技术为三级跳远的教学重点,"扒地"式落地起跳技术为教学难点。

(4) 教学步骤与内容:

①学生进行单足跳、跨步跳和单足跳与跨步跳的衔接练习。

②6~8步助跑完整三级跳远练习。
③8~12步助跑练习,逐渐加大助跑速度,进行完整的三级跳远练习。
(5)易犯错误及纠正办法。
①易犯错误:学生动作紧张,不敢加速,不敢跳跃。
②纠正方法:采用心理训练法消除恐惧心理,提高学生自信心。
(6)身体素质练习。
①换腿跳。
动作要领:身体正直,双腿微屈,前后开立,快速向上起跳,同时双臂积极摆动带动身体向上,起跳后两腿在空中快速交换后着地。
②青蛙跳。
动作要领:两脚左右站立与肩同宽,摆臂、收腹、下蹲协调,重心从后脚跟过渡到前脚掌起跳,两臂摆起,45°起跳,腾空要高,然后收腹,双脚前伸,手往后摆,脚后跟先着地。
要求:跳跃距离尽可能远,跳跃高度尽可能高。

三、高中生三级跳远教学方法

(1)教学目标:学生能初步掌握三级跳远的技术动作,能正确说出三级跳远的动作要领;发展学生的跳跃能力和爆发力,增强体质;培养学生果断、勇往直前的品质。
(2)动作方法。
①跨步跳。
动作要领:后腿用力蹬伸,尽可能使身体向上运动;腾空时,腾空步充分打开,越大越高越好;髋要尽力向前送,小腿保持放松;落地时,全脚掌滚动着地,两臂同时向前和向后摆动。
要求:体会起跳"扒地"动作,腾空时间长,两腿剪角大。
②跳栏架。
动作要领:面对适宜高度的栏架,屈膝蹬地,双臂向上摆动,收腹跳越栏架,落地缓冲。
要求:安全第一,选择适合学生的栏架高度;起跳后着地时间尽可能缩短。
③三级跳远练习。
动作要领:通过助跑进行一次单足跳、一次跨步跳和一次跳跃,最后落入沙坑。
要求:助跑重心高,起跳动作尽量完整。
④跨步跳接力。
动作要领:将学生分为4组,相对而立,进行跨步跳接力。
要求:动作规范,腾空时间长。
⑤完整三级跳远练习。
动作要领:在沙坑跑道上进行步点丈量,在起跳板附近进行起跳,通过一个单足跳、一个跨步跳和一个跳跃落入沙坑。
要求:助跑速度快,三跳腾空时间长、距离远。

第十章 背越式跳高

背越式跳高教学视频

第一节 背越式跳高技术

一、背越式跳高基本技术

跳高是人体利用助跑、起跳产生的水平速度、垂直速度使人体腾起越过一定高度横杆的一项体育运动,而背越式跳高技术的优越性在于能够利用助跑速度提高跳跃的高度。

背越式跳高完整技术动作如图10-1所示。

图 10-1 背越式跳高完整技术动作

（一）助跑

目前,背越式跳高助跑常用的方式有三种:第一种是"J"形助跑,即直线接弧线助跑,为最常见的助跑方式;第二种是外展形助跑,即运动员从稍宽的外侧助跑,进入最后弧线;第三种是弧线形助跑,即运动员从内侧助跑,进入最后弧线。三种助跑方式被不同水平的运动员所采用。

助跑的任务是获得必要的水平速度,背越式跳高的助跑技术近似于短跑的途中跑,要求身体重心高而平稳,上体略有前倾,后蹬充分有力,具有弹性,步幅均匀。助跑的节奏逐渐加快,特别是助跑的最后两步,髋关节前送幅度要大,迈步时上体保持较正直的姿势,摆动腿积极、充分后蹬,起跳腿快速前伸,同时髋部自然前送。助跑过程中双臂摆动积极有力,弧线跑时外侧手臂的摆动幅度应大于内侧手臂。

跳高运动员一般助跑6~12步。助跑步数是偶数比奇数更为合理,这意味着跨出的第一步应为非起跳腿。助跑的起跑方式有许多种形式,包括站立式起跑、走动式起跑、跳跃式起跑和弹跳式起跑,还有这些形式的若干组合。静止起动比其他形式更有助于助跑的一致性和稳定性,这对年轻运动员特别关键。

(二)起跳

如图10-2所示,起跳的目的在于使助跑获得的水平速度,迅速转变为垂直速度,以使身体充分向上腾起,并为过杆做好准备。起跳动作可分为起跳腿的着地、缓冲和蹬伸三个阶段及摆动腿与双臂的配合。运动员通过弧线助跑形成的倾斜姿势,可以有效降低身体重心,身体重心降低可以使身体在较大范围内活动以蹬离地面。起跳腿与地面接触的时间很短,运动员需尽可能在最短的时间内产生最大的垂直速度,以达到最高的高度。为加快起跳的速度,起跳腿应大幅度、平稳地以脚掌外侧着地,并迅速从脚跟向前脚掌滚动。迈步放脚时髋关节的积极快速前送和迅速的弧线助跑,使身体形成向后、向内的倾斜姿势。在起跳的缓冲阶段,为了提高起跳的速度,还应减小屈膝的幅度,以利于保持水平速度。在这阶段,当身体由倾斜转为垂直,身体重心移至起跳腿的上方时,应迅速、有力地充分蹬直起跳腿的三个关节,躯干在离地瞬间几乎垂直地立于起跳腿之上。这时,起跳腿的蹬伸方向应在身体重心的外侧,从而产生了过杆所必需的旋转冲力。当摆动腿摆到起跳腿前方之后应向里转,而小腿和脚要稍许向外展。这样的积极动作,有助于使骨盆保持在起跳力量的作用线上,围绕纵轴产生转身动作。此时,头应补偿性地转向横杆。

图10-2 背越式跳高起跳技术

(三)过杆和落地

背越式跳高过杆和落地技术如图10-3所示。

图10-3 背越式跳高过杆和落地技术
a—起跳;b—蹬摆;c—攻杆;d—挺髋;e—过杆;f—落地

过杆是跳跃成功的重要环节。一旦运动员起跳离开地面,其身体重心轨迹就已经预先确定下来,不能改变,然而,肢体各部分的运动能促使身体沿横杆转动。保持起跳腿蹬伸时身体伸展姿势向上腾起,并在摆动腿和双臂的带动下,加速围绕身体的纵轴旋转。当头和肩越过横杆后,及时仰头、倒肩和展体,并利用身体重心向上的速度,积极挺髋,两小腿稍后收,身体形成背弓姿势。当大腿过杆时,下巴要靠近胸部,髋关节下降,小腿相应上举。过杆应连贯且富有节奏感,根据身体各部分与横杆相对位置的变化,依次顺势又快速地越过横杆。此时,任何多余动作都会增加碰杆机会,导致过杆失败。

落地动作的目标是使运动员安全地落在跳高垫子上。背越式跳高以运动员背部着地动作为结束。如果运动员高效地旋转过杆,他将以背的上部分着垫,并做好缓冲。为防止损伤,不能做过大的屈膝屈髋,两腿应适当分开,避免两腿撞击脸部。

二、背越式跳高技术教学的重点与难点分析

从整个技术环节来看,助跑和起跳的结合是其技术关键,也是技术环节的重要连接部分,它是学习后继内容的基础,具有常用性和应用性。因此,可以把助跑和起跳的结合作为背越式跳高技术的教学重点。在教学实践中,过杆技术是最难理解和掌握的技术环节,因此,把背越式跳高的过杆技术作为教学难点。根据背越式跳高技术的教学重点和难点,教学中通常采用先练习助跑起跳、再练习过杆技术、最后练习完整技术的顺向教学法。这种方法对于初学者来说,既浪费了时间,又不能使教学重难点得到很好的突破,教学效果大打折扣。根据学生的身体素质、技术水平及跳高时的心理因素等,结合相应的教学经验,可以尝试对背越式跳高技术的教学流程进行改进,如难点前置,先练过杆技术,再重点练习助跑和起跳的结合,最后进行完整技术练习。

(一)难点前置——做好"引""挺""收""甩"是关键

虽然过杆技术是背越式跳高技术的教学难点,但对学生来说,他们对背越式跳高最感兴趣的技术环节就是过杆,采用难点前置的做法对于学生技能的掌握起到了事半功倍的作用。这一做法既解决了学生害怕后倒的心理障碍,又防止屈髋和团身过杆的错误动作,同时能通过增加过杆的练习次数来提高过杆技术的质量,使学生真正体会过杆的"引""挺""收""甩"技术动作。这里的"引",指的是人体起跳到达最高点时引肩;"挺",即挺髋,身体在杆上成桥形;"收",即收腹;"甩",即甩小腿。四种技术动作的具体练习方法如下:

1. "引"的练习方法

背对放置软海绵垫的跳马站立,原地双脚用力起跳,坐上跳马,同时展臂引肩后倒,肩背着垫。

2. "挺"的练习方法

(1) 仰卧在垫子上,双手抓住收起小腿的脚踝处做挺髋练习或由肩肘倒立双腿后倒双脚落垫成背桥。

(2) 利用踏跳板在海绵垫前原地跳起后倒挺髋,肩背先着垫。

(3) 原地跳起跃上较高的垫子挺髋。

(4) 两人背向相对,肘关节相拐背起对方体会挺髋;或背对肋木架,双手正握肋木,向前做引肩、屈膝、挺髋动作。

3. "收""甩"的练习方法

背对搭放垫子的跳马站立,提起脚跟,肩向后伸展,做背越式过杆动作,顺势向后落下,做收腹和甩小腿练习。

(二)重点练习——做到"三快"是前提

掌握了作为教学难点的过杆技术后,下一个环节就是进行作为教学重点的助跑和起跳相结合的练习。由于背越式跳高的助跑是弧线助跑,因此应多做弧线跑练习,同时在练习中要紧紧把握住"三快",即助跑快、起跳快、摆动快,这是背越式跳高技术的关键。具体练习方法如下:

(1)原地做起跳和摆动动作的结合练习。

(2)8~10步弧线快速助跑,在跳高横杆前跑进,要求弧线的半径为6米并与横杆成30°的夹角。

(3)在直径为20米的圆周上做1~3步助跑的起跳练习,强调摆动腿和双臂的摆动用力、快速并且一致,迈步蹬地积极,摆动腿屈膝收小腿快速高摆,双臂屈肘快速高摆过头顶。

(4)在圆周上快速助跑起跳后,用手或头触高物并做单手反手投篮动作。

(5)8~10步快速助跑在跳高横杆前快速起跳。

(三)完整练习——做到"两稳"是保证

完成了教学重点和难点的技术练习后,就可以进行半程助跑和全程助跑的完整技术练习。在这一过程中,除了关注教学重难点技术细节和环节的衔接外,还应做好"两稳",即助跑和起跳要平稳,起跳后身体在空中要平稳。"助跑和起跳要平稳"指的是助跑的节奏感要强,助跑步点和起跳点稳定;"起跳后身体在空中要平稳"指的是无论杆的高度怎样,杆上的动作不能变形,自始至终保持平稳过杆的技术动作。在这一阶段,可让学生在画好的"J"线上反复进行8~12步助跑起跳练习,或在篮球场三分线上进行助跑起跳练习。这些练习可使助跑速度、步点及起跳点的稳定性大大提高。练习起跳后身体在空中的稳定性可先用橡皮筋代替横杆,这样既可以减少学生过杆的顾虑,又可以避免横杆的损坏,同时避免发生学生在练习过程中压杆受伤的现象,还可以让学生轻松体会身体在空中的感觉和控制能力,提高平稳过杆技术能力。当过杆技术动作熟练后再用横杆进行练习。

第二节 背越式跳高技术的教学与练习

一、背越式跳高技术的教学步骤及内容

1. 学习和掌握过杆落地技术

(1)原地倒肩挺髋练习。

背对海绵包站立,倒肩挺髋成反弓,肩背着垫,要求挺髋,两臂屈肘外展。

(2)"背弓"练习。

背对海绵包站立,两腿屈膝半蹲,然后提踵发力向上跳起,形成反弓腾空姿势。接着屈髋,向上积极甩小腿,用肩背着垫。要求在用力向上起跳之后,两臂配合上摆,挺髋,挺

胸,肩后倒下沉,两小腿放松下垂,体会空中背弓的肌肉感觉。落地前两小腿积极上甩,动作自然放松。此练习开始可以不用横杆,待动作熟练后再用橡皮筋或横杆。另外,为了增加腾起高度,可站在低跳箱或起跳板上进行练习。

2. 学习和掌握起跳技术

(1) 上摆练习。

站立,一手抓支撑物,起跳腿在前,摆动腿在后,摆动腿向异侧肩的前上方摆动,起跳腿配合充分蹬伸。要求摆动腿屈膝折叠并膝内扣,加速摆至最高点,异侧臂配合上摆,同时拔腰、提肩,髋部前送并扭转。

(2) 上步走动起跳练习。

站立,起跳腿在后,摆动腿在前,起跳腿向前迈步放脚,摆动腿积极向前上方摆动。要求沿直径为15~20米的圆圈走动,起跳腿积极主动向前迈步放脚,并在摆动腿与手臂的有力配合下迅速完成起跳。

(3) 弧线助跑起跳练习。

在练习(2)的基础上分别用1步、2步、3步助跑转体四分之一垂直纵跳,两脚落地。要求蹬摆配合协调一致,动作快速有力,助跑节奏清楚,与起跳衔接连贯,体会弧线助跑转入起跳时上体由内倾到竖直的垂直用力感觉。双脚落地,是为了使摆动腿努力下沉,有利于完成杆上反弓动作。此练习可在两个跳高架之间吊拉橡皮筋球,高度宜控制在练习者起跳后头顶刚好能够触及处。

(4) 弧线助跑做背越式跳高练习。

在练习(2)的基础上,可采用2步、4步、6步助跑做背越式跳高练习。弧线助跑最后两步和起跳要与过杆技术有机衔接。开始练习时,应将重点集中在起跳和腾空动作的正确结合上。初学者可在起跳点放置起跳板,增加腾空高度。此外,也可以增加垫子的高度。在技术上要求做到助跑点准确;起跳充分向上"旋转";过杆时身体舒展成反弓,与横杆大致成十字交叉;头、肩、背和小腿依次越过横杆后,肩背领先着垫。

3. 学习和掌握全程助跑背越式跳高技术

(1) 全程助跑步点丈量方法(以左脚起跳为例)。

a. 走步丈量法(图10-4):先确定起跳点。起跳点的位置一般在离近侧跳高架的立柱1米(或横杆长的1/4)左右,离横杆投影50~80厘米处。由起跳点沿横杆的平行方向向前自然走5步,再向右转成直角向前自然走6步做一标志,由此点向起跳点画半径约5米的弧线,即为最后4步的助跑弧线;从标志处再向前自然走7步画起跑点,定为前段直线跑4步的距离。全程助跑共8步。

b. 等半径丈量法:助跑距离为9~13步。起跑点离横杆15~20米,与内侧跳高架向外延伸线之间的距离为3~5米。助跑弧线的半径取决于助跑的速度,速度越快,半径越大,初学者大致为6~8米。起跳点和横杆之间的距离视横杆高度而定,随横杆高度增加而增加并向外移。

(2) 全程助跑的练习方法。

a. 弯道弧线跑练习:先采用沿田径场弯道做加速跑;然后缩小半径,沿直径为10~15米的圆圈快跑。要求身体向内倾斜,平稳向前移动,注意摆臂的幅度内小外大。

b. 直线跑切入弧线跑练习:可沿直线加速跑5~7步后转入弧线跑,过渡要自然、连贯,节奏要逐步加快。

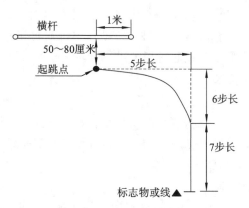

图 10-4 走步丈量法

c. 全程助跑起跳练习：采用6~8步助跑距离，即直线跑3~4步，弧线跑3~4步，进行助跑起跳练习。要求助跑速度快，节奏感强，步点固定。注意体会助跑与起跳的结合，尽量保持"旋起"动作至高垫顶上。

d. 完整技术练习：在熟练掌握全程助跑与起跳节奏的基础上，先做较低高度过杆练习，熟练后逐渐提高横杆的高度。在完整技术练习中，要做到最后4~5步助跑的足迹落在弧线上，起跳脚的着地点要准，起跳力的方向要对。起跳结束时，身体由倾斜转入直立姿势向上腾起。过杆时，后引双肩，挺髋，小腿放松下垂，完成反弓动作。助跑身体重心移动要稳，过杆后肩背落垫。

二、背越式跳高技术的练习手段

背越式跳高技术的训练可以从身体素质训练、技术训练、心理训练及恢复训练四个方面进行。

1. 身体素质训练

（1）速度训练。速度训练是身体训练的重要内容之一。身体训练水平的发展是掌握和提高运动技术的基础，是大负荷训练的物质保证，是不断提高运动成绩的先决条件。速度训练有一般速度训练和专项速度训练。一般速度训练有30~60米跑、100~150米跑、30~60米追逐跑；专项速度训练有弧线跑30米计时、全程助跑计时、后四步助跑计时、下坡跑接弧线跑20米、快速摆臂摆腿的模仿练习、快速起跳练习。

（2）弹跳训练。弹跳训练有自然弹跳力训练和专项弹跳力训练两种。前者有各种行进间跳跃、跨步跳、单足跳20~30米计时、4步助跑五级跳；后者有带助跑4~5步的跳跃、计时30~60米跳跃及各种跳深、跳栏架、跳台阶、综合跳等。

（3）力量训练。力量训练有一般力量素质训练和专项力量素质训练两种。前者的训练方法有肋木举腿、高抬腿走、实心球练习等；后者的训练方法有负重弓箭走、负重蹬台阶、负重半蹲起，以及利用其他器械练习后群肌、小肌群力量。

（4）协调性训练。协调性训练有各种体操技巧练习，各种绕栏、跨栏跑，各种球类运动等，均能提高运动员的灵敏性和协调能力。

2. 技术训练

技术训练是影响运动员成绩最重要的因素，只有掌握合理的技术，才能充分发挥运动员身体素质的潜力，取得好成绩。技术训练包括学习与掌握跳高的基本技术和一些主要环节的动作技术,应侧重于进一步改进技术细节,不断完善整个技术的节奏,提高技术水平。在训练中应采用简化的练习和专门辅助手段,各个技术环节分别练习,逐一改进,并进行大量的完整技术练习,进一步增强肌肉感觉和体会技术动作。只有在不断突破某些技术环节的基础上,再进行完整的技术训练才能提高运动成绩。在技术训练时,强调根据运动员个人特点在技术细节上有所创新,如对弹跳力好的运动员要求多练跳跃,发挥自己的长处;对有一定基础的运动员应采用大强度、时间短而有效的训练方法。

3. 心理训练

在激烈的比赛中,运动员的心理状态直接影响比赛成绩。只有具备良好的心理素质,才能保持最佳竞技状态。心理训练有感知觉训练、表象训练、集中注意力训练、意志训练、自信心培养五种。

4. 恢复训练

在训练中不仅要将身体素质训练、技术训练有机结合起来,还必须因人而异地运用不同的方法,循序渐进地提高训练水平,逐渐培养和形成良好的个性心理品质。随着运动员水平的不断提高,训练的负荷越来越大,故恢复训练过程也显得十分重要。恢复训练的主要方法有教育学手段与方法、医学生物学恢复手段与方法、心理恢复手段和方法,同时应对恢复训练的水平进行必要的测定。

三、背越式跳高易犯错误及纠正办法

1. 助跑节奏紊乱,助跑与起跳结合不好

(1)产生原因:助跑步点不准确,拉大步、倒小步,或没有沿助跑弧线落脚。

(2)纠正方法:改进直线进入弧线的助跑技术,调整适合自身特点的助跑步点,按画好的每步标志反复进行练习;进行跳越栏架练习,采用栏间跑3步、5步、7步,培养节奏感和目测距离的能力。

2. 起跳向前冲力太大而跳不起来

(1)产生原因:助跑过快失去控制,自身的腿部支撑力量不够;最后放腿太慢,不能及时完成起跳动作;助跑最后两步与起跳的结合技术没有掌握好。

(2)纠正方法:多做短、中程助跑起跳的结合练习,改进起跳脚快速着地,摆动腿和摆臂的有力上摆、提肩、拔腰技术,提高助跑结合起跳的速度。另外,可多做弧线助跑结合起跳后身体落在高垫上的练习,强调身体从内倾迅速转成垂直和正确完成起跳后再做过杆动作。

3. 起跳时制动大,减小水平速度,做过杆动作时身体压杆

(1)产生原因:倒数第二步身体重心下降太多,身体内倾不够;起跳前身体后仰过大,起跳脚落地不积极,前伸太远。

(2)纠正方法:多做弧线助跑起跳的模仿练习和弧线助跑起跳后用头触高物,强调起跳要积极,上体要正直。

4. "坐"着过杆,臀部及大腿碰落横杆

(1)产生原因:起跳时身体重心没跟上,髋关节变屈,起跳效果差,腾空高度不够;心理上怕摔,不敢用肩背落垫;小腿太紧张,没有挺髋就过早收腹举腿。

(2)纠正方法:利用跳板或跳箱,做原地起跳背越式跳高练习,注意延长挺髋时间;逐渐增加高度,克服害怕心理,用肩背落垫。

5. 斜交叉过杆

(1) 产生原因：起跳时摆动腿内扣向异侧肩方向用力摆的动作做得不到位，使身体绕纵轴转体不充分。

(2) 纠正方法：结合摆臂动作多做原地蹬摆起跳模仿练习；练习弧线助跑起跳触高物转体90°；做短程助跑起跳过杆练习，在垫上画出落垫点，使肩背朝落垫点着垫。

6. 杆上动作僵直

(1) 产生原因：起跳腾空后，两膝紧张绷直，背弓动作不自然，空中身体感觉能力较差。

(2) 纠正方法：加强柔韧性、灵敏度和协调性的练习，提高动作的放松能力。在跳马或跳箱上做仰卧背弓、原地背越式跳高越橡皮筋练习，体会倒肩、抬臀、挺髋、屈小腿过杆后小腿自然上甩，肩背落垫的动作。同时，可以进行中短距离助跑起跳过杆练习，降低横杆高度，用橡皮筋代替横杆，消除害怕心理。

第三节　中小学背越式跳高教学方法

一、教学目标

基本掌握背越式跳高技术，发展学生的运动能力，使学生知道背越式跳高的技术组成，能够正确说出各技术动作要领；培养学生顽强拼搏的品质和团结协作的精神。

二、动作技术要领

助跑：放松、自然，加速积极，富有弹性，倒数第二步步幅稍大，同时两臂后摆，最后一步速度要快，积极主动起跳。

起跳：起跳腿的脚跟先着地，迅速过渡到前脚掌，摆动腿快速向上摆起，两臂积极上摆，起跳腿以前脚掌蹬离地面。

腾空过杆和落垫：过杆就是充分利用起跳获得的腾空时间改变身体姿势，缩短身体重心与横杆之间的距离，并利用身体的屈伸、旋转越过横杆。过杆时，立即屈髋收腹，下颌迅速引向前胸，同时双腿补偿性地高举，两小腿积极向上甩起。以肩背部着垫。

三、教学重、难点分析

根据背越式跳高的技术特点和学生的实际情况，将背越式跳高助跑与起跳结合技术作为背越式跳高技术的教学重点，将过杆技术作为背越式跳高技术的教学难点。

四、教学步骤与内容

根据中小学生身体和心理实际情况，结合背越式跳高技术的特点，将中小学生背越式跳高技术分为助跑技术、起跳技术、过杆技术和落地技术四个组成部分。在实际教学过程中，教学内容可以大致分为过杆技术教学、助跑与起跳相结合技术教学和背越式跳高完整技术教学，现将各教学步骤及教学内容安排、易犯错误及纠正方法、教学游戏阐述如下：

1. 过杆技术教学内容

(1) 原地倒肩挺髋练习;

(2) 原地做起跳倒肩挺髋模仿练习;

(3) 原地起跳挺髋后做向上、向后甩腿练习;

(4) 4~6 步助跑起跳,背卧上高台(架)练习;

(5) 4~6 步助跑,借助起跳板或低跳箱做起跳过杆练习;

(6) 4~6 步助跑过杆练习。

教法提示:

(1) 跳起后进行的各种过杆练习,都要求利用身体重心向上的趋势,顺势、依次、连贯地完成过杆动作;

(2) 过杆时,要正确掌握动作的加速变化,使过杆动作有明显的节奏感;

(3) 多做原地跳起的过杆练习,有助于体会过杆的身体姿势和动作过程;

(4) 在教学中应及时纠正大背弓,而出现仰头、挺髋、下放摆动腿和伸膝错误动作,都是由于不清楚技术概念所造成的。

2. 助跑与起跳相结合技术教学内容

(1) 原地摆腿和摆臂练习;

(2) 原地和行进间起跳练习;

(3) 对着高横杆(或不架横杆)做 2~4 步助跑起跳练习;

(4) 2~4 步助跑起跳,用头、手、摆动腿的膝做触高练习;

(5) 短程助跑起跳,坐上高架或海绵台练习。

教法提示:

(1) 在做摆腿练习时,要求摆动腿有明显的折叠摆动动作;

(2) 不过分强调起跳前降低身体重心,仅要求在自然用力的情况下完成动作,但对完成起跳动作的速度提出较高要求,以便形成快速的动作节奏;

(3) 助跑与起跳相结合技术练习,要尽量避免出现减速和停顿现象;

(4) 助跑距离可由短到长,助跑速度可由慢到快;

(5) 由于倒数第 2 步摆动腿着地支撑过渡技术质量,会直接影响助跑与起跳的衔接和起跳动作的正确完成,因此,在教学中应作为重点,仔细观察,发现问题,立即纠正。

3. 背越式跳高完整技术教学内容

(1) 全程节奏跑练习;

(2) 全程助跑起跳上海绵台练习;

(3) 全程助跑过杆练习;

(4) 中等或中上强度的完整技术练习;

(5) 对完整技术进行技术评定。

教法提示:

(1) 在教学中,应使学生掌握全程助跑步点丈量的方法,并通过全程节奏跑和全程助跑起跳练习,检查助跑步点的准确性;

(2) 逐步加快助跑速度和提高练习强度;

(3) 在学习阶段结束以后,应及时进行技术评定。

4. 中小学生背越式跳高易犯错误及纠正方法

(1) 助跑易犯错误：
①不能发挥出正常跑速；
②直线、弧线助跑衔接不好；
③弧线助跑时身体不向圆心方向倾斜；
④助跑步点不准；
⑤踏不准起跳点。
指导纠正方法：
①反复进行助跑练习，培养正确的助跑技术；
②采用15米直径的小圆圈跑练习，沿圆圈练习加速跑；
③进行直道进入弯道的加速跑练习；
④丈量助跑步点，按助跑标志练习助跑，在教师帮助下调整步点，反复练习。

(2) 起跳易犯错误：
①迈步起跳方向不正，起跳位置不合适；
②最后一步助跑踏上起跳点时，身体不能保持向圆心方向倾斜的姿势；
③起跳时屈髋；
④身体过早倒向横杆；
⑤起跳前已经背向横杆，提早转体；
⑥摆腿动作不积极；
⑦摆臂配合不好；
⑧助跑与起跳衔接不好；
⑨起跳不充分；
⑩单脚起跳动作不协调。
指导纠正方法：
①练习迈步起跳的基本功，提高动作技术的熟练程度；
②发展腿部力量；
③提高摆腿动作质量，以摆带蹬跳起后用头触悬挂物；
④改进弧线助跑起跳技术，调整起跳位置；
⑤培养助跑攻杆的意识；
⑥反复练习助跑起跳，调整助跑起跳的节奏。

(3) 腾空过杆易犯错误：
①坐臀过杆，侧身过杆，杆上髋部动作紧张；
②起跳后身体旋转不顺利，不能与横杆成正交叉；
③立体过杆，上体不能后仰倒肩；
④腿部紧张，小腿碰落横杆；
⑤头或手碰落横杆。
指导纠正方法：
①反复模仿练习过杆动作，培养肌肉感觉、空间和时间知觉；
②进行垫上仰卧挺髋的举腿练习；
③利用肋木等器械做下"桥"练习；

④跳高海绵包辅助性练习,改进杆上动作;
⑤短助跑跳高练习,降低横杆高度,改进动作。
(4)落垫缓冲易犯错误:
①头先落垫或手撑垫后落垫;
②落垫时腿碰面部;
③侧身落垫。
指导纠正方法:
①改进腾空动作;
②过杆后舒展身体,放松落地。

5. 小学生、初中生背越式跳高教学游戏

(1)游戏名称:钻跳赛。
①游戏目的:发展灵敏素质和弹跳力。
②游戏方法:将学生均等地分为两列纵队,站在端线外,各队第一人进入场内两腿分立,弓背弯腰,双手扶膝站稳,第二人以双手按第一人背做分腿腾跃后,前跨一步,做出与第一人相同的姿势;第三人从第一人背上做分腿腾跃后,再从第二人身下钻过,并前跨一步做出与第一、二人同样姿势。之后第四人、第五人……同样做跳跃、钻过动作,连续行进,以先完成的队为胜。
③游戏规则:两队中最先完成的一队即为获胜队,失败队将受到惩罚,若有学生不按照规定的动作完成,需暂停该队后续活动,待该学生完成规定动作后,方可进行后续活动。
④注意事项与要求:教师鸣笛开始前,学生不能存在抢动行为;障碍之间距离不得大于 2 米;必须依次序先后跳、钻,不得绕过。

(2)游戏名称:双人蹲跳。
①游戏目的:提高协调性及下肢力量,培养相互协作能力。
②游戏方法:在场地上画两条相距 5 米的平行线,分别为起跳线与折回线,将学生分成人数相等的两队,各成两列纵队站在起跳线后。每队两人一组,第一组两人背对背蹲下并以两肘相拐,准备做蹲跳。教师发令后,游戏开始,二人同时协调用力向折回线跳进,跳过折回线后,再迅速跳回。以先跳回的组为胜,胜者得 1 分。游戏按照上述方法依次进行,最后以得分高的队为胜。
③游戏规则:在固定时间内,得分最高的队为获胜队。失败队将受到惩罚。
④注意事项与要求:蹲跳时二人不得站起,犯规者加时 2 秒,或者返回至起跳线重新开始起跳;必须二人都跳过折回线后才能折回,犯规者加时 3 秒,或退回折回线后重新跳。

6. 高中生背越式跳高教学游戏

(1)游戏名称:纵跳摸高。
①游戏目的:发展学生的爆发力和下肢弹跳力。
②游戏规则:在篮球场上,将学生分成人数相同的两队,在篮筐下挂一标志物,学生可以采用助跑纵跳或原地纵跳等方式进行摸高,摸到标志物得一分,两队得分高者为获胜队,若两队得分相同,则提升标志物悬挂高度,重新进行比赛,直至分出胜负。
③注意事项与要求:每场比赛,每位学生只有一次摸高机会,不论任何原因导致摸高

不成功,均没有补跳机会。

(2) 游戏名称:彩虹桥。

①游戏目的:发展学生髋关节灵活性,提高学生的上下肢身体协调性。

②游戏规则:在跳高场地,将学生分成人数相同的两队,用橡皮筋取代跳高横杆,连接两边跳高架,根据学生情况,设置一定高度,学生背对跳高垫,采用原地起跳倒肩挺髋形成背弓"彩虹桥"的姿势。学生完成该动作时身体不能接触橡皮筋,完成该动作得1分,相反不加分,待两队学生都完成后,根据得分判断胜负,若两队得分相同,提升橡皮筋高度,两队各派一名代表构建"彩虹桥",直至分出胜负。

③注意事项与要求:所有学生必须听从老师的口令和指挥;"彩虹桥"动作必须标准;只能采用原地双脚起跳的形式。

第十一章 跨越式跳高

跨越式跳高教学视频

第一节 跨越式跳高技术

一、跨越式跳高基本技术

跨越式跳高技术示意图如图 11-1 所示。

图 11-1 跨越式跳高技术示意图

（一）助跑

跨越式跳高从摆动腿一侧助跑，助跑路线通常采用直线助跑，助跑角度一般与横杆成 30°～60°。起跳点与横杆投影线距离一般在 60～80 厘米。全程助跑一般在 10～15 米，步数在 6～8 步，最后几步速度要加快，倒数第二步步幅最长，重心最低，摆动脚落地时柔和屈膝前移，蹬脚送髋为起跳腿的前伸放脚做好准备。最后一步步幅稍短，使上体迅速前移向前送髋，为起跳做好充分准备。

（二）起跳

跨越式跳高应用远离横杆的腿作为起跳腿。助跑到最后一步时，起跳腿以大腿带动小腿迅速向前伸出，用脚跟先着地并迅速过渡到前脚掌，接着在摆动腿用力蹬伸和助跑水平速度的推动下，身体重心迅速前移，上体及时跟上，起跳腿屈膝缓冲，当身体重心移至起跳点的上方时，起跳腿迅速蹬伸，髋、膝、踝三关节充分蹬直，摆动腿膝关节微屈，以大腿带动小腿积极有力向前上方摆起，两臂积极配合摆动，起跳一侧手臂自然在一侧下方，另一侧手臂随摆动腿前摆，使身体向上腾起。

（三）过杆与落地

起跳腾空后，身体保持向上腾起姿势，摆动腿积极上摆，当脚跟超过横杆高度时，向横杆一方侧摆，使摆动腿的脚、小腿、大腿依次过杆。与此同时，起跳腿积极向上抬起，膝盖靠近胸部，小腿自然上摆与横杆平行，接着上体抬起，摆动腿同侧臂随摆动腿内转下压,带动身体沿纵轴向内旋转,使上体和臀部能顺利过杆,起跳腿随着摆动腿的下压而抬高并绕过横杆,过杆后用摆动腿领先落地。

二、跨越式跳高技术教学的重点与难点分析

进行跨越式跳高技术教学时,其教学重点在于助跑和起跳的协调配合。因为在进行跨越式跳高练习时,学生往往容易分不清楚起跳腿与摆动腿,导致不清楚如何过杆。而跨越式跳高技术的教学难点在于摆动腿过杆内转下压移髋这一动作的掌握,很多学生因为难以掌握这一技术动作,导致起跳后出现打杆等现象。此外,在教学过程中,跨越式跳高技术有时强调左脚动作,有时强调右脚动作,还要照顾一些运动习惯相反的学生,可能导致学生思维混乱,不能有效掌握该动作。教师在教学过程中应该避免此类现象出现。

针对教学过程中存在的重点和难点,可以通过以下途径尝试解决:

（1）通过左、右脚单脚原地连续向上跳的比赛,找到有力起跳腿,并进行命名,称之为起跳腿,然后让学生用起跳腿原地连续向上跳,加强学生对起跳腿的记忆。

（2）引入画"彩虹"情境,让学生起跳腿不动,另外一条腿由内向外直腿摆动画"彩虹",并将这条腿命名为"彩虹腿",让学生明白两条腿的不同分工。不论学生的运动习惯是右脚起跳还是左脚起跳,老师只要强调起跳腿,学生即可完全明白。

（3）教师示范与讲解上步起跳腾空画"彩虹"动作,让学生初步建立动作表象,可在学生前面放置一个倒"V"形的海绵垫障碍,迫使学生在练习时做出摆动腿过杆内转下压移髋动作。在此基础上引导学生上1步、3步、5步起跳腾空画"彩虹",让学生顺畅完成助跑起跳与单腿摆动的动作。可把海绵垫加高,激发学生挑战欲望,让"彩虹"画得更高。

第二节 跨越式跳高技术的教学与练习

一、跨越式跳高技术的教学步骤及内容

由于跨越式跳高技术相比背越式跳高技术较为容易掌握,因此在教学中要注意技术的连贯性和整体性,少做分解动作练习,尽可能在完整技术练习的基础上改进和完善技术。实际教学过程中,跨越式跳高技术的教学步骤如下:首先,通过录像视频和教师的讲解使学生建立完整技术动作表象;其次,学习跨越式跳高的起跳技术和助跑起跳相结合技术,使学生将起跳和助跑两种技术相结合;再次,学习过杆技术;最后,进行助跑、起跳、过杆和落地技术的完整学习和巩固练习。

1. 建立完整技术概念

教师讲解和示范完整技术动作、播放完整技术动作录像等,使学生了解完整动作各个环节技术要点和建立完整技术概念。

2. 学习起跳技术和助跑起跳相结合技术

练习目的是确定起跳腿和摆动腿,重点体会单脚起跳技术和跑跳结合技术,具体练习方法如下:

（1）摆腿摆臂技术练习。起跳腿在前,两脚前后开立。练习时,摆动腿膝关节微屈并快速向上摆动,同时两臂由下向上摆,提肩拔腰。

（2）起跳腿迈步练习。摆动腿在前，两脚前后开立。练习时，起跳腿大腿带动小腿向前提拉，超过身体重心投影点后迅速前伸，先以脚跟着地，两臂放于身体的两侧。

（3）上步起跳练习。摆动腿在前，两脚前后开立。练习时，先做起跳腿迈步动作，然后做起跳腿蹬伸和摆腿摆臂动作。可先做分解动作，然后做完整动作。

（4）助跑接起跳练习。摆动腿在前，两脚前后开立。练习时，向前跑动3～5步，最后一步完成上步起跳动作，使身体腾起，用起跳腿的脚先着地。

3. 学习过杆技术

练习目的是体会过杆时两腿上下交替的技术动作，具体练习方法如下：

（1）原地过杆技术模仿练习。起跳腿在前，两脚前后开立。练习时，摆动腿快速上摆，当摆至最高点时迅速下压，同时起跳腿快速上抬完成两腿的上下交替动作，用摆动腿的脚先着地。

（2）原地上步起跳过杆技术模仿练习。摆动腿在前，两脚前后开立。练习时，先做上步起跳动作，当身体腾空至最高点时摆动腿下压，同时起跳腿上抬，两腿做上下交替动作，用摆动腿的脚先着地。

4. 学习跨越式跳高的完整技术

练习目的是体会并正确掌握跨越式跳高的完整技术，具体练习方法如下：

（1）助跑起跳接过杆技术练习。助跑4～6步起跳跨越皮筋或高度较低的横杆，体会助跑起跳与跨越式过杆技术的衔接。

（2）改进过杆技术。重点改进过杆时起跳腿快速上抬和提髋转体技术，建立"躲杆"的过杆意识。这是掌握跨越式跳高技术的难点。

（3）丈量全程助跑步点。丈量助跑步点的方法有反跑式和走步式两种。采用反跑式丈量方法时，首先应确定起跳点和助跑路线，然后从起跳点开始沿着助跑的反方向助跑起跳，找准起跳点，做好标记，再从标记位置开始向起跳点助跑，并反复丈量和调整距离，直至准确为止。采用走步式丈量方法时，首先应确定起跳点和助跑路线，然后从起跳点开始沿着助跑路线用自然走步的方式丈量（自然走的步数＝助跑步数×2－2），确定起动位置后再反复丈量调整，直至准确为止。

（4）完整的跨越式跳高技术练习。根据个人的特点和技术风格，选定全程助跑距离后，进行跨越式跳高完整技术练习，直至熟练掌握完整技术。

（5）巩固和提高完整技术动作。逐渐确立个人的技术风格，逐渐提高完成完整技术动作的质量，并通过反复练习达到运用自如的程度，有效提高运动成绩。

二、跨越式跳高技术的练习手段

1. 斜杆练习法

初学跨越式跳高时，教师可组织学生做两腿依次摆过斜放的竹竿、体操棒或橡皮筋等练习，让学生体会两腿依次过杆的动作。习惯用左脚起跳的学生，为其设置右低左高的斜杆，右侧高度，男生60～70厘米，女生50～60厘米；左侧高度，男生70～90厘米，女生70～80厘米。习惯用右脚起跳的学生，斜杆左右高度正好相反。设置斜杆的目的是防止初学者起跳腿外旋上提不及时而把杆碰落，待学生熟练掌握了起跳腿及时外旋上提的动作后再将杆升到等高位置。斜杆的设置有利于强化摆动腿的大腿前摆高抬，同时体会杆上移髋动作，解决跨越式跳高技术教学难点。

2. 目标练习法

根据考核标准设计优秀＋、优秀、良好＋、良好、及格和达标六个不同高度的练习场地,使学生对自己跨越的高度做到心中有数。教师提示学生测验成绩除了以跳的高度来评定外,同时注重在原有基础上的进步幅度,以此来激励全体学生都能积极主动地参与练习,为实现自己预定的目标而努力。

3. 消除心理障碍练习法

学生在初学跨越式跳高时,往往担心跨不过去,害怕横杆碰伤腿,特别是在跨越较高高度的横杆时,容易产生惧怕心理,造成"晕杆",失去了学练跨越式跳高的信心与兴趣。为此,建议教师在教学中用绳、竹竿、橡皮筋、松紧带等代替横杆,或者用手持的纸棒代替横杆,使每个学生都敢跳,都能体验成功完成跨越式跳高的喜悦。待学生动作达到动力定型后,再跳专用横杆。另外,尽量将落地区沙坑平整松软,或铺上厚海绵垫,从视觉和心理上消除学生担心落地摔伤而不敢大胆跳的心理障碍。

4. 晋级练习法

助跑做跨越式跳高晋级练习。在场地里用橡皮筋代替横杆设置多个不同高度,在每一落地区放置海绵垫,学生可以根据自己实际选择高度进行自由跳,直到成功跳过去,才可以顺利晋级到下一高度。这一练习的设置能调动学生练习兴趣,激发挑战自我、渴望晋级的动力,让学生感受成功战胜自我的价值感。

5. 口令提示练习法

在跨越式跳高过杆时,有些学生上体后仰,造成碰杆落地,如果教师能及时提示学生听到信号("转")即转头面向横杆,可帮助学生建立正确的过杆动作。再如"抬"即提示学生要高抬起跳腿,"摆"即提示学生用力向前上方高摆摆动腿,"移"即提示学生快速及时将髋移过横杆。可在同伴之间相互提示,对快速掌握跨越式跳高技术很有帮助。在练习助跑时,有的学生在倒数第二步没有及时有力地蹬摆,影响起跳效果和形成一系列的错误动作。此时,教师可采用最后三步助跑的口令提示练习法,即喊"1、2、3"的口令,同时把"2"适当喊重一点,或喊"嗒、嗒、嗒"的口令,第二个"嗒"字加重语气,就可以起到提示学生做出有力的蹬摆动作的作用。

6. 游戏比赛练习法

(1) 跨越六边橡皮筋接力赛:把学生分成人数相等(男、女生比例大致相同)的六个小组,各小组成一列纵队分别站在六个角的立柱后。比赛开始后,每组的第一名学生开始沿着六边的橡皮筋从外向内跳进,然后迅速由内向外跳出,每个学生跳过六条边后,跑回本队将手中的小沙包交给第二名学生,第二名学生按上述方法继续跨越跑动,各小组全部完成后,以最先完成的小组为"最佳团队"。通过游戏比赛,调动学生的练习欲望,使学生在愉快的课堂氛围里学会本领,健康快乐地成长。此比赛可演变为十字接力赛、三角接力赛、圆形接力赛或纵向连续跨越障碍接力赛等。

(2) 跨越式跳高挑战赛:当学生已经熟练掌握了跨越式跳高技术后,可以在班级内开展看谁跳得高挑战赛。分男生和女生两大组别,同时在各组别里按身体条件(即身高)和运动能力(即弹跳力)再细分2～3组,为不同学生创设一种公平竞争的机会。各小组胜出者被封为"奥运之星""飞翔天使"等美称。学生在不甘示弱的一次次跨越中,潜移默化地巩固和提高了跨越式跳高技术,起到了事半功倍的教学效果。

7. 辅助性练习法

（1）4～6步侧向助跑单脚起跳，用手或头触高物。体会助跑与起跳的衔接动作，体验身体向上的感觉，解决跨越式跳高技术的教学重点。

（2）设置几组突出摆动腿带动髋关节向前上方摆动动作的练习：①原地或上步摆腿练习；②2人一组用摆动腿脚尖踢对方手心；③助跑起跳后，用摆动腿脚尖触悬挂在橡皮筋上的小铃铛；④在助跳板上跳起用摆动腿脚尖触手。

（3）原地单、双脚前、后、左、右跳，交叉跳，分腿跳，弓箭步交换跳，半蹲跳，跳台阶，跳深，单、双脚连续跳越较低的垂直障碍物（如实心球、倒"V"形的折叠垫等）。

（4）为了激发学生的练习兴趣，可组织学生进行双杠追逐赛、屈腿跳追逐游戏、纵跳摸高小组赛、跨步跳比远大赛、单脚跳接力赛等趣味性活动，让学生在轻松愉悦的气氛中既提高弹跳力，又促进了学生间的交往，增进友谊。

三、跨越式跳高技术易犯错误及纠正办法

（1）双腿跳跃。过杆时学生像跳远一样，双脚同时从杆上越过，而且同时落地，"依次"这一关键词的意义没有体现出来。

①原因分析：学生没有理解技术要领，练习中没有认真观察教师示范动作和同伴动作。

②纠正方法：教师示范，让学生仔细观察，提出具体要求，如让学生注意教师两脚如何过杆，使其对过杆动作有正确的认识。教师示范时可以放慢速度，便于学生看清楚。同时，组织学生手持体操棒练习原地摆腿过杆，体会依次过杆动作，然后练习上步过杆，逐步形成动力定型。

（2）踢杆和踩杆。练习中学生会无意识地用脚踢杆或踩杆。

①原因分析：一是学生由于心理恐惧，害怕过不了杆，摆腿时就会不由自主地用脚去踢、踩，试图清除面前的障碍；二是起跳点距离横杆太远。

②纠正方法：降低高度，让学生能够顺利过杆，待其消除心理恐惧、动作熟练后再慢慢提升高度。或者采用斜杆练习法，学生根据自身情况选择过杆位置。教师可以在起跳点处做上标记，让学生踏点起跳解决踩点不准的问题。

（3）骑杆。其表现为前腿过杆后，后腿却停留在杆的另一侧，人"骑"在杆上。

①原因分析：过杆时后腿摆动不积极，不能达到过杆高度，跟进又慢，没有及时上提、内旋。

②纠正方法：原地练习过杆动作，重点体会起跳腿上摆、内旋动作，练习时结合快速、有力的踏跳。

（4）坐杆。

①原因分析：双腿过杆后时因为臀部不上提而碰到横杆；过杆后双腿没能支撑住身体重量，髋关节没用力伸展身体前屈，臀部向后、向下坠，稍不注意就把横杆碰掉。

②纠正方法：过杆时上体前倾并向横杆方向扭转；过杆后双腿落地缓冲，膝、髋关节不要过于收缩，避免重心迅速下降使身体站立不稳；双腿落地后立即向外走两步离开横杆，以免身体摇晃碰掉横杆。

（5）抓杆和挥杆。手抓杆在过杆前后都有这一现象，挥杆通常发生在过杆前。

①原因分析：担心横杆掉下来，潜意识伸手去抓扶反而碰掉横杆；过杆时两臂没有协

调用力做向上摆动,而是下垂或左右摆动;学生对自己没信心,跑到横杆前潜意识抓杆。

②纠正方法:教师在练习前清晰讲解跨越式跳高规则,加强纪律教育,从思想上入手,防患于未然;对已有这些错误的学生,当其过杆时教师在旁边用语言提示,如两臂上摆。

第三节 中小学跨越式跳高教学方法

一、小学生、初中生跨越式跳高教学方法

1. 游戏名称:胜进败退

(1)游戏目的:发展学生的下肢力量和反应速度。

(2)游戏方法:在场地上画两条相距20米的平行线作为起点线。将学生分成人数相等的两队,各成纵队分别站在两条起点线后,彼此相对站好。游戏开始,教师发令后,两队排头做蛙跳跳向对面起点线,当两人相遇时,停下来猜拳,胜者继续向前跳,负者退出游戏回到本队队尾。与此同时,负者队的第2人立即起跳,与胜者相遇时,停下来猜拳,依次进行,最后以先到达对方起点线的队伍为胜。

(3)注意事项与要求:猜拳的负者须立即归队,不准阻挡对方前进;在猜拳后负者向回跑时,负者队的下一个人才能起动跳出。

2. 游戏名称:双脚跳绳接力赛

(1)游戏目的:提高学生的跳跃能力和动作的协调性,培养学生的团结协作能力。

(2)游戏方法:在篮球场上,将学生分成人数相等的两队,分别成纵队站在篮球场的端线外,排头手持跳绳做好跳绳准备。听到出发口令后,双脚跳绳到前场端线然后返回,把绳交给第二名队员,第二名队员按同样方法进行。两组都完成后,以速度快慢分胜负。

(3)注意事项与要求:应双脚跳,不得单脚跳;交绳必须在端线外进行。

二、高中生跨越式跳高教学方法

1. 游戏名称:跨越高山

(1)游戏目的:提高跳跃能力和动作的协调性,培养学生的竞赛意识。

(2)游戏方法:在田径场地上,将学生分为人数相同的若干组,安排两个见习生牵拉皮筋,并设置一定的高度,在皮筋下方铺置体操垫。学生采用单脚起跳的方式,越过皮筋,每组学生每越过一人,得1分,得分最多组为获胜组。若存在得分相同的情况,可每组另派一名代表参与挑战赛(皮筋高度升高),挑战胜利者为第一名,其余依次进行排名。

(3)注意事项与要求:应单腿起跳,不得双腿起跳;皮筋两端的高度务必一致;每名学生的助跑起跳方向可以不同。

2. 游戏名称:节节高

(1)游戏目的:发展学生的爆发力和弹跳力,培养学生的运动兴趣。

(2)游戏方法:将学生分为人数相同的若干组,在田径场上以100米起跑线为起点线,第一名学生采用立定单腿跳的形式向前跳跃,落地点为后面第二名学生的起跳点,第二名学生可以采用任何助跑形式以第一名学生的落脚点为起跳点向前单腿起跳,双腿落地,后面的学生依次进行。根据每组最后一名学生的落地点来测量远度作为小组成绩,

并判定胜负。

（3）注意事项与要求：每组第一名学生必须采用立定单腿跳的形式向前跳跃，且起跳腿不能越过起点线；每组其余学生以前面学生的落地点为起跳点且误差需小于5厘米；所有学生的起跳形式，都必须是单腿起跳，双腿落地。

第十二章 铅 球

铅球教学视频

第一节 铅球技术

一、铅球基本技术

(一) 推铅球的技术原理

推铅球的根本目的就是在符合规则条件下使铅球达到最大远度。将铅球在空中的飞进过程近似看作斜上抛物体运动，斜上抛物体的水平射程公式为：

$$S = v_0^2 \sin(2\alpha)/g$$

其中，S 为抛物体的水平射程；v_0 为抛物体的抛出速度；α 为抛出速度方向与水平线间夹角；g 为重力加速度。

上述公式是在物理学真空状态下，抛出点与落地点处于同一个水平面情况下的射程模型。在投掷类项目中，投掷成绩不仅受器械的出手速度和出手角度的影响，而且还要考虑器械落地点至抛出点的这一出手高度的影响，以及器械在空中飞行过程中所受到的空气动力学因素的影响。对于推铅球项目，制约铅球飞行远度的因素，首先是良好的出手速度，其次是恰当的出手角度。当然，合理的出手高度也对推铅球成绩起到一定的影响。因铅球质量较大、体积较小、形状球形且较少受到气流影响，故空气动力学因素可忽略不计。

铅球的出手速度是指铅球出手瞬间其质心所具有的速度。由斜上抛物体的水平射程公式可知，在出手角度不变的情况下，出手速度越大则飞行距离越远，而且远度的增加是随着出手速度的平方值而增加的。铅球的出手角度是指铅球出手瞬间其质心速度方向与水平线所构成的夹角。由斜上抛物体的水平射程公式可知，在物理学视角下，出手角度如果是 45°的话，则飞行距离最远。投掷铅球的出手点高于铅球的落地点，这两点之间的连线与水平线所构成的夹角称为地斜角，而地斜角的存在使得推铅球的合理出手角度应保持在 38°~42°，而世界优秀运动员由于出手速度的卓越性使得实际出手角度比这一理想值范围还普遍低约 3°。铅球的出手高度是指铅球出手瞬间其质心至地面的垂直距离。出手高度与人体的身高、臂长以及最后用力技术的动作质量有关。在其他条件相同的情况下，出手高度越高，则投掷距离相对越远。

推铅球的完整技术包括准备阶段、滑步阶段、衔接阶段、最后用力阶段、缓冲阶段(本章内容均以右手推球为例进行讲解)。

准备阶段的主要任务是稳定地握持铅球，确保在整个动作过程中能够控制好铅球的位置,总体要求是握持铅球的手臂要适当放松;握持的方法要便于实现出手时能够把力量集中作用到铅球上。

滑步阶段的主要任务是通过滑步技术使"人-球"系统获得一定的预先速度,为加速用力和提高出手速度创造良好条件。此阶段包括原地站位的预备姿势、预摆团身和滑步三个技术环节,其中滑步技术环节是指从右脚蹬离地面至右脚拉收着地。滑步阶段总体要求是根据自身实际情况逐渐加速,以确保滑步节奏合理;身体重心移动要低而平、快而稳,充分利用场地和自身条件以确保滑步的动作幅度。

衔接阶段的主要任务是保持滑步所获水平速度不损失并创造良好的最后用力投前姿势。此阶段是从右脚拉收着地至左脚着地并形成身体侧弓,总体要求是确保良好的超越器械姿势;两脚着地的位置与方向要合理;头和非投掷臂的动作要正确;及时推动骨盆向前侧移和转动右髋与右腿,左脚快速着地。

最后用力阶段的主要任务是把全身力量以最快速度集中作用到铅球上,使铅球获得良好的出手速度和适宜的出手角度。此阶段是从左脚着地身体形成侧弓至铅球出手瞬间,总体要求是确保稳固及时的左侧支撑;自下至上快速协调的用力顺序;在尽可能短的时间内使铅球受力距离最长;充分发挥腕、指力量。

缓冲阶段的主要任务是维持铅球出手后的身体平衡,避免犯规,总体要求是立即降低身体重心;快速交换两腿;转体以改变身体重心移动的方向。

(二)侧向和背向滑步推铅球技术要领

1. 握球与持球

五指自然分开,将铅球放在食指、中指和无名指的指根处,拇指和小指自然扶在铅球的两侧,手腕背屈。这样可以防止铅球滑动,增强握球的稳定性,便于控制出球方向,充分发挥手腕和手指的力量。

握好球之后,将铅球放在肩上锁骨窝处,紧贴颈部,下颌略向右转,掌心朝前,肘关节抬起自然外展且略低于肩,左臂自然上举,两眼平视前方。

2. 侧向滑步及衔接

持好球后,左肩侧对投掷方向,两脚左右开立约30厘米,右脚外侧靠近投掷圈后沿,左脚前脚掌着地,身体重心落在右腿上。

待身体稳定之后,上体向右前方稍倾斜,左腿适度外展摆起,左臂自然上举。然后,右腿屈膝适度下蹲,左腿回收使左脚靠近右脚,形成团身姿势,重心落在右腿上,铅球的投影点在右脚右外侧,眼睛目视前下方2~3米处。然后伴随着右腿向上蹬伸的同时,进行左腿外展摆起和上体抬起,此后再次做团身姿势。如此完成两次团身和蹬摆动作,使身体处于自然协调和平衡稳定的状态。

滑步动作起动时,首先是髋部带动身体重心略微离开右脚支撑点向投掷方向移动,紧接着快速实现左腿向投掷方向的外摆和右腿向投掷方向的蹬伸。待蹬摆动作完成之后,右腿迅速拉收,右脚贴地面滑行、适度内扣并以前脚掌着落于投掷圈中心附近。与此同时,右髋带动右膝向投掷方向做屈膝内转、内压和侧蹬,推动骨盆向前侧移和转动,左腿积极下压且左脚前掌内侧着地于投掷圈的左前方抵趾板附近。

整个过程要体现出下肢快于上肢,形成下肢在前、上体和器械在后、躯干扭紧的超越器械姿势。此时,还应保持右膝弯曲约135°,铅球的投影点在右脚或右膝之上,左臂伸向

后下方以形成髋轴和肩轴的扭紧状态与身体的侧弓姿势。

3. 背向滑步及衔接

背向滑步的预备姿势分为初学者常用的高姿和优秀运动员常用的低姿。

采用高姿预备时,持好球后,背对投掷方向,右脚尖接近投掷圈后沿,右脚跟正对投掷方向,左脚前脚掌或脚尖着地于右脚跟的左后方约20厘米处,上体正直、放松,左臂自然上举,重心落在右腿上,眼睛目视前下方5米左右。然后进行一两次的预摆团身动作,即屈右膝降重心,上体适度含胸前倾,眼睛目视前下方1~2米处,左脚回收靠近右脚,形成高位团身姿势,伴随着右腿向上蹬伸,左腿向后摆起并抬起和伸展上体,右腿支撑保持平衡,如此再次进行高位团身姿势。背部躯干与地面成30°~45°。

采用低姿预备时,持好球后,背对投掷方向,右脚尖接近投掷圈后沿,右脚跟正对投掷方向,左脚前脚掌或脚尖着地于右脚跟的左后方约50厘米处,上体适度含胸前倾并向圈外探出,左臂自然下垂,两腿弯曲并适度降低重心,重心落在右腿上,眼睛目视前下方2米左右。然后左脚离地抬起,左腿向投掷方向小幅度摆出后随即屈膝回收,使左膝靠近右膝,左脚尖离地高度约5厘米,同时右膝适度弯曲,身体呈低位团身姿势,背部躯干约与地面平行。

无论采用高姿还是低姿预备,当左脚回收靠近右脚并呈团身姿势时,随即进行臀部带动身体重心略微离开右脚支撑点向投掷方向的移动,紧接着左腿以大腿带动小腿迅速向投掷方向摆出,右腿积极有力地进行蹬伸动作,充分体现以摆带蹬、蹬摆结合的两腿协作特点。右腿的蹬伸动作有两种,其一是初学者采用的前脚掌蹬地方式,容易掌握,便于拉收右腿,但力量较小;其二是身体训练水平较高者采用的脚后跟蹬地方式,蹬伸充分,有利于水平速度的发挥,但对腿部力量要求较高,难度较大。由于两腿的蹬摆动作使得身体重心向投掷方向快速水平移动,因此需要及时快速地拉收右腿小腿,右脚贴地面滑行、适度内扣并以前脚掌着落于投掷圈中心附近,右脚掌与投掷方向约成130°。随即在右髋带动右膝以右脚掌为支点做出向投掷方向的内转、内压和侧蹬,以推动骨盆迅速向前侧移的同时,左腿积极下压且左脚前掌内侧着地于投掷圈的左前方抵趾板附近,两脚着地的间隔时间越短越好。此时,在保持下肢在前、上体和器械在后、躯干扭紧的超越器械姿势的同时,身体由背对投掷方向转至侧对投掷方向并形成侧弓姿势,身体重心大部分仍落在弯曲压紧的右腿上,右膝弯曲约130°,铅球的投影点在右脚或右膝之上,左臂屈肘抬起置于胸前。

4. 最后用力

当左脚着地身体形成侧弓的瞬间,右腿随即进行爆发式的转蹬发力,加速右髋的强力转动和身体重心向前上方的转移。伴随着左臂屈肘带动左肩及胸部向投掷方向的转动和打开,左腿蹬伸以形成身体左侧的稳固支撑。此时,两腿及髋腰部的力量迅速向上传递,挺胸抬头,右肩前送并爆发伸臂推球,当铅球将要离手时,手腕和手指及时做出有弹性的拨球动作。

5. 缓冲平衡

铅球出手后,为了避免向前的惯性带动身体出圈犯规,应及时交换两腿的位置,同时屈膝、屈髋以降低重心或通过转体改变身体重心移动的方向,从而维持铅球出手后的身体平衡。

二、铅球技术教学的重点与难点分析

1. 铅球技术的教学重点

将铅球推出到最大远度是这个运动项目的根本目的。在任何层次对象的推铅球教学过程中，其运动技能教学目标都毫无疑问地指向掌握合理技术并实现铅球飞行的最大远度。由推铅球的技术原理可知，决定铅球飞行远度的三个基本参数依次是出手速度、出手角度、出手高度。也就是说，在铅球出手的一瞬间，铅球质心所具有的速度大小和方向以及距地面的垂直高度决定着铅球的飞行远度。因此，铅球技术的教学重点必须紧紧围绕如何获得理想的上述三个出手参数而展开。而理想的三个出手参数的获得，取决于出手瞬间作用于铅球质心的手指、手腕、投掷臂的发力动作及其所处位置。手臂的发力动作效果受到躯干向投掷方向快速有力的转动和挺起动作的密切影响；而躯干动作的良好发挥又与骨盆转动、右腿转蹬、左腿撑蹬的下肢发力时机和动作速度、幅度、方向等因素密切关联。由此看来，只有当两腿同时支撑于地面时，两腿的转蹬和撑蹬的力量才能作用于骨盆，继而引发躯干和上肢的一系列有序且有效的发力，实现由下至上的持续发力过程，最终把全身力量集中于腕指而将铅球推拨出手。上述从两腿双支撑开始的下肢发力至铅球出手瞬间的持续发力过程，我们称其为推铅球的最后用力阶段。最后用力技术则是最后用力阶段过程中各个环节技术有机组合的总称。无论是原地推铅球教学单元、侧向滑步推铅球教学单元还是背向滑步推铅球教学单元，最后用力技术的正确掌握、巩固提高、熟练掌握将贯穿于铅球技术教学全过程。只有最后用力技术的熟练掌握，才能确保出手速度、出手角度和出手高度的良好获得，才能确保后续的滑步推铅球技能的进一步提高。

基于上述关于推铅球教学重点的分析，为了促进学生有效掌握最后用力技术，应该在教学过程中努力解决如下几个方面的问题：(1)腕指及手臂和上肢肩带的推拨力量、躯干及髋臀部的扭转力量、两腿及踝部的支撑和蹬伸力量；(2)由下至上的用力顺序；(3)全身协调的爆发性用力；(4)良好的最后用力前的准备姿势；(5)快速有力的转蹬右腿和骨盆的前移与转动；(6)稳固的左侧支撑与蹬伸；(7)挺胸抬头前提下的快速推拨；(8)推铅球完整技术的动作节奏、动作幅度及爆发力大小和方向。

2. 铅球技术的教学难点

推铅球技术教学难点，因教学对象层次和单元目标的不同而存在差异。但无论是原地推铅球教学单元还是滑步推铅球教学单元，学生在骨盆向投掷方向侧移和转动的动作表现上普遍存在着意识不足、时机不准、力度不强等问题，这也是造成失去下肢良好支撑和蹬伸以及力量有效向上传递的主要原因。骨盆是连接下肢与躯干的枢纽，是人体下肢和躯干大部分肌肉起点或止点的附着部位，如背阔肌、竖脊肌、腰方肌、腹直肌、腹内外斜肌、髂腰肌、臀肌、股四头肌、股二头肌、股薄肌、大收肌等。快速有力的骨盆运动不仅有利于超越器械姿势的形成与保持，而且能使躯干和下肢的发力肌群得到预先拉长，为有效完成最后用力技术奠定基础。但是，不失时机地实现快速有力的骨盆侧移和转动之所以成为铅球技术的教学难点，是因为教师对制约骨盆运动充分发挥的影响因素认识不足，由此也造成了相应的专门性练习手段的缺乏。

突破这一教学难点的思路大致包括如下几个方面：(1)强化意识，使学生充分认识到骨盆运动在铅球技术中作为力量传递枢纽的重要性。(2)强化发力时机的专门性练习。

在原地侧向推铅球教学单元中,强化双支撑情况下的原地侧向快速转髋练习,强化快速转髋引领下的蹬转、撑挺、推拨等组合性练习。在滑步推铅球教学单元中,强化从右脚着地到左脚着地过程中及时地进行骨盆侧移和转动的专门性练习,尤其避免上体过早抬起所造成的骨盆运动时机滞后。(3)强化提高右腿的退让能力。当滑步阶段的右脚拉收着地之后,右腿担负着身体大部分重量以及铅球的重量,此时右膝不仅要保持弯曲,还要做出内转、内压和侧蹬的动作,以推动骨盆的侧移。多数学生因右腿退让能力不足,导致动作细节无法实现,从而出现滑步后的停顿与脱节现象。有的学生因右腿退让能力不足而过早蹬伸右腿或者过早抬起上体,这将直接破坏最后用力前的有利姿势。因此,有针对性地提高右腿力量和退让能力显得尤为必要。(4)骨盆运动作为枢纽功能得以实现的一个前提是左侧支撑技术的良好表现,因此左脚的快速着地、支撑与蹬伸需要反复强化练习。

第二节 铅球技术的教学与练习

一、铅球技术的教学步骤及内容

1. 建立完整的推铅球技术概念

(1)讲述铅球运动的发展概况、技术原理、锻炼价值。

(2)示范原地推铅球和滑步推铅球完整技术动作,结合图片或视频讲解动作结构和大致要领。

(3)简介推铅球的竞赛规则。

(4)进行安全教育,明确安全措施的规定及要求。

2. 熟悉铅球球性练习

(1)胸前左右手交替拨球。

(2)体前左右手交替抓握下落的球。

(3)腰间左右手绕体传递球。

(4)屈体左右手绕两腿"八"字传递球。

(5)单手向前下方抛出滚动球。

3. 学习原地推铅球技术

(1)握球练习:五指自然分开,将铅球放在食指、中指和无名指的指根处,拇指和小指自然扶在铅球的两侧,手腕背屈。

(2)持球练习:握好球之后,将铅球放在肩上锁骨窝处,紧贴颈部,下颌略向右转,掌心朝前,肘关节抬起自然外展且略低于肩,左臂自然上举,两眼平视前方。

(3)向下推拨球练习:握、持铅球之后,两脚左右开立与肩同宽,两腿微屈,上体稍前倾。两腿向上蹬起使得右肩略高于左肩,紧接着迅速向下用力伸臂并完成推拨球,使球着落于两脚前约 0.5 米处。随着动作熟练程度的提高,逐渐使球着落于两脚前约 1 米、2 米、3 米处。

(4)两脚左右开立的双手推拨实心球练习:两脚左右开立与肩同宽,两腿微屈,降低重心,上体稍前倾,双手持实心球两侧偏后部于胸前,手腕背屈,掌心朝前。发力时两腿迅速向上蹬起,伸髋、伸膝、提踵,腰背和胸部向上挺起,双手向前上方快速推拨球,使实心球按抛物线轨迹飞出。

(5) 向上推拨球练习:握、持铅球之后,两脚左右开立与肩同宽,两腿微屈,降低重心,上体直立,两眼平视前方。发力时两腿迅速向上蹬起,伸髋、伸膝、提踵,腰背向上挺起,挺胸抬头,并随之迅速有力完成向上伸臂和推拨球动作,使球朝与地面成 60°~70°的方向飞出。

(6) 两脚左右开立的正面推铅球练习:两脚左右开立稍宽于肩,完成正确的握球与持球动作,稍屈膝降低重心的同时,上体向右扭转,右肩略低于左肩,左肩内扣且略含胸。伴随着躯干的回转发力,快速完成伸髋及蹬伸右腿和左腿、挺胸及推臂和拨球动作。球出手后,短暂保持出手姿势后再上右脚缓冲。

(7) 两脚前后开立的正面推铅球练习:两脚前后开立稍宽于肩,左脚在前稍内扣,右脚在后且脚尖朝前,完成正确的握球与持球动作,重心向后移动至弯曲的右腿上,身体呈反弓姿势。伴随着右腿蹬伸发力,重心前移至左腿,与此同时迅速完成左腿的向上蹬伸发力以及躯干和上肢的主动发力,球出手后,短暂保持出手姿势后再上右脚缓冲。

(8) 原地侧向推铅球的预备姿势练习:握、持铅球之后,身体左侧对着投掷方向,两脚左右开立一肩半宽,左脚前脚掌内侧着地,与右脚跟几乎在一条直线上。身体向右扭转并倾斜,右膝弯曲,重量压在弯曲的右腿上,左臂向体前右侧自然抬起,稍低头含胸,眼睛目视右脚前方约30厘米处。

(9) 原地侧向转髋练习:在原地侧向推铅球的预备姿势前提下,右膝在保持弯曲的基础上做内转、内压和侧蹬动作以推动骨盆向前侧移。与此同时,骨盆在右髋、臀部、腰背部和腹部肌群的协同作用下迅速扭转发力,使骨盆尽量向投掷方向推送。此时,应保持好左髋、膝、踝的支撑伸展状态,保持好躯干的适度后倾,保持好髋轴与肩轴的交叉扭紧状态,左臂屈肘抬起以锁住左肩,左肩高于右肩,铅球的投影点在右脚上,眼睛目视右膝前下方约50厘米处。

(10) 原地侧向转髋接蹬起和撑挺练习:在原地侧向转髋练习前提下,充分蹬伸右腿,使身体重心迅速向左腿和投掷方向移动,伴随着左肩的迅速打开,爆发性完成左侧支撑前提下的向上蹬伸,与此同时,抬头挺胸,眼睛目视前上方。

(11) 原地侧向推铅球练习:在原地侧向转髋接蹬起和撑挺练习前提下,在撑挺动作实现的同时,右侧肩带肌群和胸部肌群迅速发力,上臂与前臂快速向前上方推出,与此同时,及时做出强有力的屈腕和拨球动作,使球朝向与水平线成 38°~42°的方向飞出。球出手后,迅速做出交换两腿位置的换步缓冲动作。

(12) 侧向撤步推铅球练习:握、持铅球之后,身体左侧对着投掷方向,两脚并立提踵,使身体重心位置提高。然后右脚向右撤一步(步长稍大于肩宽),随着右脚着地,及时将重心落于弯曲退让的右腿,呈现出原地侧向推铅球预备姿势,随之及时进行原地侧向推铅球的完整技术动作。

(13) 原地背向推铅球练习:背对投掷方向,两脚前后开立一肩半宽,弯曲右膝、降重心、体前屈。伴随重心稍后移的同时迅速做出右髋、右腿的蹬转发力,推动骨盆扭转,紧接着迅速打开左肩,完成撑、挺、推、拨动作,将球推出。

(14) 背向伸落左脚推铅球练习:预备姿势同原地背向推铅球,然后抬起左脚离开地面约10厘米高,待身体平衡稳定后,重心向投掷方向稍水平移动以离开右腿支点,随之迅速进行左腿后伸及着地的动作,在左脚后伸着地的过程中,迅速做出右膝内转、内压和侧蹬动作,推动骨盆侧移,呈现超越器械姿势。当左脚着地的一瞬间,保持身体左侧的扭紧姿势,与此同时也迅速完成蹬伸右腿、推转骨盆、重心前移、左腿蹬伸、打开左肩、挺胸

伸臂、屈腕拨球、换步缓冲等一系列动作。

4. 学习滑步推铅球技术

（1）侧向滑步推铅球。

①侧向滑步推铅球的站位和预备姿势练习：持好球后，左肩侧对投掷方向，两脚左右开立约30厘米，右脚外侧靠近投掷圈后沿，左脚前脚掌着地，身体重心落在右腿上。

②侧向滑步推铅球的预摆团身练习：预备姿势稳定之后，上体向右前方稍倾斜，左腿适度外展摆起，左臂自然上举。然后，右腿屈膝适度下蹲，左腿回收使左脚靠近右脚，形成团身姿势，重心落在右脚上，铅球的投影点在右脚右外侧，眼睛目视前下方2～3米处。然后在右腿向上蹬伸的同时，左腿外展摆起，上体抬起，此后再次做团身姿势。

③侧向滑步练习：侧向的预摆团身动作之后，进入侧向滑步阶段。滑步动作起动时，首先是髋部带动身体重心略微离开右脚支撑点向投掷方向移动，紧接着快速实现左腿向投掷方向的外摆和右腿向投掷方向的蹬伸。待蹬摆动作完成之后，右腿迅速拉收，右脚贴地面滑行、适度内扣并以前脚掌着落于投掷圈中心附近。左腿积极下压且左脚前脚掌内侧着地于投掷圈的左前方抵趾板附近。保持超越器械姿势，身体基本呈现出原地侧向推铅球预备姿势的稍高位状态。

④侧向滑步接转髋练习：经预备姿势、预摆团身和侧向滑步动作之后，当右脚拉收着地瞬间，右髋部肌群迅速带动弯曲的右膝向投掷方向做屈膝内转、内压和侧蹬动作，以推动骨盆向前侧移和转动，左腿积极下压且左脚前脚掌内侧着地。整个过程要体现出下肢快于上肢，形成下肢在前、上体和器械在后、躯干扭紧的超越器械姿势。

⑤侧向滑步接转髋、蹬起和撑挺练习：经预备姿势、预摆团身、侧向滑步及推动骨盆侧移和左脚着地的双支撑动作之后，充分蹬伸右腿和转动右髋，使身体重心迅速向左腿和投掷方向移动，伴随着左肩的迅速打开，爆发性完成左侧支撑前提下的向上蹬伸，与此同时，抬头挺胸，眼睛目视前上方。

⑥侧向滑步推铅球练习：经预备姿势、预摆团身、侧向滑步、推转骨盆、右腿蹬伸、重心前移、打开左肩、左腿蹬伸、胸背挺起等一系列动作之后，连贯进行右侧肩带肌群和胸部肌群的迅速发力，使上臂与前臂快速向前上方推出，并及时做出强有力的屈腕和拨球动作，使球朝向与水平线成38°～42°的方向飞出。球出手后，迅速做出交换两腿位置的换步缓冲动作。

（2）背向滑步推铅球。

①背向滑步推铅球的站位和预备姿势练习：初学者建议采用高姿预备姿势。持好球后，背对投掷方向，右脚跟正对投掷方向，左脚前脚掌或脚尖着地于右脚跟的左后方约20厘米处，上体正直、放松，左臂自然上举，重心落在右腿上，眼睛目视前下方5米左右。

②背向滑步推铅球的预摆团身练习：继预备姿势之后，屈右膝、降重心，上体适度含胸前倾，眼睛目视前下方1～2米处，左脚回收靠近右脚，形成高位团身姿势，然后伴随着右腿向上蹬伸，左腿向后摆起并抬起和伸展上体，右腿支撑保持平衡，如此再次做高位团身姿势，背部躯干与地面成30°～45°。

③背向滑步练习：在背向的预摆团身动作之后，进入背向滑步阶段，即当左脚回收靠近右脚并呈团身姿势时，随即进行臀部带动身体重心略微离开右脚支撑点向投掷方向的移动，紧接着左腿以大腿带动小腿迅速向投掷方向摆出，右腿以前脚掌蹬地进行积极有力的蹬伸动作，体现以摆带蹬、蹬摆结合的特点。然后，及时快速地拉收右小腿，右脚贴

地面滑行、适度内扣并以前脚掌着地,右脚掌与投掷方向约成130°,左腿积极下压以左脚前脚掌内侧着地。保持超越器械姿势,身体基本呈现原地背向推铅球预备姿势的稍高位状态。

④背向滑步接转髋练习:经预备姿势、预摆团身和背向滑步动作之后,随即进行右膝的屈膝内转、内压和侧蹬动作,推动骨盆向前侧移和转动,左腿积极下压且左脚前脚掌内侧着地。整个过程要体现出下肢快于上肢且躯干扭紧的超越器械姿势。此时,右膝弯曲约130°,铅球的投影点在右脚或右膝之上,左臂屈肘抬起置于胸前。

⑤背向滑步接转髋、蹬起和撑挺练习:经预备姿势、预摆团身、背向滑步及推动骨盆侧移动作之后,在左脚着地身体形成侧弓的瞬间,右腿随即进行爆发式的转蹬发力,加速右髋的强力转动和身体重心向左腿与投掷方向的移动,伴随着左臂屈肘带动左肩及胸部向投掷方向的转动和打开,爆发性完成左侧支撑前提下的向上蹬伸,与此同时,抬头挺胸,眼睛目视前上方。

⑥背向滑步推铅球练习:经预备姿势、预摆团身、背向滑步、推转骨盆、右腿蹬伸、重心前移、打开左肩、左腿蹬伸、胸背挺起等一系列动作之后,连贯进行右侧肩带肌群和胸部肌群的迅速发力,使上臂与前臂快速向前上方推出,并及时做出强有力的屈腕和拨球动作,使球朝与水平线成38°～42°的方向飞出。球出手后,迅速做出交换两腿位置的换步缓冲动作。

二、铅球技术的练习手段

1. 徒手练习手段

(1) 上肢练习。

对墙斜体俯卧撑;宽手距指撑俯卧撑;窄手距指撑俯卧撑;双手单脚俯卧撑;单手双脚俯卧撑;击掌俯卧撑;对墙手倒立;侧手翻;四肢支撑屈体爬行走;双人弓箭步双臂对抗互推掌;推小车。

(2) 下肢练习。

双手抱头全蹲接向上跳起;双手叉腰直膝跳;两脚宽站立半蹲跳起;全蹲迅速蹬起并提踵站立;双人拉手同时单腿下蹲接站起;快速后撤步走;侧向单脚跳;连续弓箭步后退走;原地纵跳成弓箭步落地;马步侧移走。

(3) 躯干及全身练习。

立卧撑接跳起;抱膝团身接蹬起成燕式平衡;交叉步转髋走或跑;仰卧两头起;平板支撑;仰卧举腿接快速剪绞;侧卧单臂支撑;高姿弓箭步接快速转髋转身;蜘蛛爬。

2. 实心球练习手段

(1) 上肢练习。

双手持球胸前连续上举;双手持球头后连续伸臂;分腿坐姿双手胸前推球;分腿坐姿单手正面推球;分腿坐姿双手头后伸臂前掷;单腿跪姿双手胸前推球;单腿跪姿单手正面推球。

(2) 下肢练习。

两手臂各夹持一个实心球进行十字跳;两手臂各夹持一个实心球进行半蹲跳;双脚夹球跳起上抛球;双脚夹球跳起前抛球;双脚夹球跳起后抛球;球置左脚跟接后摆左腿将球滚远。

(3) 躯干及全身练习。

半蹲蹬起双手垂直上抛实心球;半蹲蹬起双手前抛实心球;半蹲蹬起双手后抛实心球;半蹲蹬起双手胸前推出实心球;背向前后开立接转身向侧上抛出实心球;两人背向距1米转体传递实心球;两人背向距半米经胯下和头上传递实心球。

3. 标志物练习手段

(1) 标志线练习。

沿一条直线做连续滑步练习;标识滑步距离的滑步练习;标识两脚合理间距的滑步练习;标识两脚合理位置与方向的滑步练习。

(2) 标志杆练习。

在距离投掷线2米远的地方,设置距离地面垂直高度为2.5米和3.5米的两根横杆,采用原地正面推铅球或原地侧向推铅球,使铅球从两根横杆之间飞越过去;距左脚0.5米远齐胸高横杆的原地侧向推铅球支撑、挺胸激发练习;限制滑步抬体过早的横杆下滑步练习。

4. 弹力带练习手段

(1) 上肢练习。

右手掌心缠绕弹力带分腿坐姿正面推铅球抗阻模仿练习;右手掌心缠绕弹力带单腿跪姿正面推铅球抗阻模仿练习;右手掌心缠绕弹力带站姿正面推铅球抗阻模仿练习;右手掌心缠绕弹力带原地侧向推铅球的转髋挺胸抗阻模仿练习;右手掌心缠绕弹力带原地侧向推铅球的完整动作抗阻模仿练习。

(2) 下肢练习。

腰间缠绕弹力带的滑步抗阻练习;腰间缠绕弹力带的滑步接转髋抗阻练习;胸部缠绕弹力带的滑步抗阻练习;右踝缠绕弹力带的滑步抗阻练习;左膝缠绕弹力带的摆腿抗阻练习;左膝缠绕弹力带的滑步抗阻练习。

(3) 躯干及全身练习。

左手拉握弹力带的背向滑步接转髋抗阻练习;腰间缠绕弹力带的转髋抗阻练习;胸部缠绕弹力带的滑步接转髋挺胸抗阻练习。

5. 小台阶和斜板练习手段

(1) 下肢练习。

单足正向跳上跳下小台阶;单足背向跳上跳下小台阶;单足侧向跳上跳下小台阶;站立小台阶向左侧跳下成原地侧向推铅球预备姿势;站立小台阶向右侧跳下成原地侧向推铅球预备姿势;站立小台阶向后做背向滑步落下成投前姿势;站立斜板做侧向滑步双脚落于平地;站立斜板做背向滑步双脚落于平地。

(2) 全身练习。

站立小台阶向左侧做侧向滑步落下成原地侧向推铅球预备姿势接转体支撑和推球;站立小台阶向右侧跳下成原地侧向推铅球预备姿势接转体支撑和推球;站立小台阶向后做背向滑步落下成投前姿势接转体支撑和推球;站立斜板做侧向滑步双脚落于平地接转体支撑和推球;站立斜板做背向滑步双脚落于平地接转体支撑和推球。

6. 杠铃练习手段

(1) 上肢练习。

杠铃卧推;杠铃头后推举;杠铃斜上方连续快速挺举;坐姿持杠铃屈腕、翻腕;持杠铃片抡臂;持杠铃片扩胸;持杠铃片飞鸟。

(2) 下肢练习。

肩负杠铃半蹲跳;肩负杠铃深蹲;肩负杠铃弓箭步交替跳;肩负杠铃马步侧移走。

(3) 躯干及全身练习。

肩负杠铃转体发力;肩负杠铃体侧屈;肩负杠铃体前屈;双手持杠铃片腹背大绕环;双手胸前持杠铃片滑步接转髋;双手胸前持杠铃片滑步接转髋和撑、挺、推动作。

7. 铅球练习手段

(1) 重铅球练习。

双手向下砸重球;持重球下蹲、蹬起、向上推拨球;持重球向前下方推拨球;持重球原地推铅球;持重球滑步练习;持重球滑步推铅球。

(2) 轻铅球练习。

持轻球滑步转髋接撑、挺动作;持轻球侧向滑步推铅球;持轻球背向滑步推铅球。

(3) 标准铅球练习。

持标准铅球在投掷圈内分别进行原地侧向推铅球、侧向滑步推铅球、背向滑步推铅球的技术练习和远度比赛。

三、推铅球易犯错误及纠正办法

1. 铅球出手时掉肘抛球

(1) 产生原因:持球预备姿势肘关节下垂;在推球过程中肘关节下垂;头部过早转向投掷方向,使球离颈太早;腕、指力量不足;球放在手掌心。

(2) 纠正办法:强调正确握、持球动作和预备姿势概念;及时反馈;反复练习挺胸抬肘和推拨球动作;明确最后用力顺序和头部姿势;发展腕、指力量。

2. 出球瞬间没有进行快速屈腕和手指拨球

(1) 产生原因:腕、指力量不足;球放在手掌心;掉肘;前臂内旋不足。

(2) 纠正办法:加强腕、指力量练习,如手指拨球、抓球练习,手俯卧撑和持轻器械屈腕练习等;明确动作概念,掌握手腕、手指推、拨球的时机以及握、持球的规范要求,多做原地徒手或持轻铅球的屈腕、拨指练习。

3. 球出手时上体前倾、臀部后坐,失去躯干和下肢力量

(1) 产生原因:概念不清,手臂急于推球;用力顺序错误,骨盆推转不及时;身体核心区域力量不足。

(2) 纠正办法:强调推铅球必须依靠下肢和躯干力量;明确最后用力过程中的正确用力顺序以及挺胸和抬头等细节要求;反复进行原地侧向转髋练习与原地侧向转髋接蹬起和撑、挺练习;反复进行侧向滑步接转髋练习与侧向滑步接转髋、蹬起和撑、挺练习;反复进行背向滑步接转髋练习与背向滑步接转髋、蹬起和撑、挺练习;发展身体核心区域力量,并在弹力带、小台阶、杠铃片等器械的辅助下进行转髋和撑、挺练习;利用标志杆和吊球进行转蹬和撑、挺诱导性练习。

4. 最后用力过程中身体左倒

(1) 产生原因:身体核心区域力量不足;右髋转蹬及推动骨盆动作的时机晚且速度慢;左臂摆动方向错误;左侧支撑不及时、不充分。

(2) 纠正办法:发展身体核心区域力量;强化右腿、右髋的转蹬和身体重心前移的时机与速度以及左侧支撑与挺胸动作的充分性;明确正确的左脚落脚位置;强调左臂屈肘抬起并在配合挺胸动作之后快速收于腰间；利用标志杆和吊球反复进行转蹬和撑、挺等诱导性练习。

5. 滑步距离太短，未形成超越器械姿势

（1）产生原因：摆腿与蹬腿动作配合不够协调，没有形成合力，摆与蹬的动作幅度、力度、速度不足，收拉右腿动作不够积极。

（2）纠正办法：强调以摆带蹬、蹬摆结合的动作要求；在跑道上利用标志线进行连续滑步诱导性练习；徒手或持球连续做拉收右腿练习；徒手或持球做摆腿、蹬收动作的配合练习；利用斜板或斜坡进行滑步练习，以增加滑步的速度与幅度。

6. 滑步时跳起，身体重心起伏太大

（1）产生原因：滑步时臀部没有先向投掷方向移动便直接蹬伸右腿；团身预摆结束时上体前倾不足、抬起过高；左腿摆动不积极，右腿蹬地角度大。

（2）纠正办法：强调团身预摆和滑步的动作要领及细节要求；利用标志杆进行滑步过程的限制性诱导练习；进行左手或胸部缠绕弹力带的抗阻滑步练习；进行同伴拉住投掷者左手的滑步练习。

7. 滑步结束时上体过早抬起，右膝过早伸直，失去良好投前姿势

（1）产生原因：对超越器械所能形成的良好投前姿势理解不足；右腿滑步拉收的速度与幅度不足；右膝退让能力薄弱，身体核心区域力量不足；左肩过早打开，上体急于转身推球。

（2）纠正办法：强调良好的投前姿势是通过肢体各环节有序发力而主动创造出来的；反复进行持重球的滑步练习；反复进行双手持杠铃片的滑步练习；进行左手和右踝同时缠绕弹力带的抗阻滑步练习；利用标志杆和标志线进行滑步诱导性练习；进行同伴拉住投掷者左手的滑步练习。

8. 滑步后停顿，不能与最后用力阶段紧密衔接

（1）产生原因：教法不当，将原地推铅球技术与滑步技术生硬组合，缺少衔接技术的练习手段，缺少分解技术向完整技术有机过渡的合理安排；学生右腿力量及髋部肌群力量不足，造成滑步后重心下降，延误髋部和腿部的发力时机；右膝屈膝侧蹬以推动骨盆侧移和右髋转蹬以推送重心前移的动作细节掌握不足；左脚着地动作迟缓。

（2）纠正办法：教师应该安排衔接技术以及向完整技术逐步过渡的练习内容，而不能生硬地把滑步与最后用力阶段进行简单组合；徒手和持球进行侧向滑步接转髋练习；持轻球进行侧向滑步接转髋、蹬起和撑、挺练习；徒手、持轻球、持标准球进行侧向滑步推铅球的完整技术练习；徒手和持球进行背向滑步接转髋练习；持轻球进行背向滑步接转髋、蹬起和撑、挺练习；徒手、持轻球、持标准球进行背向滑步推铅球的完整技术练习；进行短距离滑步的两脚先后快落及快速转体伸髋接撑、挺练习；进行长距离滑步的两脚先后快落及快速转体伸髋接撑、挺练习；进行持轻球的完整技术练习。

第三节　中小学铅球教学方法

一、小学生铅球教学方法

1. 游戏名称：坐姿双手胸前推篮球团队积分赛（5号篮球）

（1）教学目标：使学生懂得要想把球推得远就必须快速完成挺、推、拨的动作；使学生在快乐的推远竞赛中体会正确的握持球、预备姿势、躯干挺立以及伸臂和推拨球的要领;发展上肢力量和协调用力能力;培养学生遵守纪律、团队合作、奋勇进取的良好品质。

（2）游戏方法:分腿坐于小体操垫上,体操垫前沿与起掷线吻合,双手持篮球于胸前,听到哨音后奋力将球朝前上方用双臂推出,球落在距起掷线1米线内计1分、2米线内计2分……5米线内计5分,以此类推。每6人组成1个团队,每队每轮比赛派出1名记分裁判员,以记取本队5名队员的总分。比赛开始前,本队1名队员坐于体操垫,另1名队员从其身后递球,其余3名队员站立于投掷区远端6~8米开外以排序捡球。球掷出并落地和记分之后,捡球队员听哨音持球跑回本队起掷线后,给预备推球的队员递球,推球的这名队员则起身并快速跑向投掷区远端,排位于另2名队员之后,以此类推,直至5名队员全部掷完一轮,报送总分。下一轮比赛则更换记分裁判员。

（3）游戏规则:比赛进程必须由教师掌控,必须在有序情况下听哨音进行,擅自推球、跑出、捡球跑回者,比赛暂停并警告,再犯者本队本轮总分扣10分。每轮比赛可根据实际情况安排4~6队同时进行。教师一声短哨音指令投掷者推出篮球,此后接着进行裁判记分和同伴捡球,教师根据捡球完成情况,用两声短哨音指令捡球者跑回本队以及掷球者跑向投掷区远端捡球区。掷球者必须分腿坐于体操垫上,必须双手持球于胸前,必须双手同时伸臂将球推出。比赛所用篮球为5号篮球。

（4）教学步骤与内容:①教师进行"坐姿双手胸前推篮球"的完整动作示范。②教师示范并讲解"持球"和"预备姿势"的动作要领。分腿坐于小体操垫上,两手五指自然分开,拇指相对且手掌呈"八"字形,用指根以上部位握住篮球的侧后方,手心空出,手腕背屈;握持好球之后,将球置于胸前,两肘适度抬起外展,躯干稍含胸收腹,眼睛目视前方。③指导学生进行"持球"和"预备姿势"的模仿练习,并及时纠正错误动作。④教师示范并讲解"推球"的动作要领。在做好"持球"和"预备姿势"之后,快速进行腰背及胸部的挺立动作,与此同时,伴随着头部向前上方的抬起,快速进行双臂向前上方的推伸动作,当球快要离手时及时做出有力的屈腕和拨指动作,使球向前上方飞出。⑤指导学生进行徒手的完整动作模仿练习和持球的完整动作练习,并及时纠正错误动作。⑥教师借助图示画板和实际场地向学生讲解"坐姿双手胸前推篮球团队积分赛"的游戏方法和游戏规则。⑦按照班级实际情况进行人员分配和组队,并进行模拟演练。⑧正式比赛,根据实际情况进行若干轮的游戏比赛。⑨总结、讨论、奖惩。

（5）注意事项与要求:安全和纪律方面需要反复强调,教师必须严格把控场面,避免因无序而造成的伤害事故。对于技术动作方面,需要反复强调"持球"和"预备姿势"的规范性,反复强调挺、推、拨动作的充分性。人员分组时注意投掷实力的均衡性,尤其是男、女生要合理搭配。

2. 游戏名称:单腿跪姿单手推实心球个人争先赛（1千克沙子实心球）

（1）教学目标:使学生能够体会躯干参与投掷发力的重要性,体会用力顺序的重要性,基本掌握单手握球、持球和推拨球的动作技术,发展上肢力量和协调用力能力;培养学生善于模仿和思考以及奋勇进取的良好品质。

（2）游戏方法:右腿跪立于小体操垫上（以右手推球为例）,左腿屈膝支撑且左脚位于体操垫前沿,左脚跟抵住体操垫前沿,左脚尖在起掷线后。右手握持球并抵于锁骨窝和颈部。听到哨音后奋力将球朝前上方推出,球落在距起掷线2米线内计2分、3米线内计3分……6米线内计6分,以此类推。场地上摆放4块小体操垫,分4列纵队进行比

赛。每块体操垫旁放置3个实心球,每人连续进行3次投掷,将3次得分累加即为个人总分。比赛开始前由大家商定先选取4名记分裁判员和4名捡球裁判员,待所有同学投掷结束后,另选4名记分裁判员和4名捡球裁判员以使原裁判上场投掷。最后选出全班得分最高的4位同学,进行1次投掷决定胜负的排位赛。

(3) 游戏规则：比赛进程必须由教师掌控,必须在有序情况下听哨音进行,擅自推球者,比赛暂停并警告,再犯者个人总分扣5分。教师一声短哨音指令投掷者推出实心球,此后自行连续推出2个球。与此同时,记分裁判员进行记分和累加工作,待3个球都推完之后,教师用两声短哨音指令捡球裁判员开始捡球并送回。投掷者必须单腿跪姿,身体任何部位不得触及起掷线以前地面。必须从单手持球抵于颈部的预备姿势开始,并直接向前上方推出,不得离开肩颈部进行抛掷球。以上违例者判为本投失败,记零分。比赛所用球为1千克沙子实心球。

(4) 教学步骤与内容：①教师进行"单腿跪姿单手推实心球"的完整动作示范。②教师示范并讲解"握、持球"和"预备姿势"的动作要领。跪立于小体操垫上,右手五指自然分开,将球放在食指、中指和无名指的指根处,拇指和小指自然扶在球的两侧,手腕背屈。将球抵在锁骨窝及颈部,肘关节抬起、自然外展且略低于肩,左臂自然向前上方举起。上体躯干稍向后仰,挺胸抬头,眼睛目视前上方投掷方向。③指导学生进行"握、持球"和"预备姿势"的模仿练习,并及时纠正错误动作。④教师示范并讲解"推球"的动作要领。在做好"握、持球"和"预备姿势"之后,伴随着上体躯干稍稍向前移动的同时,迅速完成左臂向左腰间的屈肘回撤,与此同时,迅速进行腰背和胸部的挺立、右肩前送、伸臂、屈腕、拨指等动作,眼睛目视球的飞出。⑤指导学生进行徒手的完整动作模仿练习和持球的完整动作练习,并及时纠正错误动作。⑥教师借助图示画板和实际场地向学生讲解"单腿跪姿单手推实心球个人争先赛"的游戏方法和游戏规则。⑦选出4名记分裁判员和4名捡球裁判员,其余同学分成4列纵队分别站立于4块小体操垫之后,并进行模拟演练。⑧正式比赛,根据实际情况进行若干轮的游戏比赛。⑨总结、讨论。

(5) 注意事项与要求：安全和纪律方面需要反复强调,教师必须严格把控场面,避免因无序而造成的伤害事故。对于技术动作方面,需要反复强调"推、持球"和"预备姿势"的规范性,反复强调左臂迅速屈肘回撤于左腰间及腰背和胸部的迅速挺立动作,提醒伸臂、屈腕和拨球动作的充分性。根据实际情况,可将男、女生分别记分。

3. 游戏名称：双手正面推实心球击靶环选拔赛(2千克充气实心球)

(1) 教学目标：使学生体会上下肢协调发力的重要性,理解由下至上的合理用力顺序,基本掌握双手正面推实心球的正确发力过程,发展上肢力量和全身协调用力能力；培养学生善于观察并自我纠错、互助合作的良好品质。

(2) 游戏方法：双手持实心球于胸前,两脚左右开立站立于起掷线后,做好准备姿势,听到教师一声短哨音之后,奋力蹬伸两腿、伸髋、挺胸、推臂、拨球,双手将球掷向2米远墙壁上的靶环中心。靶环中心距地面高度为2.8米,以靶心为圆点分别以10厘米、20厘米、50厘米、80厘米为半径画出4个同心圆,分别作为10环、9环、8环、7环。每人连续投掷3次,记取累加总环数。待3个球全部掷完之后,教师两声短哨音指令捡球裁判员统一捡球。比赛开始前先选出2名记分裁判员和2名捡球裁判员,待所有同学投掷结束后,裁判员上场投掷。最后选出全班总环数最高和最低各3位同学进行1对1互助组合,3对组合经内部的互助讨论之后,进行3对组合之间的总决赛,每人投掷2次,每对组合共计4次环数累加,最终选出冠军组合队。

(3) 游戏规则:比赛进程必须由教师掌控,必须在有序情况下听哨音进行,擅自推球者,比赛暂停并警告,再犯者扣除个人总环数5环。教师一声短哨音指令投掷者推出实心球,此后自行连续推出2个球。与此同时,记分裁判员进行记分和累加工作,待3个球都推完之后,教师用两声短哨音指令捡球裁判员开始捡球并送回。投掷者身体任何部位不得触及起掷线以前地面,必须从原地站立开始进行正面双手胸前推球,不得单手推或抛掷球。以上违例者判为本投失败,记零环。比赛所用球为2千克充气实心球。

(4) 教学步骤与内容:①教师进行"双手正面推实心球"的完整动作示范。②教师示范并讲解"预备姿势"的动作要领。双手持实心球于胸前,两脚左右开立站立于起掷线后,手腕背屈,掌心朝前,两肘适度抬起、外展,躯干稍含胸收腹并稍前倾,两腿微屈,降低重心,眼睛目视前方。③指导学生进行"预备姿势"的模仿练习,并及时纠正错误动作。④教师示范并讲解"蹬伸推球"的动作要领。在做好"预备姿势"并听到教师的短哨音之后,两腿迅速向上蹬起,进行快速的伸髋、伸膝、提踵动作,同时腰背、胸部、头部向上挺起,并快速进行双臂向前上方的推伸手臂动作,当球快要离手时及时做出有力的屈腕和拨指动作,使球向前上方的靶心位置飞出。⑤指导学生进行徒手的完整动作模仿练习和持球的完整动作练习,并及时纠正错误动作。⑥教师借助图示画板和实际场地向学生讲解"双手正面推实心球击靶环选拔赛"的游戏方法和游戏规则。⑦选出2名记分裁判员和2名捡球裁判员,其余同学分成2列纵队分别站立于2个靶环所对应的起掷线之后,并进行模拟演练。⑧正式比赛,根据实际情况进行若干轮的游戏比赛。⑨总结、讨论。

(5) 注意事项与要求:安全和纪律方面需要反复提醒,教师必须严格把控场面,避免因无序而造成的伤害事故。技术方面需要反复强调"预备姿势"的规范性,反复强调快速蹬伸髋、膝、踝关节以及腰背和胸部的迅速挺立动作,多做徒手的完整动作模仿练习,体会上下肢协调发力。根据实际情况,可将男、女生分别记分。

4. 教学名称:原地正面推铅球(女1千克铅球、男2千克铅球)

(1) 教学目标:使学生基本掌握两脚左右开立的原地正面推铅球技术,能够表现出合理的用力顺序,发展上下肢协调用力能力以及上肢力量;使学生懂得下肢和躯干的发力对推铅球成绩能起到非常重要的作用,基本掌握动作要领和动作关键;培养学生遵守纪律、注意安全的良好习惯。

(2) 动作方法:面向投掷方向,两脚左右开立稍宽于肩,完成正确的握球与持球动作,稍屈膝降低重心的同时,上体向右扭转,右肩略低于左肩,左肩稍内扣且略含胸。伴随着躯干的回转发力,快速进行伸髋及蹬伸右腿和左腿、挺胸及推臂和拨球动作,球出手后,短暂保持出手姿势后再上右脚缓冲。

(3) 教学重、难点分析:学习原地正面推铅球的目的在于深刻体会良好用力顺序,使学生感受全身协调发力的重要性,使学生明白推铅球不仅要依靠手臂力量,还必须依靠下肢和躯干的有效发力,这样才能取得良好投掷成绩。原地正面推铅球技术的教学重点是投掷过程中蹬、转、推、拨技术连贯协调;教学难点是遵循动力链传递原理,将力量由下肢传递至胸、肩、臂和手指,实现上下肢协调发力。因此,在教学过程中,教师要花费较多时间、运用多样化手段,强化突出快速蹬伸髋、膝、踝的练习,以及与之相连接的腰背挺立和胸部挺起动作的练习。

（4）教学步骤与内容：①教师进行"原地正面推铅球"的完整动作示范。②教师示范并讲解"握、持球"和"预备姿势"的动作要领。两脚左右开立稍宽于肩，完成正确的握球与持球动作，稍屈膝降低重心的同时，上体向右扭转，右肩略低于左肩，左肩稍内扣且略含胸。③指导学生进行"握、持球"和"预备姿势"的模仿练习，并及时纠正错误动作。④教师示范并讲解"蹬伸推球"的动作要领。伴随着躯干的回转发力，快速进行伸髋及蹬伸右腿和左腿、挺胸及推臂和拨球动作，球出手后，短暂保持出手姿势后再上右脚缓冲。⑤指导学生进行徒手的从"预备姿势"开始的"蹬伸推球"动作的模仿练习。先进行小幅度的伸髋、蹬腿、腰背及胸部的挺立练习，再在此基础上衔接推臂、屈腕和拨指动作。在大多数学生基本达到动作协调、连贯之后，再进行较大幅度的、快速的、徒手的完整动作模仿练习。在练习过程中，教师要及时对个别学生的错误动作进行纠正，并且反复用语言强调"伸髋蹬腿""腰背挺起""挺胸抬头""屈腕拨指"等关键环节。⑥指导学生进行持球的"原地正面推铅球"完整动作练习。练习过程中同时进行错误动作纠正和关键环节的反复语言强调。教师要善于运用正误对比示范，以突出观察某错误动作细节，也可以运用慢动作示范，让学生清晰观察各环节的先后顺序，还可以请动作优秀学生出列展示以激发大家学习激情和讨论热情。在进行持球的完整动作学习过程中，教师首先必须把练习队形规划好、组织好、控制好，将学生分成若干横排，每横排人数不超过6人，左右间距不小于2米。第一排学生听口令或哨音之后，统一完成推球动作，出球之后，教师可以进行纠错、讲解、正误对比示范。然后令第一排学生跑步捡球，回到起掷线处将球递交于第二排学生，严禁回掷球或滚动球，递交球之后，按序排于队尾。

（5）易犯错误及纠正办法：学生在学习原地正面推铅球过程中的易犯错误主要有两个，其一是因伸髋动作的速度、幅度和力度不足，导致上下肢力量不能协调连贯起来。纠正办法包括：①双手持实心球于两大腿前，从屈膝半蹲姿势开始，快速伸髋、蹬腿、伸展身体，同时将实心球向上尽力抛出。②进行双手正面推实心球练习或"双手正面推实心球击靶环选拔赛"游戏。③进行徒手的"蹬伸推球"动作模仿练习。④语言强调和正误对比示范。其二是因腕、指力量不足造成的推拨无力、球放手心、掉肘抛球等现象。纠正办法包括：各种熟悉铅球球性的专门性练习；向下推拨球练习；向上推拨球练习；对墙斜体俯卧撑；宽手距指撑俯卧撑；对墙手倒立；侧手翻；推小车；等等。

5. 游戏名称：侧向双手转推实心球团队积分赛（2千克充气实心球）

（1）教学目标：使学生在游戏中积累转髋、蹬腿、前移重心和左侧支撑等技术细节经验和技能，体会躯干肌群力量的发挥集中表现在骨盆的转动和推送上，明白要想将球推得远，就必须做好转髋和蹬伸动作；发展上肢力量和全身协调用力能力；培养学生遵守纪律、团队合作、奋勇进取的良好品质。

（2）游戏方法：双手持实心球于胸前，身体左侧对着投掷方向，两脚左右开立，身体向右扭转并倾斜，右膝弯曲。听到哨音后，迅速做出转髋、蹬腿以及躯干扭转动作，在重心前移以及身体转向投掷方向的同时，奋力推伸双臂并完成屈腕、拨球动作，使实心球朝前上方飞出。球落在距起掷线3米线内计3分、4米线内计4分……8米线内计8分，以此类推。每6人组成1个团队，每队每轮比赛派出1名记分裁判员，以记取本队5名队员的总积分。比赛开始前，本队1名队员站立于起掷线后约0.5米处等待，另1名队员从其身后递球，其余3名队员站立于投掷区远端10米开外以排序捡球。球掷出并落地和记分之后，捡球队员听哨音持球跑回本队起掷线后，给另1名队员递球，推球的这名队员则起身并快速跑向投掷区远端，排位于另2名队员之后，以此类推。直至5名队员全部掷完一轮,报送总分。下一轮比赛则更换记分裁判员,以此类推。

(3)游戏规则:比赛进程必须由教师掌控,必须在有序情况下听哨音进行,擅自推球、跑出、捡球跑回者,比赛暂停并警告,再犯者本队本轮总分扣10分。每轮比赛可根据实际情况安排4~6队进行。教师一声长哨音指令投掷者就位并做出预备姿势,一声短哨音指令投掷者推出实心球,接着记分裁判员记分和队员捡球,教师根据捡球完成情况,用两声短哨音指令捡球者跑回本队以及掷球者跑向投掷区远端捡球区。掷球者必须双手持球于胸前,必须左肩侧对投掷方向(左利手者右肩侧对投掷方向),必须站立于起掷线之后,必须双手同时伸臂将球推出,不得单手推、抛实心球,身体任何部位不能触及起掷线以前地面。以上违例者判为本投失败,记零分。比赛所用球为2千克充气实心球。

(4)教学步骤与内容:①教师进行"侧向双手转推实心球"的完整动作示范。②教师示范并讲解"预备姿势"的动作要领。双手持实心球于胸前,身体左侧对着投掷方向,两脚左右开立一肩半宽,左脚前脚掌内侧着地,与右脚跟几乎在一条直线上。身体向右扭转并倾斜,右膝弯曲,重心压在弯曲的右腿上,稍低头含胸,眼睛目视右脚前方30~50厘米处。③指导学生进行"预备姿势"的模仿练习,并及时纠正错误动作。④教师示范并讲解"转体推球"的动作要领。在做好"预备姿势"之后,发力时首先进行右腿的转蹬动作,以推动骨盆向投掷方向前移和转动,紧接着迅速进行左腿的支撑蹬伸、上肢和躯干向投掷方向的转动、挺胸抬头、奋力推伸双臂以及屈腕和拨指等动作,使球向前上方飞出。球出手后,迅速做出交换两腿位置的换步缓冲动作。⑤指导学生进行徒手的完整动作模仿练习和持球的完整动作练习,并及时纠正错误动作。⑥教师借助图示画板和实际场地向学生讲解"侧向双手转推实心球团队积分赛"的游戏方法和游戏规则。⑦按照班级实际情况进行人员分配和组队,并进行模拟演练。⑧正式比赛,根据实际情况进行若干轮的游戏比赛。⑨总结、讨论、奖惩。

(5)注意事项与要求:安全和纪律方面需要反复强调,教师必须严格把控场面,避免因无序而造成的伤害事故。对于技术动作方面,需要反复强调"预备姿势"的规范性,尤其强调侧向站立,右膝弯曲,重心在右腿上;需要反复强调转髋蹬腿、左腿支撑、转体挺胸、双臂向前上方推拨。人员分组时注意投掷实力的均衡性,尤其是男、女生要合理搭配。

6. 教学名称:原地侧向推铅球(女1千克铅球、男2千克铅球)

(1)教学目标:使学生基本掌握原地侧向推铅球技术,能够清晰体会原地侧向推铅球比原地正面推铅球更能发挥下肢力量和躯干力量,发展上下肢协调用力能力以及上肢力量;使学生懂得快速的转蹬右腿、推动骨盆前移以及撑、挺动作,对于推铅球成绩的提高能起到非常重要的作用;使学生能够基本说出原地侧向推铅球的动作要领和技术关键;培养学生遵守纪律、注意安全的良好习惯。

(2)动作方法:握、持铅球之后,身体左侧对着投掷方向,两脚左右开立一肩半宽,左脚前脚掌内侧着地并与右脚跟几乎在一条直线上。身体向右扭转并倾斜,右膝弯曲,重心压在弯曲的右腿上,左臂向体前右侧自然抬起,稍低头含胸,眼睛目视右脚前方约30厘米处。预备姿势做好之后,开始进入原地侧向推铅球的最后用力阶段。首先是右膝在保持弯曲基础上做内转和侧蹬动作,与此同时,骨盆在右髋、臀部、腰背部和腹部肌群的协同作用下迅速扭转发力,使骨盆尽量向投掷方向推送。此时应保持好左髋、膝、踝的支撑伸展状态,随着身体重心迅速向左腿和投掷方向移动,左肩迅速打开,爆发性完成左腿的向上蹬伸、挺胸抬头、推伸右臂、屈腕、拨指动作。球出手后,迅速做出交换两腿位置的换步缓冲动作。

（3）教学重、难点分析：学习原地侧向推铅球的关键在于有效集聚全身力量并集中作用于铅球质心，使铅球在出手瞬间具有最大的速度和合理的角度。因此，要让学生建立良好的用力顺序，感受全身协调发力的关键点在于骨盆运动。要让学生明白，及时有效的骨盆侧移、转动和推送动作，是保障下肢力量和躯干力量能够传递并集结于手臂的前提。那么，在教学过程中，教师就要花较多时间、运用多样化手段，强化突出右膝的屈膝内转及侧蹬前提下的转动右髋练习。因此，原地侧向推铅球技术的教学重点就是确保骨盆及时充分地实现侧移、转动和推送。由于初学者易犯的一个典型错误是上体过早前倾，手臂急于发力，从而造成臀部后坐，下肢和躯干力量来不及发挥。因此，学生学习原地侧向推铅球技术的难点突出表现在有效发挥下肢及躯干力量并实现正确的用力顺序。突破这一难点的根本方法，就是做出及时、充分、正确的骨盆运动，使由下至上的力量传递效果得到保障。因此，教师要反复强调右腿及骨盆动作在最后用力阶段的重要性，需要安排大量徒手和持球情况下的原地侧向转髋练习和原地侧向转髋接蹬起和撑挺练习。

（4）教学步骤与内容：①教师进行"原地侧向推铅球"的完整动作示范。②复习原地正面推铅球技术。③教师示范并讲解原地侧向推铅球"预备姿势"的动作要领。④教师指导学生进行"预备姿势"的模仿练习，并及时纠正错误。⑤教师示范并讲解"原地侧向推铅球最后用力阶段"的动作要领。⑥指导学生进行徒手的从"预备姿势"开始的"原地侧向转髋练习"。在练习过程中，教师要及时进行错误动作纠正，并且反复用语言强调"屈膝内转""转髋蹬腿""骨盆前推""上体和左臂留后"等关键环节。⑦指导学生进行徒手的原地侧向转髋接蹬起和撑挺练习。⑧指导学生先后分别进行徒手和持球的"原地侧向推铅球"完整动作练习。练习过程中及时进行错误动作纠正和关键环节的反复语言强调。教师要善于运用正误对比示范，以突出观察某错误动作细节，也可以运用慢动作示范，让学生清晰观察各环节的先后顺序，还可以请动作优秀学生出列展示以激发大家学习激情和讨论热情。在进行持球的完整动作学习过程中，教师首先必须把练习队形规划好、组织好、控制好，将学生分成若干横排，每横排人数不超过6人，左右间距不小于2米。第一排学生听口令或哨音之后，统一完成推球动作，出球之后，教师可以进行纠错、讲解、正误对比示范。然后令第一排学生跑步捡球，回到起掷线处将球递交于第二排学生，严禁回掷球或滚动球，递交之后，按序排于队尾。

（5）易犯错误及纠正办法：学生在学习原地侧向推铅球过程中的易犯错误主要有三个，其一是用力顺序错误，表现为上体过早前倾、手臂急于发力、臀部后坐。纠正办法包括：强调推铅球必须依靠下肢和躯干力量；强调右腿及骨盆动作的优先发力；加强原地侧向转髋练习与原地侧向转髋接蹬起和撑挺练习。其二是左侧支撑不及时、不充分，表现为无法实现骨盆的转动与前推动作，下肢和躯干力量不能有效向上传递，身体侧倒或前冲。纠正办法包括：明确左脚的合理位置以及左侧支撑要领；进行两脚前后开立的正面推铅球练习；进行原地侧向推实心球击靶环练习。其三是推拨无力、掉肘抛球。纠正办法包括：向上推拨球练习；侧手翻；推小车；双手单脚俯卧撑；坐姿或跪姿推拨球练习；等等。

二、初中生铅球教学方法

1. 游戏名称：持实心球连续侧向并步接力赛（1千克沙子实心球）

（1）教学目标：使学生体会左脚向外侧快速摆落、右脚向内侧快速滑收的肌肉感觉，明白身体侧向移动的速度来自左腿的外摆速度和右腿的蹬伸及滑收速度,在游戏中积累侧向滑步技术的相关经验。

(2)游戏方法:按照推铅球的技术要求握、持好1千克的沙子实心球,身体左侧对着即将行进的方向,两脚左右开立一肩半宽,上体直立,屈髋、屈膝以降低身体重心。听到哨音后,迅速做出右脚向左脚滑动靠拢的滑收动作,待右脚靠近左脚着落之后,迅速进行左腿外摆动作,使左脚向外侧快速摆落,两脚间距维持在一肩半长,如此反复交替并向远端标志线方向快速行进,尽量保持身体重心平稳,直至到达远端标志线,将球交给远端标志线后的本队接力队员。远端队员拿到球后,迅速以握、持球的规范姿势开始起动,并朝向近端标志线的本方队员方向行进,直到最后一名队员行进完毕。比赛开始前先合理分组,视班级人数可均等分为2组、3组或4组,分好组之后,留一半队员在近端标志线后排成一列纵队,另一半队员在相距10米处的远端标志线后也排成一列纵队。比赛从近端标志线后的各组第一位持球成预备姿势站好的队员开始,听教师哨音后开始起动,直到各组最后一名队员完成为止,最先完成的组为获胜组。

(3)游戏规则:比赛进程必须由教师掌控,必须在有序情况下听哨音进行,擅自跑出者,比赛暂停并警告,再次犯规者取消本组本轮比赛资格。接力队员必须两脚均站立于标志线之后,接到球之后必须按照握、持铅球的规范姿势按侧对行进方向出发,行进过程中必须始终保持球不离颈部,必须侧向连续并步交替,接力传球时必须手对手递交,不得抛掷传球。违反以上条例者则判为犯规,取消本组本轮所获成绩。比赛所用球为1千克沙子实心球,两端标志线相距10米。

(4)教学步骤与内容:①教师进行"持实心球连续侧向并步"的动作示范。②指导学生进行握持球、预备姿势、右腿蹬伸及滑收并步、左腿外摆及左脚快落等动作环节的分解练习,并及时纠正错误动作。③指导学生进行徒手的连续侧向并步完整动作练习,先慢速,再快速,并及时纠正错误动作。④指导学生进行"持实心球连续侧向并步"的完整动作练习。⑤教师借助图示画板和实际场地向学生讲解"持实心球连续侧向并步接力赛"的游戏方法和游戏规则。⑥进行人员分组和站队安排,并进行模拟演练。⑦正式比赛,根据实际情况进行若干轮的游戏比赛。⑧总结、讨论。

(5)注意事项与要求:教师必须严格申明游戏规则及要求,必须严格把控场面,避免因无序而造成的伤害事故或频繁犯规。对于技术动作方面,需要反复强调屈髋、屈膝、降低身体重心、右腿快速蹬伸及滑收并步、左腿外摆及左脚快落、重心平稳等动作细节要求。人员分组时注意实力的均衡性,尤其是男、女生要合理搭配。左利手学生站位是右肩朝向行进方向。

2. 游戏名称:侧向垫步推球飞越横杆分组赛(1千克沙子实心球)

(1)教学目标:使学生体会因下肢快速移动而形成超越器械姿势下的转体发力比原地侧向推铅球更加具有优越性;体会并理解及时推转骨盆动作对整体动作的连贯性和上下肢协调发力所起的关键作用;发展全身协调用力能力,培养学生善于观察并自我纠错、互助合作的良好习惯。

(2)游戏方法:侧向站立,右脚在起掷线后2米处,按照原地侧向推铅球的技术要求做好握、持球和预备姿势。听到哨音后,进行垫步和推球动作,即右腿侧蹬、重心前移、右脚内收、左脚蹬伸并向前摆插、右脚落地、左脚落地。紧接着进行右腿的转蹬动作以推送骨盆向投掷方向快速转动,伴随着两腿的积极蹬伸和左肩打开动作,迅速进行挺胸推臂和屈腕拨指,使球飞越横杆上方,球出手之后迅速进行换步缓冲动作。横杆距离起掷线2米远,高度为2.6米。在横杆后2米处开始每隔1米画出一条标志线,分别计4分、5分、6分……12分等。根据学生投掷球落地区域记取本次投掷的具体得分。待所有学生都投掷两轮之后,按照累加成绩分组,总分排在全班前三分之一的学生为第一组,总分排在全班中间三分之一的学生为第二组,总分排在全班后三分之一的学生为第三组,然后进行每个组别内部的两轮投掷比赛,决出各个组别的前三名。比赛开始前由大家商定选出4名记分裁判员和4名捡球裁判员,比赛中期由教师负责调配更换。

(3) 游戏规则:比赛进程必须由教师掌控,必须在有序情况下听哨音进行,擅自推球者,比赛暂停并警告,再犯者扣减本人成绩5分。可根据实际情况安排4列纵队进行。教师一声长哨音指令投掷者就位并做出预备姿势,一声短哨音指令投掷者进行垫步推球,此后接着进行裁判记分和捡球。教师根据捡球完成情况,用两声短哨音指令捡球裁判员将球送回。掷球者必须按照原地侧向推铅球的握、持球和预备姿势站立于起掷线后2米处,必须在听到哨音之后做出垫步动作接推球,不得原地推、跑步推、走步推,不得抛掷球,身体任何部位不能触及起掷线以前地面。以上违例者判为本投失败,记零分。比赛所用球为1千克沙子实心球。

(4) 教学步骤与内容:①教师进行"侧向垫步推球飞越横杆"的完整动作示范。②教师示范并讲解"侧向垫步"动作。首先进行的是右腿侧蹬,使身体重心向左脚上方移动,与此同时,右脚迅速向左脚位置内收,在右脚即将触及左脚之时,左脚快速蹬伸离地并朝向起掷线位置摆插,在右脚落地后的很短时间内左脚也靠近起掷线附近落地。整个垫步过程,下肢快于上肢,形成下肢在前、上肢和器械在后的超越器械姿势,此时应保持右膝的适度弯曲,身体重心在右腿之上。③指导学生进行徒手的垫步动作模仿练习,先慢速,后快速,并及时纠正错误动作。④指导学生进行徒手的由预备姿势开始的垫步接最后用力的模仿练习。⑤指导学生进行"侧向垫步推球飞越横杆"的完整动作练习,并及时纠正错误动作。⑥教师借助图示画板和实际场地向学生讲解"侧向垫步推球飞越横杆分组赛"的游戏方法和游戏规则。⑦进行人员分组和站队安排,并进行模拟演练。⑧正式比赛,根据实际情况进行若干轮的游戏比赛。⑨总结、讨论。

(5) 注意事项与要求:安全和纪律方面需要反复强调,教师必须严格把控场面,避免因无序而造成的伤害事故。对于技术方面,需要反复强调"垫步动作"的规范性,反复强调下肢动作的速度与幅度,强调超越器械姿势及右膝保持弯曲、快速转髋、积极撑挺等动作细节,多做徒手完整动作模仿练习,体会上下肢协调发力。根据实际情况可将男、女生分别记分。

3. 教学名称:侧向滑步推铅球(女2千克铅球、男3千克铅球)

(1) 教学目标:使学生基本掌握侧向滑步推铅球技术,能够表现出超越器械的身体姿势,能够较为连贯地将侧向滑步与最后用力衔接起来,使侧向滑步推铅球成绩优于原地侧向推铅球成绩;使学生能够基本说出侧向滑步推铅球的动作要领和技术关键;培养学生遵守纪律、注意安全的良好习惯。

(2) 动作方法:握、持好球之后,左肩侧对投掷方向,两脚左右开立约30厘米,右脚外侧靠近投掷圈后沿,左脚前脚掌着地,身体重心落在右腿上。预备姿势稳定之后,上体向右前方稍倾斜,左腿适度外展摆起,左臂自然上举。然后右腿屈膝适度下蹲,左腿回收使左脚靠近右脚,形成团身姿势,重心落在右脚上,铅球的投影点在右脚右外侧,眼睛目视前下方2~3米处。伴随着右腿向上蹬伸,进行左腿外展摆起和上体抬起,此后再次进行团身姿势。经过侧向预摆团身动作之后,进入侧向滑步阶段。首先用髋部带动身体重心略微离开右脚支撑点向投掷方向移动,紧接着快速实现左腿向投掷方向的外摆和右腿向投掷方向的蹬伸。待蹬摆动作完成之后,右腿迅速拉收,右脚贴地面滑行、适度内扣并以前脚掌着落于投掷圈中心附近。左腿积极下压且左脚前脚掌内侧着地于投掷圈的左前方抵趾板附近。保持超越器械姿势,身体基本呈现出原地侧向推铅球预备姿势的稍高位状态。从右脚着地到左脚着地这个短暂的时期称为过渡或衔接阶段,它是衔接滑步与最后用力的关键环节。也就是当右脚着地瞬间,右髋肌群迅速带动弯曲的右膝向投掷方向做屈膝内转、内压和侧蹬动作,以推动骨盆向前侧移和转动,左脚积极下压着地。当左脚着地形成双支撑之后,就进入最后用力阶段,此时进一步充分蹬伸右腿和转动右髋,使身体重心迅速向左腿和投掷方向移动,伴随着左肩的迅速打开,爆发性完成左侧支撑前提下的向上蹬伸。与此同时,抬头挺胸,随即进行右侧肩带肌群和胸部肌群的迅速发力,使上臂与前臂快速向前上方推出,并及时做出强有力的屈腕和拨球动作,使球朝与水平线成38°~42°的方向飞出。球出手后,迅速做出交换两腿位置的换步缓冲动作。

(3)教学重、难点分析:侧向滑步推铅球技术相比原地侧向推铅球技术的优越性在于侧向滑步动作使铅球在最后用力前获得了一个预先的水平速度,同时由滑步所形成的超越器械姿势也为最后用力创造了良好的投前姿势和发力条件。由于是在原地侧向推铅球技术已经掌握的基础上进行教学,因此握持球、预备姿势、最后用力等环节技术在教学中为巩固提高的内容。那么,在侧向滑步推铅球技术教学中要重点解决的是滑步速度与滑步幅度的良好体现。要让学生明白,通过以摆带蹬、蹬摆结合的两腿协调发力方式,进行快速的、大幅度的、身体重心平稳的滑步动作是形成超越器械姿势的根本保证。因此,侧向滑步推铅球技术的教学重点就是通过多种练习手段来强化提高左腿摆动和右腿蹬伸与滑步拉收的动作效果。练习过程中要特别注意左腿的摆动速度、幅度和方向,右腿的蹬伸方向、力量和滑步拉收的速度、幅度,要特别注意左腿摆动与右腿蹬伸的协调配合。在重点掌握了滑步技术的情况下,需要将各个环节组合起来以完成侧向滑步推铅球的完整技术,这也是侧向滑步推铅球技术的教学难点。但是,在进行完整技术练习时,学生普遍会遇到各个环节技术之间不能有效衔接的实际困难,尤其表现在滑步与最后用力之间的衔接上,或停顿脱节,或上肢过早发力,其实质就是整体动作节奏不合理。造成这种现象的原因,其一在于学生右腿退让能力和躯干核心力量比较薄弱,其二在于教师在教学内容安排上忽略了衔接与过渡这个环节,自认为只要各分解技术学好了,仅将其组合起来就能完成完整技术。鉴于上述情况,教师在教学过程中,一方面要适时安排带有一定负荷或抗阻的右腿滑步练习、躯干扭转练习,另一方面要特别注意教学进程的安排不是简单的分解练习,而是要在分解技术掌握的后期,加入承上启下的衔接内容,使教学内容呈现出叠加性,这样才能有效克服学生的学习困难。

(4)教学步骤与内容:①教师进行"侧向滑步推铅球"的完整动作示范。②复习原地侧向推铅球和侧向垫步推铅球。③教师示范并讲解侧向滑步推铅球"预备姿势"和"团身预摆"的动作要领。④教师指导学生进行"预备姿势"和"团身预摆"的模仿练习,并及时纠正错误动作。⑤教师示范并讲解"侧向滑步"的动作要领。首先用髋部带动身体重心略微离开右脚支撑点向投掷方向移动,紧接着快速实现左腿向投掷方向的外摆和右腿向

投掷方向的蹬伸。待蹬摆动作完成之后,右腿迅速拉收,右脚贴地面滑行、适度内扣并以前脚掌着落于投掷圈中心附近。左腿积极下压且左脚前脚掌内侧着地于投掷圈的左前方抵趾板附近。保持超越器械姿势,身体基本呈现出原地侧向推铅球预备姿势的稍高位状态。⑥指导学生分别进行移动髋部情况下的左腿外摆和下压练习、以摆带蹬和蹬摆结合的两腿协调发力练习、蹬伸并拉收右腿练习、滑步并形成超越器械姿势练习。先徒手,后持球,视具体情况和条件可加入弹力带、小台阶等辅助器械的强化练习。⑦教师示范并讲解"侧向滑步接转髋"动作,并指导学生先后在徒手和持球的情况下进行练习。注意强调快速及时地推转骨盆并保持超越器械的姿势。⑧教师示范并讲解"侧向滑步接转髋、蹬起和撑、挺"动作。经预备姿势、预摆团身、侧向滑步及推动骨盆侧移和左脚着地的双支撑动作之后,充分蹬伸右腿和转动右髋,使身体重心迅速向左腿和投掷方向移动,伴随着左肩的迅速打开,爆发性完成左侧支撑前提下的向上蹬伸,与此同时,抬头挺胸,眼睛目视前上方。指导学生先后在徒手和持球的情况下进行练习,持球练习时强调不允许将球推出,保持一排一排先后练习,左右间隔2米以上。⑨指导学生先后进行徒手和持球情况下的"侧向滑步推铅球"完整动作练习。练习过程中,教师要反复对关键环节进行语言强调,运用正误对比示范以突出某错误动作细节,运用慢动作示范,让学生清晰观察各环节的先后顺序,还可以请动作优秀学生出列展示以激发大家学习激情和讨论热情。在进行持球的完整动作学习过程中,教师首先必须把练习队形规划好、组织好、控制好,将学生分成若干横排,每横排人数不超过4人,左右间距不小于2米。第一排学生听口令或哨音之后,统一完成推球动作,出球之后,教师可以进行纠错、讲解、正误对比示范。然后指令第一排学生跑步捡球,回到起掷线处将球递交于第二排学生,严禁回掷球或滚动球,递交球之后,按序排于队尾。⑩介绍推铅球的场地、规则。按照正式比赛模式,教师演示在投掷圈内进行侧向滑步推铅球的完整技术过程,指导学生逐个在投掷圈内体验侧向滑步推铅球的完整技术过程。所有学生必须站位于投掷圈后方2米以外,待铅球全部掷完之后,听教师口令统一捡球。

(5)易犯错误及纠正办法:学生在学习侧向滑步推铅球过程中的易犯错误主要有四个,分别是滑步距离太短、滑步时跳起、滑步时上体过早抬起、滑步与最后用力不能有效衔接。具体产生原因及纠正办法请参见本章第二节中的"三、推铅球易犯错误及纠正办法"。

三、高中生铅球教学方法

1. 游戏名称:背向垫步推球飞越横杆团队积分赛(1千克沙子实心球)

(1)教学目标:使学生体会背向垫步推球比侧向垫步推球更能发挥出躯干及下肢力量;进一步理解及时推转骨盆动作对整体动作的连贯性和上下肢协调发力所起的关键作用;发展全身协调用力能力,培养学生善于观察并自我纠错、互助合作的良好习惯以及奋勇进取的良好品质。

(2)游戏方法:按照推铅球的动作要领握、持好球之后,背对投掷方向,两脚前后开立一肩半宽,右脚距起掷线约2米。弯曲右膝、降重心、体前屈。听到哨音后,进行背向垫步和推球动作,即右腿蹬伸,重心向投掷方向移动,右脚后撤,左脚蹬伸并向投掷方向摆插,右脚落地,左脚落地。紧接着进行右腿的转蹬动作以推送骨盆向投掷方向快速转动,伴随着两腿的积极蹬伸和左肩打开动作,迅速进行挺胸推臂和屈腕拨指,使球飞越横杆上方,球出手之后迅速进行换步缓冲动作。横杆距离起掷线2米远,高度为2.7米。在横杆后3米处开始每隔1米画出一条标志线,分别计5分、6分、7分……12分等。根据学生投掷球落地区域记取本次投掷的得分。每6人组成1个团队,每队每轮比赛派出1名记分裁判员,以记取本队5名队员的总积分。比赛开始前,本队1名队员背对投掷方向站立于起掷线后2米处等待,另1名队员从其正面递球,其余3名队员站立于投掷区远端15米开外以排序捡球。球掷出并落地和记分之后,捡球队员听哨音持球跑回本队起掷线后,给另1名队员递球,推球的这名队员则起身并快速跑向投掷区远端,排位于另2名队员之后,以此类推。直至5名队员全部掷完一轮,报送总分。下一轮比赛则更换记分裁判员。

(3)游戏规则:比赛进程必须由教师掌控,必须在有序情况下听哨音进行,擅自推球、跑出、捡球跑回者,比赛暂停并警告,再犯者本队本轮总分扣10分。每轮比赛可根据实际情况安排4队进行。教师一声长哨音指令投掷者就位并做出预备姿势,一声短哨音指令投掷者进行垫步推球,接着记分裁判员记分和队员捡球,教师根据捡球完成情况,用两声短哨音指令捡球者跑回本队以及掷球者跑向投掷区远端捡球区。掷球者必须背向站立于起掷线后2米处,必须在听到哨音之后做出背向垫步动作接推球,不得原地推、侧向垫步推,不得抛掷球,身体任何部位不能触及起掷线以前地面。以上违例者判为本投失败,记零分。比赛所用球为1千克沙子实心球。

(4)教学步骤与内容:①教师进行"背向垫步推球飞越横杆"的完整动作示范。②教师示范并讲解"背向垫步"动作。握、持球后,背对投掷方向站立,两脚前后开立一肩半宽,右脚距起掷线约2米。弯曲右膝、降重心、体前屈。背向垫步时首先进行的是右腿向后蹬伸,使身体重心向左脚上方移动,与此同时,右脚迅速向左脚位置后撤,在右脚即将触及左脚之时,左脚快速蹬伸离地并朝向起掷线位置摆插,在右脚落地后的很短时间内左脚也靠近起掷线附近落地。整个垫步过程,下肢快于上肢,形成下肢在前、上肢和器械在后的超越器械姿势,此时应保持右膝的适度弯曲,身体重心在右腿之上。③指导学生进行徒手的背向垫步动作模仿练习,先慢速,后快速,并及时纠正错误动作。④指导学生进行徒手的由预备姿势开始的背向垫步接最后用力的模仿练习。⑤指导学生进行"背向垫步推球飞越横杆"的完整动作练习,并及时纠正错误动作。⑥教师借助图示画板和实际场地向学生讲解"背向垫步推球飞越横杆团队积分赛"的游戏方法和游戏规则。⑦进行人员分组和站队安排,并进行模拟演练。⑧正式比赛,根据实际情况进行若干轮的游戏比赛。⑨总结、讨论。

(5)注意事项与要求:安全和纪律方面需要反复强调,教师必须严格把控场面,避免因无序而造成的伤害事故。对于技术方面,需要反复强调"垫步动作"的规范性,反复强调下肢动作的速度与幅度,强调超越器械姿势与右膝保持弯曲、快速转髋、积极撑挺等动作细节,多做徒手完整动作模仿练习,体会上下肢协调发力。人员分组时注意投掷实力的均衡性,尤其是男、女生要合理搭配。

2. 教学名称:背向滑步推铅球(女3千克铅球、男4千克铅球)

(1)教学目标:使学生基本掌握背向滑步推铅球技术,能够较好地表现出超越器械的身体姿势,能够将背向滑步与最后用力连贯地结合起来,使背向滑步推铅球成绩优于侧向滑步推铅球成绩;使学生能够较完整地说出背向滑步推铅球的动作要领和技术关键,发展上肢力量和全身协调用力能力;培养学生遵守纪律、注意安全的良好习惯。

（2）动作方法：握、持好球之后，背对投掷方向，右脚跟正对投掷方向，左脚前脚掌或脚尖着地于右脚跟的左后方约20厘米处，上体正直放松，左臂自然上举，重心落在右腿上，眼睛目视前下方5米左右。预备姿势稳定之后，上体适度含胸前倾，屈右膝、降重心，眼睛目视前下方1~2米处，左脚回收靠近右脚，形成高位团身姿势，然后伴随着右腿向上蹬伸，左腿向后摆起并抬起和伸展上体，右腿支撑保持平衡，如此再次进行高位团身姿势，背部躯干与地面成30°~45°。随后进入背向滑步阶段，即当左脚回收靠近右脚并呈团身姿势时，随即进行臀部带动身体重心略微离开右脚支撑点向投掷方向的移动，紧接着左腿以大腿带动小腿迅速向投掷方向摆出，右腿以前脚掌蹬地进行积极有力的蹬伸动作，体现以摆带蹬、蹬摆结合的特点。然后及时快速地拉收右小腿，右脚贴地面滑行、适度内扣并以前脚掌着地，右脚掌与投掷方向约成130°。左腿积极下压以左脚前脚掌内侧着地。保持超越器械姿势，身体基本呈现出原地侧向推铅球预备姿势的稍高位状态。当右脚着地瞬间，随即右髋部肌群带动右膝以右脚掌为支点向投掷方向做屈膝内转、内压和侧蹬动作，以推动骨盆向前侧移和转动，左脚积极下压着地，两脚着地的间隔时间越短越好。此时重心仍落在弯曲压紧的右腿上，右膝弯曲约130°，铅球的投影点在右脚或右膝之上，左臂屈肘抬起置于胸前。双支撑的形成也标志着最后用力阶段的开始，右腿进行爆发式的转蹬发力，加速右髋的强力转动和身体重心向左腿与投掷方向移动，伴随着左臂屈肘带动左肩及胸部向投掷方向的转动和打开，爆发性完成左侧支撑前提下的向上蹬伸，与此同时，抬头挺胸，右侧肩带肌群和胸部肌群随之迅速发力，使上臂与前臂快速向前上方推出，并及时做出强有力的屈腕和拨球动作，使球朝与水平线成38°~42°的方向飞出。球出手后，迅速做出交换两腿位置的换步缓冲动作。

（3）教学重、难点分析：背向滑步推铅球比侧向滑步推铅球更能发挥出右腿蹬伸力量、左腿摆动幅度与速度、整体滑步速度、躯干扭紧程度、肌肉工作距离，因此能比侧向滑步推铅球获得更大的出手速度。但是其技术复杂程度也相对较高，学习难度也随之增加。背向滑步推铅球技术的教学重点在于强化提高背向滑步的速度与幅度以及与最后用力的衔接与过渡。要让学生清晰感受到强而有力的蹬、摆动作及其协调配合，是获取良好滑步速度的前提；身体重心平稳，上肢不急于发力，右腿拉收的速度快、幅度大，右脚着地后及时进行向前推转骨盆等环节动作，是确保所获速度不损失的有效办法。因此，要通过多种练习手段来强化提高滑步技术，强化提高右脚着地至左脚着地过程中的骨盆侧移及推送动作。学生在学习背向滑步推铅球技术过程中，所遇到的难点依旧是因衔接不好而破坏了整体动作节奏，而且，这个困难表现得比侧向滑步推铅球更加明显。因此，在教学过程中为了更好解决衔接问题这一教学难点，需要叠加式地安排练习内容，诸如徒手或持球的滑步练习、徒手或持球的滑步接转髋练习、徒手或持球的滑步接转髋和撑挺练习。还可以根据实际条件，考虑安排一些带有一定专项负荷性质的辅助性练习，例如利用弹力带抗阻来改进滑步动作和躯干扭转动作，利用小台阶和斜板来促进右腿退让能力和转蹬能力的进一步提高。

（4）教学步骤与内容：①教师进行"背向滑步推铅球"的完整动作示范。②复习原地侧向推铅球和侧向滑步推铅球。③教师示范并讲解背向滑步推铅球"预备姿势"和"团身预摆"的动作要领，指导学生进行"预备姿势"和"团身预摆"的模仿练习，并及时纠正错误动作。④教师示范并讲解"背向伸落左脚转体推铅球"的动作要领。经预备姿势和团身预摆之后，身体重心向投掷方向稍水平移动以离开右脚支点，随之迅速做出左腿后伸、左脚着地的动作,在左脚后伸着地的过程中,迅速做出右膝内转、内压和侧蹬动作,推动骨盆侧移,呈现超越器械姿势。在左脚着地的一瞬间,立即支撑住左腿,与此同时也迅速完成蹬伸右腿、推转骨盆、前移重心、蹬伸左腿、打开左肩、挺胸伸臂、屈腕拨球、换步缓冲等一系列动作。指导学生进行"背向伸落左脚转体推铅球"的徒手模仿练习和持球实战练习,并及时纠正错误动作。⑤教师示范并讲解"背向滑步"的动作要领。团身姿势完成后,身体重心略微向投掷方向移动,紧接着左腿迅速向投掷方向摆出,右腿及时有力蹬伸,然后快速拉收小腿,使右脚贴地面滑行并适度内扣且以前脚掌着地。与此同时,左腿积极下压并迅速以左脚前脚掌内侧着地。⑥指导学生分别进行移动髋部情况下的左腿后摆和下压练习、以摆带蹬和蹬摆结合的两腿协调发力练习、蹬伸并拉收右腿练习、滑步并形成超越器械姿势练习。先徒手、后持球,视具体情况和条件可加入弹力带、小台阶等辅助器械的强化练习。⑦教师示范并讲解"背向滑步接转髋"动作,并指导学生先后在徒手和持球的情况下进行练习。注意强调快速及时地推转骨盆并保持超越器械的姿势。⑧教师示范并讲解"背向滑步接转髋、蹬起和撑、挺"动作。经预备姿势、预摆团身、背向滑步及推动骨盆侧移和左脚着地的双支撑动作之后,充分蹬伸右腿和转动右髋,使身体重心迅速向左腿和投掷方向移动,伴随着左肩的迅速打开,爆发性完成左侧支撑前提下的向上蹬伸,与此同时,抬头挺胸,眼睛目视前上方。指导学生先后在徒手和持球的情况下进行练习,持球练习时强调不允许将球推出,保持一排一排先后练习,左右间隔3米以上。⑨指导学生先后进行徒手和持球的"背向滑步推铅球"完整动作练习。练习过程中教师要反复对关键环节进行语言强调,运用正误对比示范以突出某错误动作细节,运用慢动作示范,让学生清晰观察各环节的先后顺序,还可以请动作优秀学生出列展示以激发大家学习激情和讨论热情。在进行持球的完整动作练习过程中,教师必须首先把练习队形规划好、组织好、控制好,将学生分成若干横排,每横排人数不超过4人,左右间距不小于3米。第一排学生听口令或哨音之后,统一完成推球动作,出球之后,教师可以进行纠错、讲解、正误对比示范。然后指令第一排学生跑步捡球,回到起掷线处将球递交给第二排学生,严禁回掷球或滚动球,递交球之后,按序排于队尾。⑩复习推铅球的场地、规则,介绍裁判组分工及职责和方法。教师根据学生平时表现,选拔6~8名安全意识强的学生担任裁判员。按照正式比赛模式,教师演示在投掷圈内进行背向滑步推铅球的完整技术过程。指导学生逐个在投掷圈内体验背向滑步推铅球的完整技术过程,并指导裁判员的裁判工作。所有学生必须站位于投掷圈后方2米以外,待铅球全部掷完之后,听教师口令统一捡球。

(5)易犯错误及纠正办法:学生在学习背向滑步推铅球过程中的易犯错误主要有四个,分别是滑步距离太短、滑步时跳起、滑步时上体过早抬起、滑步与最后用力不能有效衔接。具体产生原因及纠正办法请参见本章第二节中的"三、推铅球易犯错误及纠正办法"。

第十三章 标 枪

标枪教学视频

第一节 标枪技术

一、标枪基本技术

掷标枪是田径运动中技术比较复杂的快速力量性项目。合理的掷标枪技术，要求运动员在快速助跑中充分发挥身体的力量，以正确的动作将标枪掷出。掷标枪基本技术分为握枪和持枪、助跑、最后用力、维持平衡四个部分。下面以右手掷标枪为例对掷标枪基本技术进行分析。

1. 握枪和持枪

掷标枪时，投掷者必须单手握在标枪把手处。合理的握枪方法能较好地控制标枪，使最后用力的方向通过标枪纵轴，同时又能最大限度地发挥投掷臂和手腕、手指的力量。为了将人体助跑和用力时产生的速度和力量有效地传递和作用于标枪上，握枪时既要握牢，又要保持投掷臂和手部肌肉相对放松，以便快速"鞭打"用力。

（1）握枪。

现代标枪运动员的握枪方法主要有现代式握法和普通式握法两种，如图13-1所示。

(a)

(b)

图13-1 标枪的握法
(a)现代式握法；(b)普通式握法

①现代式握法。

目前世界优秀标枪运动员大多数采用现代式握法。这种握法是标枪斜放在右手掌心，用右手拇指和中指末端握住标枪把手后端边缘，其余手指自然扶握在标枪把手上面，如图13-1(a)所示。

现代式握法的优点较多：第一，可以利用中指较长而且力量较大的特点，在掷标枪时增加用力距离并发挥较大力量；第二，可以使标枪在出手瞬间产生绕其纵轴更强的旋转，以增强标枪在空中飞行时的稳定性；第三，有利于最后用力时前腕部的放松。

②普通式握法。

这种握法是将标枪斜放在右手掌心，用右手拇指和食指末端握住标枪把手后端边缘，其余手指自然弯曲握在标枪把手上面，如图13-1(b)所示。

（2）持枪。

持枪是指在预跑过程中携带标枪，主要有肩上持枪和肩下持枪两种方法。

①肩上持枪。

右手持枪于右肩上方，持枪手靠近头部，高度与头顶齐平或稍高于头，枪身与地面平行或枪尖略低于枪尾，如图13-2所示。目前多数标枪运动员采用肩上持枪，这种方法动作简单，能使运动员助跑时平稳地进行引枪，持枪手的手腕比较放松，便于控制标枪。

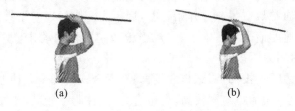

图13-2　肩上持枪

②肩下持枪。

运动员在预备姿势和助跑的前半段，持枪臂下垂于髋侧或腰间，两臂随跑动作前后自然摆动，预跑一段距离后持枪臂上举成肩上持枪姿势。肩下持枪时，在上举标枪前肩部比较放松，但由于上举标枪是在助跑中完成的，增加了助跑时控制枪的难度。

2. 助跑

掷标枪最后用力前，运动员手持标枪跑过一段距离，使身体和标枪获得一定的预先速度，在助跑过程中形成合理的身体姿势，为最后用力做好准备。优秀运动员投掷标枪时，标枪出手速度中约30%来自助跑，优秀运动员助跑掷标枪的成绩可以比原地掷标枪提高20～30米。因此，助跑十分重要。

掷标枪时应采用直线助跑，距离一般为25～35米。助跑动作要自然、流畅，节奏鲜明，在整个助跑过程中要控制好标枪，清晰地完成预期动作和保持枪的运行平稳。助跑全程14～18步，分为预跑和投掷步两个阶段。

（1）预跑阶段。

预跑从开始助跑时起至开始引枪时止。这一阶段运动员通常采用周期性助跑动作，跑10～14步，其任务是获得适宜的水平速度，为引枪做好准备。

开始预跑前，应在助跑道外侧地面上放两个标志物（图13-3），将左脚踩在第一标志物的延长线上，迈右腿开始预跑的第一步。助跑时面对投掷方向，上体垂直于地面，两眼平视前方，动作放松且富有弹性，大腿积极前摆，用前脚掌着地，后蹬有力。左臂摆动同正常跑，持枪臂可随跑的动作做小幅度前后自然摆动。

助跑的速度应逐渐加快，通常在预跑段结束时达到最高速度，可达到6～8米/秒。助跑的最高速度要与个人的身体素质和专项技术水平相适应。优秀运动员的助跑速度通常相当于本人最高平跑速度的75%左右。如果助跑速度过快而超出个人的适应范围，则可能会影响投掷步和最后用力动作。提高助跑速度应在不断熟练掌握技术的基础上逐步实现。

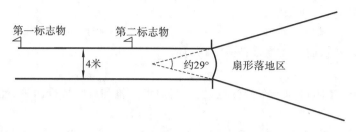

图 13-3 助跑阶段标志物的位置

(2) 投掷步阶段。

当预跑结束时开始进入投掷步阶段,此时左脚的落地位置应在第二标志物的延长线附近。投掷步阶段通常从右腿前迈开始,到最后一步左脚触地时结束。这一阶段的任务是在尽量减小预跑速度损失的基础上,完成引枪和超越器械动作,做好最后用力前的准备,连贯地进入最后用力阶段。

投掷步通常有跳跃式投掷步、跑步式投掷步、混合式投掷步三种形式。

①跳跃式投掷步:摆动腿前摆较高,后蹬有力,人体腾空较高,步幅较大,每步用的时间较长,有较充足的时间完成引枪和最后用力前的准备,但身体重心起伏较大,易影响水平速度,且需有较强的腿部支撑力量。

②跑步式投掷步:比较像跑的动作,步频较高,速度较快,身体重心运动轨迹较平稳,但由于每步用的时间较短,易影响最后用力前的准备。

③混合式投掷步:介于以上两者之间。支撑腿用力蹬地,摆动腿积极前摆,人体重心运动轨迹较平,各步的步长和每步用的时间适宜,以完成引枪动作和做好最后用力前的准备为目标,同时又不过多损失助跑的水平速度。目前采用这种投掷步的运动员较多。

投掷步的步数通常有四步、五步和六步。

①四步投掷步:当左脚落在第二标志物延长线附近后,迈右腿开始第1步。第1、2步进行引枪,第3步为交叉步(图13-4中⑥~⑨),第4步过渡到最后用力(图13-4中⑩~⑫)。

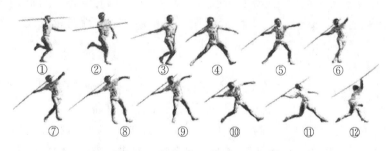

图 13-4 投掷步和最后用力技术

②五步投掷步:当右脚落在第二标志物延长线附近后,左腿前迈为第1步,同时引枪,至第3步引枪结束,其他同四步投掷步的后两步。

③六步投掷步:当左脚落在第二标志物延长线附近后,迈右腿开始第1步。第1、2步进行引枪,第3、5步为两个交叉步,第4步为跨步,第6步过渡到最后用力。采用六步投掷步时有较长时间做最后用力准备,便于控制标枪,所以目前国外较多优秀运动员采用六步投掷步。

下面以四步投掷步为例进行讲解。

第一步:左脚落在第二标志物延长线附近,右腿积极前摆,右肩后撤,上体向右转动,开始引枪,枪身靠近身体,眼睛目视前方,髋部正对投掷方向,左臂在胸前自然摆动。引枪大体可分为"直线引枪"和"弧线引枪"两种方法。

直线引枪:在引枪开始后持枪臂直臂向后引枪,使标枪由肩上沿标枪纵轴延长线向后引。这种引枪动作简单,容易控制标枪的方向和角度,目前国内外较多运动员使用这种方法。

弧线引枪:预跑结束时,手持标枪向前、向下、再向后做弧线摆动。采用这种方法,投掷臂肌肉比较放松,但不易控制标枪。

第二步:右脚落地缓冲后积极蹬地,左腿前摆,肩继续后撤,上体继续向右转动,左臂前引,在左脚落地时身体转至侧对投掷方向。引枪时上下肢动作应协调配合,下肢蹬摆动作应积极有力而富有弹性,尽量避免身体重心的上下起伏,保持身体前移速度。

引枪结束时,躯干与地面基本保持垂直,面部朝着或半朝着投掷方向,标枪被控制在离身体较近的位置,枪头靠近面部右侧,枪身与水平面约成30°,肩轴朝向投掷方向,投掷臂放松并伸直,右手持枪在肩轴延长线上,标枪靠近身体,这一动作有利于对标枪的控制和最后用力。

第三步:为交叉步,是为最后用力做好准备的关键一步。它的任务是在保持身体快速向前运动的条件下,进一步加大躯干的扭转并形成合理的后倾姿势(超越器械姿势),创造良好的最后用力前的预备姿势,为过渡到最后用力创造条件。通常这一步中身体腾空较高,步长较大,时间也较长,以利于做好最后用力前的准备工作。

引枪结束左脚着地后,左腿积极向后蹬地,右腿屈膝,以大腿带动小腿快速有力地向前上方摆出。两腿的积极蹬摆动作造成髋部和下肢加速向前,超过上体的前移速度,使躯干后倾并加大向右转体,人体的髋轴和肩轴形成扭紧状态。左腿蹬地结束后,迅速前摆。

交叉步右脚落地时,躯干后倾角(躯干中轴与垂直面之间的夹角)为20°~25°,左腿已摆至右脚前方,右脚与投掷方向的夹角约45°(图13-4中⑧)。

第四步:投掷步最后一步,它是右脚着地后左脚积极快落的过程,是助跑全过程中唯一没有腾空的一步,也是助跑与最后用力衔接的关键环节。由于交叉步的步长通常较大,身体腾空较高,右脚着地时,右腿承受着较大的冲力,因此,右脚着地后,右腿应适度被动屈膝缓冲,以减小水平方向的制动和速度损失,使髋部和身体重心尽快移过右脚支撑点上方,然后积极蹬伸,加快左脚落地。左脚着地瞬间,应保持躯干后倾角基本不变,使最后用力有较大的工作距离。

在交叉步腾空后,人体具有很大的动能,右脚着地后,在巨大的冲击力作用下,右腿的膝关节必然要弯曲进行缓冲,右腿的伸肌被动拉长做退让工作。在这一阶段,投掷者应适时减小缓冲时间(但也不能过短,否则右腿伸肌没有被充分拉长,蹬地的力量将大大减小),延长蹬伸用力的时间,加快蹬伸动作的速度,这对于提高投掷成绩具有积极的影响。因此,交叉步右脚着地后及时有力的蹬伸动作和左脚的主动快落是助跑与最后用力紧密衔接的技术关键。

虽然不同水平的男女运动员的右腿单支撑的总时间较为接近,但其中三个阶段的时间比例存在明显差异。高水平运动员的缓冲时间较短,蹬地时间较长,二者的比例为

1∶0.85；低水平运动员缓冲时间较长，蹬地时间较短，二者的比例为1∶0.38，这可以作为评价右腿动作的一个客观标准。在优秀标枪运动员投枪时的最后一步中，存在着身体重心速度下降的现象，但速度下降的幅度不应过大。

投掷步各步的步长和步时决定了投掷步的速度，形成了一定的动作节奏，并对最后用力动作效果产生直接或间接的影响。

运动员在投掷步各步的步长及步长比例上有较大的差异，但在步时的变化上却较为一致，即投掷步的前两步较快，在引枪的同时尽量减小速度的损失；交叉步的步时较长，步频较慢，为最后用力做好准备；最后一步的步长较小，步时最短，步频最快，以利于助跑与最后用力的衔接。

对于身材高大的运动员来说，采用较大的步长和稍慢的步频组合也能达到较高速度，并能有较充裕的时间完成动作。对于身材较为矮小的运动员来说，也可以采用中等步长和较快的步频组合方式达到较快的助跑速度。但如果步长过小，则会使步时缩短，蹬地动作不够充分，完成动作较为仓促，从而影响动作的实效性。

现代世界优秀标枪运动员在投掷步阶段所表现出来的运动学特征，可以概括为"低、平、快"。具体来说，助跑时身体重心的腾起高度相对较低，人体运动的轨迹较平，助跑的速度较快，尤其要求人体和器械具有较高的水平速度，并与最后用力的衔接较好。在此阶段，如果人体和器械出现过大的上下起伏是没有任何意义的，只会造成水平速度的损失。

3. 最后用力

最后用力是标枪加速的主要阶段。器械在此阶段获得的速度约占出手速度的70%。最后用力的任务是充分利用助跑的速度，在一定的工作距离内将最大的力作用于标枪纵轴，使标枪在出手瞬间达到最高速度，并沿合理的出手角度飞行。

（1）发力时机。

交叉步右脚着地后，身体随惯性前移，当身体重心移过右脚支撑点上方而左脚尚未落地之前，右腿开始蹬伸用力。这时右腿主动蹬地，使髋部加速前移，髋轴向投掷方向转动，进一步扭紧和拉长躯干肌群。小腿与地面保持较小夹角，以防止重心过早上移。与此同时，左臂向左前上方摆动，左肩仍内扣，限制肩轴过早转动。

此阶段加快右髋水平速度具有十分重要意义。很多研究结果表明，最后一步时右髋的水平速度是衡量投掷质量的重要检测指标，是影响掷标枪成绩的主要因素，与成绩呈显著正相关。

投掷步与最后用力的衔接是技术的难点，良好的衔接动作能减小最后用力前身体重心水平速度的损失，提高助跑速度的利用率，有利于最后用力前合理准备姿势的形成。为了做好衔接动作，运动员在做交叉步时身体腾空不要过高，在右脚着地后要及时发力蹬伸。右腿蹬转即将结束时，左脚靠近地面快速向前迈出，向前落在前方稍偏左的位置，至右脚的横向距离为20～40厘米。为了保证人体动能更有效地传递给器械，最后一步左脚要快速落地并制动。因此，最后一步用时较少，步长较短，左脚落地时先用脚跟着地，再过渡到全脚，这时左膝接近伸直。

（2）最后用力的动作机制与顺序。

左脚着地后，左腿做出有力的制动，形成从左脚到左肩的左侧支撑，为髋部和躯干肌群收缩提供了稳固支点。因此，左脚着地后的人体用力动作是最后用力的最有效阶段。

左脚着地后,右脚继续蹬地,在惯性的共同作用下使右髋加速向投掷方向转动,使髋轴超过肩轴,并带动肩轴向投掷方向转动,躯干转向投掷方向。左臂摆至体侧制动,加快身体转向投掷方向的速度。在右臂持枪转肩的同时翻右肩,右臂旋外肘上翻,上体转为面对投掷方向,躯干呈背弓形状,形成"满弓"姿势(图13-5)。此时投掷臂最大限度地留在后,肩部肌群充分拉伸。投掷臂与肩同高,与躯干接近成直角。"满弓"姿势形成后,由于向前的惯性作用,身体重量大部分已移至左腿。

图 13-5　最后用力过程中的"满弓"姿势

"满弓"姿势形成后,左腿在小幅度地屈膝缓冲后迅速蹬伸,胸部快速前振,以胸部和右肩带动投掷臂向前,上臂、前臂、手腕和手指相继快速挥动,完成"鞭打"动作,将标枪掷出。最后用力的顺序为腿—髋—躯干—肩—肘—腕和手指。"鞭打"用力要通过标枪的纵轴,控制标枪于最佳的出手角度出手(最佳出手角度在32°左右)。手指在标枪出手瞬间的拨枪动作可以使标枪沿自身纵轴按顺时针方向自转,提高标枪在空中飞行的稳定性。优秀运动员最后用力的时间(从左脚着地至标枪出手)为0.10~0.12秒,对标枪的用力距离可达2.10~2.30米。

"鞭打"是掷标枪用力的重要动作特征,是发挥人体生物力学优势的核心。以髋关节为轴的躯干"鞭打"动作和以肩关节为轴的投掷臂"鞭打"动作与左腿有力的支撑动作相配合,构成一个完整的人体运动链。在最后用力过程中,首先是腿部的蹬伸用力和髋部的加速,然后这个运动链上的各环节从下到上依次实现加速—制动—减速—动量传递,最后将力量由下肢传递给器械,使标枪获得尽可能大的初速度,从而飞得较远。

(3)身体左侧的支撑与用力。

在最后用力的过程中,左腿的制动和支撑用力动作十分重要。左腿的作用主要表现在两个方面:一方面,制动性的支撑动作。左脚落地后,左腿采用强有力制动性的动作,可大大加快上体和标枪向前的速度。另一方面,在时间极为短暂的屈膝缓冲后快速蹬伸,使人体和标枪获得向上的垂直速度,使标枪具备合理的出手角度和较大的出手速度。因此,左腿的动作对创造优异的掷标枪成绩起着至关重要的作用。没有快速、积极、合理的左腿制动和支撑用力动作,要完成有效的最后用力是不可想象的。

对左腿动作的动力学测试表明,在最后用力过程中左腿动作也可划分为三个阶段,即制动性支撑、被动屈膝缓冲、快速蹬伸用力。

左腿在最后用力时的制动动作,可以有效地把助跑的速度转化为标枪的出手速度;而屈膝缓冲动作,把助跑时人体获得的一部分动能转化为肌肉的弹性能,再通过肌肉的收缩和动量的传递转换为标枪的出手速度;左腿的积极蹬伸,即在标枪出手时左腿膝关节的充分伸直,对于动量的传递会产生重要影响。

综上所述,在最后用力中左腿的作用是整个最后用力动作的基础,教练员和运动员应在训练中采用有效手段发展左腿的爆发力和改善用力的动作。由于在比赛条件下不可能对运动员进行现场测试,一般可以通过观察和测量最后用力时左膝的弯曲角度来间接了解左腿用力的情况。

在最后用力的过程中,左臂的动作也起着不可忽视的作用。在右腿蹬伸用力送髋时,左臂保持在身体的右前方,可加大肩轴与髋轴的扭矩。在左脚着地后,左臂沿着左上方,向着身体左侧加速摆动和适时制动,可加大胸部和右肩带肌肉的伸展,增加肌肉的张力,使躯干快速转向投掷方向,并加快身体右侧向前的速度,从而提高标枪的出手速度。

(4) 用力的方向。

最后用力过程中,运动员"鞭打"动作的用力方向应通过标枪的纵轴。

近几年,世界上一些优秀运动员越来越重视最后用力前加大躯干扭转程度对提高用力效果的作用,他们依靠加大扭转幅度和速度来提高躯干肌群的扭紧程度,以大大提高肌肉的张力和收缩速度,从而提高器械出手速度。由于这种技术需要运动员具有较强的躯干力量和较好的爆发力,因此,多为男性运动员采用。采用"扭转掷枪"技术时,运动员在倒数第2步(交叉步)时要努力提高身体右转的程度。在最后用力左脚落地后躯干绕垂直轴向前转动的同时,快速完成躯干的向前"鞭打"动作。

4. 维持平衡(缓冲)

标枪出手后,运动员必须迅速阻止身体继续向前运动,以防止犯规。标枪出手后,右腿及时跨出一大步,降低身体重心,同时上体前倾,两臂自然摆动,以维持平衡。有时还需再继续跳1～2小步,才能使身体向前运动完全停止。世界优秀运动员最后一步左脚着地点至投掷弧的距离一般在2米左右。

二、标枪技术教学的重点与难点分析

标枪作为投掷项目之一,属于斜抛运动。根据力学原理,斜抛物体飞进距离等于速度的平方乘正弦二倍角再除以重力加速度。影响标枪投掷远度的因素主要是出手速度、出手角度、出手高度、空气动力学因素。其中,影响出手速度的因素包括出手时间、作用力和工作距离,影响出手高度的因素包括运动员的姿势和身材,空气动力学因素包括风速、风向、标枪在空中的姿态等方面。

标枪技术教学的重点主要包括:

(1) 自下而上的力量传递。

(2) 良好的器械控制能力。

(3) 沿标枪纵轴用力。

(4) 有效的"鞭打"动作。

标枪技术教学的难点是如何将助跑与最后用力进行良好的衔接,充分实现整体技术链接的完整性、流畅性。

教师在日常的教学设计中要突出重点、突破难点,可从以下几方面入手:分散难点,各个击破,如将难点技术分解成多个小节或多种辅助性练习,由浅入深、由简单到复杂,或以旧带新,帮助他们由已知过渡到未知,这样可化难为易;创设情景,联系实际,引导学生积极思维;对于容易混淆的内容,可以运用对比的方法来区分各自的特点;多运用直观的方法以加强学生的感知。

第二节 标枪技术的教学与练习

一、标枪技术的教学步骤及内容

1. 给初学者建立掷标枪技术的正确概念

教师可利用图片、录像等向初学者讲解掷标枪各主要技术环节及其特点,并进行投掷标枪完整动作示范,讲解掷标枪技术动作要领,介绍掷标枪的场地、器械情况,使其建立掷标枪技术的正确概念。

2. 学习最后用力技术

(1) 学习和掌握掷标枪的各种专门练习。

(2) 学习握枪和持枪方法。

①学习握枪的现代式握法。

②学习肩上持枪方法。

(3) 学习正面插枪。

预备姿势:正对投掷方向,两脚左右平行站立,与肩同宽,右手持枪于肩上稍向头后,枪尖低于枪尾,对着前方约 10 米处的标志,双膝稍弯曲。

技术要领:两腿用力伸直的同时,沿标枪纵轴用力把枪掷出,尽力使枪尖插中前方的标志。

教法提示:

①学习握枪和持枪方法时,教师讲解与示范后应让学生练习,并及时检查和纠正学生的动作。

②正面插枪前,可先采用正面双手投实心球练习,让初学者体会上下肢简单的用力配合。

③根据插枪技术的掌握程度,可逐渐加大插枪的远度(标志不动,人向后移 3～5 米),预备姿势由两脚平行站立改为前后站立。

(4) 学习原地侧向掷标枪。

预备姿势:侧对投掷方向站立,两脚前后距离为一肩半长,左右距离为一脚长,左脚尖内扣约 10°,右脚在后与投掷方向约成 60°,右腿半弯曲并承担身体重量。左臂稍弯曲并位于肩轴延长线上,右臂自然伸直与标枪纵轴成 20°～30°,枪身平行肩轴并靠近身体,眼看前上方。

学习内容:

①双人互相做"满弓"姿势练习。

②利用肋木、橡皮带、标枪等做"满弓"姿势练习。

③"鞭打"动作练习。

④投掷小球或石块练习。

⑤掷标枪练习。

教法提示:

①各种"满弓""鞭打"等练习,有利于初学者掌握正确的"鞭打"用力动作。

②让初学者面对网投小球,有利于初学者掌握正确的用力技术。

3. 学习助跑掷标枪技术

（1）学习助跑与最后用力的衔接技术。

学习内容：

①持枪上1步成"满弓"姿势练习。

②上1步徒手做"鞭打"动作或掷小球（石块）练习。

③上1步掷标枪练习。

④持枪上3步接"满弓"姿势练习。

⑤上3步徒手做"鞭打"动作、投掷小球或石块练习。

⑥上3步掷标枪练习。

预备姿势：侧对投掷方向站立，左脚位于右脚跟附近，并以脚尖着地，投掷臂自然伸直于肩轴延长线上，身体稍后倾，重心放在弯曲的右腿上。

教法提示：

①做持枪上1步成"满弓"姿势练习时，教师或同伴站在练习者身后帮助他做投掷臂及时向上翻转动作，左脚前迈即将落地时，右腿蹬转与投掷臂向上翻转同时进行，左脚落地支撑制动形成"满弓"姿势，并尽快完成最后用力动作。

②由于上3步比上1步的速度快，因而教师或同伴帮助初学者早些进行投掷臂的翻转才能形成较充分的"满弓"动作，这是做好助跑与最后用力衔接技术的关键。

（2）学习投掷步掷标枪技术。

学习内容：

①学习引枪技术（从原地引枪到走两步引枪）。

②四步投掷步，引枪后接"背弓"动作练习（从走步到慢跑）。

③投掷步接"鞭打"动作、掷小球或石块练习。

④投掷步掷标枪练习。

教法提示：

①学习引枪技术时，要求初学者按迈右腿—转体—向后引枪顺序协调地进行，并把标枪引至正确位置。

②开始应按"嗒—嗒—嗒、嗒"的节奏完成投掷练习，及早建立正确的加速节奏。

（3）学习短助跑投掷标枪技术。

学习内容：

①预跑4步接投掷步，做引枪与"满弓"姿势练习。

②预跑4步接投掷步做"鞭打"动作、掷小球或石块练习。

③预跑4步接投掷步掷标枪练习。

教法提示：

①为了有利于初学者掌握正确的投掷步节奏和最后用力，应在投掷区标明每步的适宜步长。要求在完成练习时不仅踏标志，还要听教师（或同伴）的逐渐加速信号。

②为了掌握正确的助跑加速节奏，应在一个较长的教学阶段采用助跑引枪、"鞭打"动作、掷小球或石块等练习手段，然后适时地过渡到掷标枪。

（4）学习全程助跑掷标枪技术。

学习内容：

①预跑8～10步接投掷步练习。

②预跑8～10步接投掷步徒手做"鞭打"动作、投小球或石块练习。
③预跑8～10步接投掷步掷轻标枪(中等强度)练习。
教法提示：
①选择适宜的助跑速度对初学者掌握正确动作非常重要，初学阶段助跑速度不宜过快。
②逐渐提高投掷强度与次数，对掌握与巩固全程助跑投掷标枪技术有着十分重要的意义。

4. 巩固和完善投掷标枪技术

学习内容：
(1) 选择和确定各自的助跑距离、速度以及各环节的技术后，进行大量的投掷练习(中上强度)。
(2) 加大投掷练习强度。
(3) 参加测验和比赛。

教法提示：
(1) 教师应在整个教学过程中密切关注每位初学者的个人特点，选择适合他们的技术，以便发挥其所长。
(2) 逐渐增加大强度投掷标枪的比重；随着技术的相对巩固，安排学生参加测验和比赛。但是过早过多地加大投掷强度或参加比赛，不但不能掌握和巩固掷标枪技术，反而会破坏技术。掷标枪技术教学的各个步骤是相互联系的，其最终目的是掌握完整掷标枪技术。因此，要求基本掌握了一个动作后及时地向下一个动作过渡，以利于较快地掌握投掷标枪完整技术。

二、标枪技术的练习手段

标枪属于轻器械投掷项目，投掷时具有动作速度快、爆发力强、技术较为复杂等特点。在训练中，运动员既要发挥出最大速度又能准确地将力量作用于标枪的纵轴，只有两者协调起来才能不断地提高专项成绩。

1. 初级运动员的训练

本阶段训练的主要内容为投掷轻器械，发展速度、爆发力、小肌肉群力量、协调性、柔韧性，较少采用大重量的杠铃练习和投掷重器械，体现基础训练的特点。

本阶段的技术训练首先要安排一个时间较长的教学期，以便掌握正确的投掷标枪技术。然后逐渐增加训练强度，以免使错误动作定型而影响下一阶段的训练。主要训练方法和手段如下：
(1) 技术训练。
①最后用力的各种模仿练习(用器械或徒手)。
②原地和上3～5步做"鞭打"动作、投小垒球或小石头。
③原地和上3～5步掷轻标枪。
④短助跑和全程助跑投小垒球或小石头。
⑤短助跑和全程助跑掷轻标枪。
(2) 身体训练。
①速度练习：30米、50米、60米加速跑，起跑，反应跑，行进间跑。

②跳跃练习:a.立定跳远、3(5或10)级跨步跳、蛙跳;b.各种姿势的跳绳;c.连续跳台阶、障碍;d.负重纵跳。

③小力量练习:a.持1～2千克杠铃片做肩、腰绕环;b.持5～10千克杠铃片做双手头后弯举;c.持10～20千克杠铃片做双手头上举同时向前迈步成弓箭步;d.持2.5～5千克杠铃片做"满弓"姿势练习;e.持10～20千克杠铃片做体前弯举。

④专项能力练习(除技术训练手段外):a.投100～500克小球或石块;b.双手投1.2千克实心球;c.对墙反弹球练习(单手0.5～0.75千克、双手1～2千克);d.各种抛掷练习(抛掷物质量2.4千克)。

⑤体操练习:a.前、后滚翻;b.侧手翻;c.前、后手翻;d.前、后空翻。

⑥柔韧性练习:a.逐渐缩短双手间距的由前向后转肩练习;b.各种静态拉伸练习。

⑦耐力及其他练习:a.越野跑、定时耐力跑;b.各种球类游戏。

2. 中级运动员的训练

本阶段的技术训练应以完整技术练习为主,建立正确的完整技术动作定型。完整技术不仅包括全程助跑掷标枪,而且还应包括大量的全程助跑模仿练习,如全程助跑引枪、"鞭打"动作、投小球或石块。随着技术的掌握与巩固,逐渐加大投掷的强度和次数,但过早、过多地加大投掷强度不仅不利于掌握与巩固技术,而且还可能破坏技术与造成伤病。

(1) 技术训练。

①30米持枪跑。

②30米持枪交叉步跑。

③全程助跑引枪。

④短助跑投枪。

⑤全程助跑投枪。

(2) 身体训练。

①速度练习、跳跃练习、小力量练习同初级运动员的训练。

②专项能力练习:除与初级运动员的训练相同外,增加原地、助跑投小铁球(男1～1.5千克、女0.8～1千克),双手投实心球(男2千克、女1～1.5千克)。

③大力量练习:a.抓举;b.高翻;c.半蹲;d.深蹲;e.卧推。

④其他练习手段同初级运动员的训练。

3. 高级运动员的训练

本阶段的技术训练应以完整投掷标枪为主,并贯彻在全年训练中。保证一定比例的大强度训练是巩固和完善投掷标枪完整技术的重要保证,也是高质量训练的标志之一。应逐渐加大投掷器械的质量和增加练习强度来提高投掷能力。

(1) 技术训练。

①各种距离的持枪跑。

②各种距离的持枪交叉步跑。

③全程助跑引枪。

④全程助跑掷标枪。

(2) 身体训练。

①速度练习、跳跃练习、小力量练习同中级运动员的训练。

②专项能力练习。

a. 同中级运动员的训练。
b. 投小铁球(男 1.5~2 千克、女 1~1.5 千克)。
c. 投掷重标枪(男 900 克、女 700 克)。
d. 双手投铁球(男 3~4 千克、女 2~3 千克)。
③大力量练习及其他练习手段同中级运动员的训练。

三、掷标枪易犯错误及纠正办法

1. 投掷步减速,助跑与最后用力衔接不好

(1) 产生原因。
①步点不准。
②预跑阶段速度过快,破坏了投掷步的加速节奏,动作失控,以致最后用力前被迫减速。
③引枪时上体主动后倒,后仰幅度过大。
④交叉步腾空过高,落地时冲击力大,髋、膝缓冲幅度大,时间长。
⑤交叉步落地时左脚位于右脚后方,最后一步左脚落地速度慢。
(2) 纠正方法。
①量准步点,调整预跑速度和节奏,反复做持枪助跑练习。
②反复做慢跑和加速跑中的引枪练习。
③反复徒手和持枪做交叉步接最后用力动作的练习,并注意交叉步腾空高度和最后一步左脚的积极前迈落地。

2. 最后用力前控制不好标枪的正确位置

(1) 产生原因。
①引枪不到位。
②投掷步中标枪晃动,导致最后用力开始时枪的位置和枪尖指向不正确。
(2) 纠正方法。
①在行进间反复做引枪练习,引枪要到位,持枪臂自然向后伸直。
②做 15~20 米持枪交叉步跑,标枪始终控制在离身体较近的位置,枪头靠近右眉。

3. 用力顺序不对

(1) 产生原因。
①正确动作概念不清。
②右腿蹬转送髋动作不充分,上体过早前移,没有形成"满弓"姿势。
③右肩、右肘、右腕未依次达到最大速度,手臂过早用力。
(2) 纠正方法。
①明确正确用力顺序,用提问等形式多次强化。
②反复做上 1 步掷标枪练习。
③呈原地投预备姿势,右臂后伸拉皮筋或肋木,反复练习最后用力的右腿蹬伸送髋动作和翻肩成"满弓"姿势。

4. 用力未能通过标枪纵轴

(1) 产生原因。
①最后用力前控制不好标枪的正确位置,标枪纵轴偏离投掷方向。
②引枪时手臂位置低,转肩和"满弓"时标枪的仰角过大或与前臂的夹角过大。

③转肩时,肘关节位置低于肩,手臂用力时向下拉枪。
④随着上体和肩轴的左转,带动手臂的用力方向也向左偏。
(2) 纠正方法。
①反复做插枪练习。
②引枪、交叉步、转肩时注意控制标枪的角度和位置。
③出枪时沿枪身方向用力,有意识使枪掷出的方向稍偏向右上方。

5．"鞭打"动作效果较差
(1) 产生原因。
①肩关节灵活性差。
②"满弓"姿势不充分。
③"鞭打"时投掷臂肘关节低于肩或弯曲不够。
④"鞭打"时各环节加、减速顺序不对。
(2) 纠正方法。
①发展肩关节柔韧性。
②用皮筋做翻肩转体成"满弓"姿势的练习。
③徒手或持小树枝做"鞭打"动作练习,肩、肘、腕依次加、减速。

6．最后用力左侧支撑不好
(1) 产生原因。
①最后一步支撑制动效果差,表现为右脚过早前迈。
②支撑制动后,在用力时左腿蹬伸不充分,臀部下坐。
(2) 纠正方法。
①反复做上1步掷标枪练习,强调形成稳定双支撑和"满弓"姿势后手臂开始用力。
②防止最后一步过大,限定最后一步步幅。
③通过各种练习增强腿部力量。

第三节　中小学标枪教学方法

一、小学生标枪教学方法

1．游戏名称:投掷纸飞机

(1) 教学目标:在学习原地正面投掷轻物之后,能说出投掷动作的名称和简单的技术术语;掌握简单的投掷练习方法和动作技术;培养学生参加体育活动和锻炼的兴趣与积极性。

(2) 游戏方法:手持纸飞机,两脚开立与肩同宽,投掷臂肩上屈肘,向后伸引,之后向前上方用力投高或投远。

(3) 游戏规则:在教师的统一要求下进行投掷。

(4) 教学步骤与内容:①导入。大家投过纸飞机吗? 这是一个益智的练习,能锻炼我们手臂的力量。②教师讲解、分析、示范。③学生观察,结合示范进行徒手体验练习,联想手上拿纸飞机时,我们该怎样投掷。④创编儿歌。学生跟随教师一起边唱儿歌边做投掷动作。⑤分组并在教师的指导下练习。教师要提醒学生注意手、眼、肢体等各部位动作要领。⑥小组在组长的带领下进行正对投掷方向持纸飞机掷准掷远游戏,教师巡视指导,及时进行评价。

(5) 注意事项与要求:向高或向远投,体会正确的用力顺序。

2. 游戏名称:投沙包小能手

(1) 教学目标:在学习侧对投掷方向,持轻物投掷基本动作的基础之上,学生能简单描述侧向投掷沙包的练习方法,进一步学习肩上屈肘的动作要领,体验快速挥臂的动作感觉;发展灵敏素质和协调能力;在游戏活动中表现出对他人的尊重和关心,培养竞争意识和合作精神,能与同伴友好相处,建立和谐人际关系。

(2) 游戏方法:侧对投掷方向,两脚左右开立,左脚在前,右手持投掷物,屈肘于肩上,肘关节向前,眼看前面的标志,然后把投掷物向远处投掷。

(3) 游戏规则:在教师的统一要求下进行投掷练习,不犯规、不越界。

(4) 教学步骤与内容:①导入。上节课我们学习了投掷纸飞机,这节课老师带大家学习一下投沙包,看看谁是投沙包小能手。②教师讲解和示范侧对投掷方向持轻物投掷的动作。③结合示范,反复做投掷臂向后伸引,蹬地转体挥臂练习。④两人一组,用右手拉住同伴的右手,左手推同伴的右肩背,帮助同伴练习转体、翻腕。⑤分小组在组长的带领下进行侧对投掷方向持沙包掷远游戏,比一比谁能投过小河。⑥学生表演动作,教师评价动作。⑦分组继续体会怎样才能投得远。⑧教师巡视指导动作,及时进行评价。

(5) 注意事项与要求:肩上屈肘动作自然、快速,注意练习时的安全。

3. 游戏名称:我是"八路军"

(1) 教学目标:通过投掷游戏,让学生以饱满的热情与浓厚的兴趣参与练习,掌握正确的抛、掷动作,并能描述这些动作方法及技巧,提高判断力和目测的能力,发展上肢力量;在练习中能与同伴友好相处,遵守纪律,听从指挥,注意安全。

(2) 游戏方法:身体左侧对准投掷方向,两脚左右开立比肩稍宽,右手握球向右侧引臂至与肩平,左臂自然屈于胸前,右腿弯曲,身体重心落于右腿,左腿自然伸直,上体微向右倾斜,然后右腿快速蹬地、转髋、挺胸,身体左转,重心前移,上体向前,挥臂将垒球经肩上快速投出。

(3) 游戏规则:在教师的统一要求下进行投掷,秩序井然。

(4) 教学步骤与内容:①教师讲解、示范正确的握球方法,学生模仿练习(掌心空出);②徒手练习侧向背后过肩投掷动作;③对墙投掷,看谁投的垒球反弹得更远;④教师请部分学生一起示范,比比谁投的垒球反弹得远,集体讨论怎样才能让垒球反弹得更远;⑤继续练习,边练边讨论,寻求最佳投掷方法;⑥教学比赛,对墙投掷比比谁投的垒球反弹得远。

(5) 教学组织:分 4~6 个教学组进行练习。

(6) 注意事项与要求:遵守投掷规则,注意练习安全。

4. 游戏名称:更上一层楼

(1) 教学目标:通过进一步学习垒球的正确握法和上一步投掷垒球的基本技术,大多数学生应能模仿教师做上一步投掷垒球的动作,巩固学生快速挥臂的动作方法并使其掌握较好的投掷角度,增强腰腹、肩带和上肢力量;培养学生的组织性、纪律性以及吃苦耐劳的精神和坚强的意志;培养学生合作意识和团队精神。

(2) 游戏方法:以右手为例,面对投掷方向,右脚在前,左脚上一步,两脚前后开立,左脚在前,右腿微屈,身体重心后移,背对投掷方向,右手持垒球远离躯干。然后右脚用力蹬地,以左侧支撑为轴旋转,直至面对投掷方向,使身体重心快速前移,转髋收腹,同时肩上曲肘,快速挥臂以"鞭打"动作将垒球投出。

(3)游戏规则:按照既定的顺序,在教师的统一要求下进行投掷练习。

(4)教学步骤与内容:①原地自由练习投掷动作,并巩固握球方法(掌心空出);②两人一组对地投掷,接反弹球,散点练习;③请学生示范,鼓励学生做得更好(反弹得更高),继续练习,比比谁投的球反弹得高远,教师参加学生练习;④教师示范上一步投掷垒球的动作方法,组织学生对篮板进行投球反弹练习;⑤请学生示范,教师评价,并就共性的错误动作进行讲解和纠正;⑥将学生分4个教学组,进行投远练习1次。教师点评后进行教学比赛,看谁投得远。教师公布测得的投掷远度,评选优胜组。

(5)注意事项与要求:紧握球,肩上曲肘,快速挥臂;听从统一指挥,注意安全,不擅自行动。

5. 投掷:助跑、投掷步

(1)教学目标:学生能描述助跑及投掷步的动作要领和简单练习方法,掌握助跑加速的节奏和投掷步的动作技术,能连贯地做出助跑接3步交叉的投掷动作;发展学生的投掷能力及协调性。

(2)动作方法:①助跑。从站立式起跑开始,两腿有力地前摆和后蹬;两臂积极前后摆动,逐渐均匀加速。②投掷步。右腿前迈落地后接左腿前迈成左侧对投掷方向,然后蹬左腿摆右腿低腾空向前快摆落地,右脚落地一刹那躯干向后倾斜,身体重量大部分落在右腿上,做最后用力的准备。

(3)教学重、难点分析:教学重点是助跑后接3步交叉的投掷步动作;教学难点是助跑与投掷步的衔接。

(4)教学步骤与内容:①教师讲解、示范助跑接3步交叉投掷步的动作要领;②组织学生原地练习左右转髋(根据老师口令,逐渐加快节奏);③组织学生散点做上一步的转髋动作练习;④教师用口令指挥学生做徒手向前走3步交叉的动作练习;⑤组织学生短距离慢速助跑接3步交叉练习;⑥教师提示动作要领,辅导学生练习交叉步;⑦学生分组持球进行自主体验助跑接交叉步练习。

(5)易犯错误及纠正办法。易犯错误:助跑不连贯,存在脱节现象。纠正办法:固定自己的起动方式;反复练习助跑动作,掌握好助跑的节奏;在地上设置相应的标志点作为引导。

6. 投掷:交叉步、引臂

(1)教学目标:学习交叉步接引臂的投掷方法,能说出交叉步的术语;初步掌握交叉步时右臂后引的动作技术,发展力量、协调性等素质,提高挥臂自然、快速连贯的投掷能力。

(2)动作方法:右腿前迈的同时转体,持球臂后引,落地后左腿前迈成左侧对投掷方向,投掷臂自然伸直约同肩高。然后蹬左腿摆右腿低腾空向前快摆落地,右脚落地刹那躯干向后倾斜,身体重量大部分落在右腿上。

(3)教学重、难点分析:教学重点是交叉步时右臂后引的动作;教学难点是交叉步与引臂动作的衔接。

(4)教学步骤与内容:①教师讲解、示范交叉步和引臂动作;②教师组织学生2人一组做相互压肩、拉肩转体成"满弓"姿势的练习;③学生徒手练习交叉步接引臂动作,教师提示动作重难点并引导学生练习;④学生散点持球自主练习,体验交叉步和引臂动作;⑤学生分组做短助跑投掷练习,注意交叉步时右臂后引充分。

(5) 易犯错误及纠正办法。易犯错误:蹬摆配合不连贯,引臂不充分。纠正办法:原地反复地做蹬摆的配合练习,体会正确的发力顺序;采取各种诱导的方式,提高引臂的充分性。

二、初中生标枪教学方法

1. 投掷:转体、挥臂

(1) 教学目标:学生能说出简单的动作要领和练习方法;初步掌握投掷步中的转体、挥臂动作技术,能够在连贯的转体、挥臂动作中用力将球投出一定距离;发展身体的灵活性和协调性,提高投掷能力。

(2) 动作方法:投掷步的第3步右脚着地后、左脚着地前,身体重心通过右腿支撑点一刹那,蹬转右腿向前送髋,左脚快速落地成左侧支撑。在右髋、右肩转动向前的过程中,右手稍上抬翻肘,形成"满弓"姿势,以肩带臂快速"鞭打"将球投出。

(3) 教学重、难点分析:教学重点是交叉步时的用力蹬地、迅速转体、快速挥臂方法;教学难点是蹬摆有力,动作连贯。

(4) 教学步骤与内容:①教师讲解转体、挥臂的动作要领,并示范动作;②组织学生2人一组交换做肩上拉臂、转体挺胸练习;③学生自主侧对投掷方向,两脚开立做推髋蹬地转髋的练习;④学生分成4组,由组长负责,1人1球掷准悬挂物和进行"鞭打"练习;⑤学生依次在标枪助跑道做预跑接投掷步接最后用力技术练习,垒球不出手;⑥学生分组依次练习助跑投掷垒球,越过一定高度和远度;⑦学生分组依次进行完整技术练习。

(5) 易犯错误及纠正办法。易犯错误:蹬摆配合不连贯,转体、挥臂不充分。纠正办法:原地反复地做蹬摆的配合练习,体会正确的发力顺序;采取各种诱导方式,提高转体、挥臂的速度。

2. 助跑投掷垒球

(1) 教学目标:进一步学习助跑投掷垒球的方法,能较为完整地说出助跑投掷垒球的动作名称和练习方法;掌握连贯的助跑、投掷步、最后用力、维持平衡的投掷技术动作;发展投掷能力、力量素质和身体的协调性。

(2) 动作方法:面对投掷方向,右手持球于头的右前上方;助跑几步,迈右腿的同时,身体向右转,右臂靠近身体经下向后引球,左腿迅速向前一步;左腿用力蹬地,右腿迅速向前交叉。当右脚刚一落地,迅速蹬地、转髋、挺胸,身体左转,重心前移。左腿积极落地蹬伸,上体向前"鞭打",挥臂将球经肩上快速投出。

(3) 教学重、难点分析:教学重点是助跑、投掷步、最后用力、维持平衡的投掷动作;教学难点是动作连贯,上下肢协调用力。

(4) 教学步骤与内容:①教师示范完整投掷动作,并提示重难点;②教师组织学生助跑4~6步,结合投掷步做徒手持球练习;③学生分组做持球助跑对墙投掷练习;④学生助跑4~6步,进行完整的投垒球技术动作练习;⑤教师组织学生分组进行投掷练习。

(5) 易犯错误及纠正办法。易犯错误:动作概念不清,用力顺序不对。纠正办法:明确正确用力顺序,用提问等形式多次强化记忆。

3. 原地侧向推实心球

（1）教学目标：①学生能正确掌握原地侧向推实心球技术，能够做出正确动作，并说出原地侧向推实心球的动作方法和基本要领；②通过多种力量练习发展协调用力能力，提高学生的力量素质，增强体质；③培养学生对投掷运动学习的兴趣，提高参与体育锻炼的积极性，培养学生的组织纪律性和坚毅果断的意志品质。

（2）动作方法：握球和持球（以右手推球为例）时，五指自然分开，手指和指根部位触球，大拇指和小指在两侧夹球。将球放在右肩锁骨窝处，并紧贴颈部，掌心向前（对着投掷方向），肘关节稍低于肩部。握好实心球后，身体侧对投掷方向，两脚左右开立，比肩稍宽，左脚尖指向斜前方并与右脚弓在一条直线上；右膝弯曲，上体向右倾斜扭转，重心落在右腿上；左臂微屈于胸前。推球时，右脚迅速蹬地，脚跟提起，右膝内转，使上体向左侧抬起，朝着推掷方向转动，当身体左侧接近与地面垂直瞬间，两腿迅速蹬伸，左臂在体侧制动，同时挺胸、送右肩，最后以右臂将球快速推出。球离手后，随即降低身体重心，维持身体平衡。

（3）教学重、难点分析：教学重点是用力顺序和出手速度；教学难点是最后用力与合理出手角度的结合。

（4）教学步骤与内容：①教师示范完整技术动作；②教师做分解动作示范，提示重难点，并进行讲解；③组织学生进行练习；④巡回指导，及时纠错。

（5）易犯错误及纠正办法：①推球时，肘关节下降，球离肩过早，形成抛球。纠正方法：强调正确的持球动作，多做正面推球，要求肘关节抬平，可在学生做好预备姿势后，教师或同伴站在练习者的前方右侧，适当用力抵住其右手，体会正确的推球动作。②最后用力时左肩后撤。纠正方法：推实心球时强调身体左侧的支撑，同伴站在背后用手抵住练习者左肩，做原地推球的模仿练习，防止左肩后撤。③推球时，只用手臂力量，不能充分发挥下肢及腰背肌肉力量。纠正方法：原地做推球最后用力动作的模仿练习，体会用力顺序；学生做好预备姿势后，教师或同伴在前面用手抵住其右手，或者是在后面拉住其右手，让学生反复做蹬腿、转体、推球动作练习。④推球时臀部后坐。纠正方法：徒手做最后用力的练习，教师站在学生后面，两手扶其髋，推球时帮助送髋；要求练习者用右手触及前上方一定高度和远度的标志物。

三、高中生标枪教学方法

1. 游戏名称：推小车

（1）教学目标：发展学生上肢力量及协调能力，感受在行进间不提臀、不塌腰的俯撑动作。

（2）游戏方法：学生分成8列纵队，前后2人为一组，前者俯撑分腿做"小车"，后者将其两腿提起，做"推车人"。听到口令后，"小车"两臂交替向前移动，"推车人"配合向前推进。过了终点后，第二小组开始出发，依次进行，以最先到终点的队为获胜队。

（3）游戏规则：①途中"推车人"不得松手；②下一组必须等上一组完全通过终点线后方可出发。

（4）教学步骤与内容：①教师讲解推小车游戏的方法、规则和动作要领，并请一名学生一同示范；②教师引导学生做俯撑练习，并相互帮助与监督，强调俯撑时不提臀、不塌腰；③学生2人或3人一组自主合作轮换练习推小车；④学生分组进行游戏比赛。

(5) 注意事项与要求：做俯撑的学生不提臀、不塌腰；在游戏中，教师提示学生注意安全。

2. 最后用力技术教学

(1) 教学目标：①80％的学生能够准确地说出握枪和持枪的方法；②70％的学生能够初步掌握标枪最后用力技术动作；③培养学生认真思考、拼搏进取的优秀品质。

(2) 动作方法：

①正向插枪。正对投掷方向，两脚左右平行站立，与肩同宽，右手持枪于肩上稍向头后，枪尖低于枪尾，对着前方约10米处的标志，双膝稍弯曲。技术要领：两腿用力伸直的同时，沿标枪纵轴用力把枪掷出，尽力使枪尖插中前方的标志。

②侧向投枪。侧对投掷方向站立，两脚前后距离一肩半长，左右距离一脚长，左脚尖内扣约10°，右脚在后与投掷方向约成60°，右腿半弯曲并承担身体重量。左臂弯曲于肩轴延长线上，右臂自然伸直与标枪纵轴成20～30°，枪身平行肩轴并靠近身体，眼看前上方。

(3) 教学重、难点分析：教学重点是最后用力的技术动作；教学难点是上下肢协调用力。

(4) 教学步骤与内容：①学习和掌握掷标枪的各种专门练习；②学习握枪和持枪方法（学习现代式握法、肩上持枪方法、正面插枪）；③学习原地侧向掷标枪（双人互相做"满弓"姿势练习；利用肋木、橡皮带、标枪等做"满弓"姿势练习；"鞭打"动作练习；投掷小球或石块；掷标枪）。

(5) 易犯错误及纠正办法。易犯错误："鞭打"动作效果较差。纠正办法：发展肩关节柔韧性；用皮筋做翻肩转体成"满弓"姿势的练习；徒手或持小树枝做"鞭打"动作练习，肩、肘、腕依次加、减速。

第十四章

现代田径运动竞赛组织工作

田径运动是最富有群众性的体育运动项目,在全民运动时代,从竞技体育到全民健身活动都离不开田径运动。现代田径运动竞赛是对田径教学、训练、科研工作的总结,其竞赛组织管理水平直接影响整个田径竞赛的顺利进行。因此,根据现行的田径竞赛规则,周密地组织大型或者基层田径运动竞赛活动,对发挥各组织部门及相关人员的积极性、提高工作效率、达到竞赛活动的预期目的都有极为重要的意义。

田径运动竞赛组织形式很多,竞赛的规模、类别也有较大差异,因此,应根据不同的目的和任务,组织不同规模、不同类别、不同形式的竞赛活动。

田径运动竞赛项目多,赛次多,参赛人数多,裁判人员也多,场地器材复杂,比赛时间集中,有关竞赛信息量大,因此,组织好田径运动竞赛,需要利用科学的观点和方法。

第一节 现代田径运动竞赛的组织管理

一、现代田径运动的竞赛形式

（一）国际田径比赛

世界田径将国际田径比赛都称为"国际田径运动会",目前共有八类。

（1）奥运会中的田径比赛、世界田径系列所含比赛,在《国际田联手册》中列为 a 类;

（2）地区、区域性或集团性运动会中的田径比赛,参赛运动员不限于单一地区,世界田径不具有独辖权,称之为 b 类;

（3）区域性或集团性运动会中的田径比赛,参赛运动员不限于单一地区,称之为 c 类;

（4）来自不同地区,代表不同协会、地区或联合代表队的对抗赛,称之为 d 类;

（5）经世界田径理事会批准,列入世界田径全球赛事体系的国际邀请赛和其他比赛,称之为 e 类;

（6）地区联合会组织的地区锦标赛和其他地区内比赛,称之为 f 类;

（7）地区、区域或集团性运动会中的田径比赛,以及区域或集团性田径锦标赛,参赛运动员限于单一地区,称之为 g 类;

（8）同一地区的两个或两个以上不同协会或联合代表队之间的对抗赛,U18 和 U20 级别比赛除外。

（二）国内田径比赛

（1）全国运动会、全国青年运动会及国家体育总局或中国田径协会主办的国内田径

系列赛;

(2) 全国工人运动会、全国农民运动会、全国军人运动会、全国大学生运动会、全国中学生运动会(现更名为全国学生运动会)、全国体育院校运动会田径比赛;

(3) 中国田径协会特许的田径比赛;

(4) 各省、自治区、直辖市、计划单列市、各行业体协、各直属体育院校举办的田径比赛以及上述各单位举办的田径邀请赛。

二、现代田径运动竞赛的组织形式

(一) 承办较高级别的田径运动竞赛的组织形式

(1) 承办较高级别的田径运动竞赛,由主办单位提出基础方案(包括竞赛经费来源、竞赛规程、竞赛规模等);

(2) 由承办单位提出具体可行性意见,在征得有关主管部门的同意后,便可以正式承接比赛;

(3) 承办单位在主管负责人的主持下,召集与本次田径竞赛有关的部门负责人参加运动会业务协调会,以便得到各部门的大力支持,保证比赛的顺利进行;

(4) 主办单位应参与和指导运动会的组织工作,对各项工作实施管理和监督,并根据竞赛的性质和规模拨给一定的经费。

(二) 主办地区或本单位田径竞赛的组织形式

由各级体育主管部门或工会、共青团等团体组织主办的本地区或本单位的竞技性或群众性田径比赛,均由各部门、各单位的主管领导统一指挥,各具体职能部门负责协调工作。组织机构由本单位、本系统的各职能部门的人员组成,竞赛规程的制定均由主办部门或者竞赛主管部门负责。

第二节 现代田径运动竞赛的组织实施

一、组织工作方案

根据上级的有关竞赛计划和任务,经过论证确定组织工作方案。组织工作方案是运动会一切工作开展的依据,一般包括以下内容。

1. 运动会的名称、比赛目的和任务

根据本系统、本单位、本年度竞赛工作的中心任务,以及竞赛计划中规定的竞赛性质和特殊要求来确定。

2. 运动会规模

根据运动会的目的、任务确定其规模,主要包括主办单位、承办单位、参加单位、参加人数(含裁判员和工作人员)、组别、项目以及运动会的地址和时间等。

3. 运动会的组织机构

根据工作需要建立相应的组织机构及各业务部门。

4. 运动会的经费预算

运动会的经费预算包括场地修建、器械设备、会场布置、印刷、宣传、医疗、交通、食宿等。在举办运动会时,根据经费开支的需求,还应考虑上级拨款、自筹和赞助的经费预算。

二、竞赛规程

竞赛规程是运动会竞赛工作的纲领性文件,具有法规属性。有关竞赛的主要问题用文字形式确定,保证竞赛工作规范化。对于竞赛规程,要求内容全面、文字确切、条款清楚、措辞严谨,避免出现模棱两可的词句。田径竞赛规程必须以《田径竞赛规则》为依据,规程确有不完善之处,可以由主办单位修改、补充。

竞赛规程主要有以下几方面的内容。

(1) 根据组织方案拟定运动会的名称、目的、要求,明确主办、承办单位,比赛日期和地点,参加单位及组别等。

(2) 确定比赛项目、组别、年龄、参赛资格,对有关项目的器械、重量、规格、栏高、栏间距等应具体写明。基层单位运动会比赛项目可根据场地、器材条件设置,还可增加集体健身项目和趣味性项目。

(3) 确定参加比赛的报名人数、每人限报项数、每项限报人数、接力和全能项目的参加办法;确定工作人员、教练员、随队医护人员等人数。

(4) 报名表的填写方法、报名日期及截止日期、报名地点以及其他规定(如注册单位、学历、学习成绩、健康证明、网上报名等)。

(5) 确定录取方法,单项、接力、全能、破纪录的计分方法,团体总分计算方法,成绩相等以及同名次的计分方法,"最佳运动员""精神文明奖"的评选办法等。

(6) 比赛采用中国田径协会审定的最新《田径竞赛规则》和补充规则,以及"全能评分表"等。

(7) 注意事项。

①对各单位参赛服装的要求;

②竞赛规程解释权和修改权的归属;

③一般情况下在下发竞赛规程的同时,还应下发"初定的竞赛日程"、统一印制的报名单(表14-1)或报名表电子格式要求。

表14-1 报名单

竞赛名称:_____ 组别:_____

单位:____ 领队:____ 教练员:____ 医生:____ 号码起止:____至____号

运动员号码	姓名	性别	出生年月日	民族	文化程度	体重	身高	100米跑	200米跑	400米跑	……	推铅球	掷铁饼	掷标枪	备注
每项参加人数															

三、田径运动竞赛的编排

在国内举行田径比赛时,设竞赛秘书组来完成编排记录和成绩公告工作。

田径运动会编排记录公告工作是田径运动会的重要环节之一,直接影响裁判员工作进程和运动员的比赛。编排记录公告工作可分为赛前、赛中和赛后三个工作阶段。其中,赛前工作包括常规编排记录公告工作、各项竞赛分组的编排、竞赛日程的编排、项目秩序册和每日秩序册的编印,现将各具体工作介绍如下。

（一）常规编排记录公告工作

1. 赛前编排工作

(1) 学习竞赛规程和田径规则,了解运动会的时间,作息时间,开、闭幕式(表演内容)的时间；

(2) 了解参赛单位人数、组别设置；

(3) 了解场地器材条件、跑道条数、跳跃和投掷场地及器材数量；

(4) 熟悉赛次的安排、录取办法、录取名次、计分办法；

(5) 掌握裁判员的人数和水平、等级情况。

2. 审查报名工作

(1) 根据规程中规定的报名办法和参加办法审查报名单,纵向检查表14-1中每项报名人数,横向检查每名运动员报名项目是否符合规程。

(2) 审查规程中对运动员参赛资格的特殊规定及要求,如注册单位、年龄、学籍、学制、健康证明等。

3. 统计工作

(1) 统计各组别、各项目参加人数,主要用于分组。

(2) 统计各单位参加人数、各项目参赛人数(表14-2、表14-3),分别统计各组别男、女运动员和工作人员人数。

表14-2 各单位参加人数统计表

单位	运动员人数							工作人员人数					合计	备注
	成男	成女	少男	少女	合计		小计	领队	教练员	医生	管理员	小计		
					男	女								
合计														

(3) 基层运动会还要统计兼项情况,见表14-4。

4. 编排顺序和号码

(1) 按报名先后顺序编号,一般东道主排在最后。

(2) 按运动会规定顺序编号,如报名单已按运动会设定号码填报,则应审查有无差错。

表 14-3　各项目参赛人数统计表

项目		参加单位									小计
径赛											
田赛											
全能											

表 14-4　兼项统计表

项目	兼项							
	100米跑	200米跑	400米跑	……	跳高	跳远	推铅球	……
100米跑								
200米跑								
400米跑								
……								
跳高								
跳远								
推铅球								
……								

（3）编写运动员姓名号码对照表，格式如下：

队名：×××

领队：×××

教练员：×××　×××

医生：×××

工作人员：×××

男运动员：号码（001～030）、姓名、出生年月日、身高、体重、项目1、项目2

女运动员：号码（031～060）、姓名、出生年月日、身高、体重、项目1、项目2

5. 编排项目参赛名单和填写卡片

（1）逐人（队）、逐项填写径赛成绩记录表（表14-5），如参赛者号码、姓名、单位和报名成绩等。

按队填写接力比赛成绩记录表（表14-6）。田赛项目待最后确认参赛后，再填写田赛成绩记录表。每项一张表，田赛表格分为高度表和远度表两种。全能项目填写全能记录表，表14-7为男子十项全能记录表。

表 14-5 径赛成绩记录表

项目：

号码	姓名	单位	报名成绩	全国纪录

赛次	组次	道次	比赛成绩	决定成绩	名次	备注
预次						
复						
决						

表 14-6 接力比赛成绩记录表

项目：　　组别：

单位		报名成绩		全国纪录	
棒次	第一棒	第二棒	第三棒	第四棒	备注
号码					
姓名					

赛次	组次	道次	比赛成绩	决定成绩	名次	备注
预次						
复						
决						

表 14-7　男子十项全能记录表

号码	姓名	单位	项目、成绩、得分及累积分																			总分	名次	备注
			100米栏	累积分	跳远	累积分	推铅球	累积分	跳高	累积分	400米跑	累积分	110米栏	累积分	掷铁饼	累积分	撑杆跳高	累积分	掷标枪	累积分	1500米跑	累积分			

全能裁判长：　　　　　技术官员：　　　　　成绩统计裁判员：　　　　　月　　日

(2) 省、市级以上运动会，为了便于确认和比赛分组，通常还编制各项目参赛运动员名单。

(3) 在基层，有的中小学田径运动会不使用成绩记录表，径赛分组编排时直接使用起终点用表(表14-8)，这样编排记录公告组的工作量减小了，但较容易出现漏洞和错误。

表 14-8　起终点用表(项目：_____男、女)

道次	一	二	三	四	五	六	七	八
号码								
姓名								
单位								
成绩								
名次								

运用计算机编排已相当普遍，在基层运动会中，使用相应软件进行编排，只需将运动员的相关信息输入计算机，从分组到得分再到总分便可自动生成，简单、方便而且快捷。

(4) 制定分组计划表，主要用于径赛项目分组和竞赛秩序编排，每个组别都应制定。

制定分组计划表时应考虑的因素较多，如各项各组比赛所需时间、裁判员的业务水平、接力及跨栏的摆栏和撤栏时间等。各项目一个组的比赛估算时间可参照表14-9。

表 14-9 各项比赛估算时间表

	项目	每组比赛时间	备注
径赛	100米跑、200米跑、400米跑	4～5分钟	
	800米跑	6～8分钟	
	1500米跑	8～10分钟	
	3000米跑、3000米障碍跑	15～20分钟	12～15分钟
	5000米跑	20～25分钟	
	10000米跑	40～50分钟	40～45分钟
	100米栏、110米栏	5分钟	不包括摆栏、撤栏时间
	400米栏	5分钟	
	4×100米接力	8～10分钟	10分钟
	4×400米接力	1～15分钟	10分钟
	马拉松	3小时20分～3小时30分	3小时10分～3小时20分
	3000米竞走	25～30分钟	20～25
	5000米竞走	40～45分钟	30～35
	10公里竞走	70～75分钟	55～60
	20公里竞走	2小时～2小时10分钟	1小时50分～2小时
	50公里竞走	5小时10分～5小时20分	5小时～5小时10分
田赛	跳远、三级跳远	(3～3.5)×(总人数+8)(分钟)	
	推铅球	(3～3.5)×(总人数+8)(分钟)	
	跳高	[8～10(或12)]×总人数(分钟)	
	撑杆跳高	(13～15)×总人数(分钟)	
	掷铁饼	(4～4.5)×(总人数+8)(分钟)	
	掷标枪	(4.5～5)×(总人数+8)(分钟)	
	掷链球	6×(总人数+8)(分钟)	

注：备注栏内为国内高级别比赛一般所需时间。

(二) 各项竞赛分组的编排

田径运动各项竞赛按径赛项目、田赛项目和全能项目分组。

1. 分组的原则

(1) 按参赛人数、跑道数、赛次、录取方法和裁判员人数进行分组，每组尽可能均等。
(2) 同一项目、同一单位的运动员尽量避免排在同一组。
(3) 不分道的比赛项目，每组人数一般不应超过跑道数的 2 倍。
(4) 长距离分组决赛时，一般把成绩好的运动员集中编在一组。
(5) 全能(径赛)项目分组时每组最好 5 人或 5 人以上，但不得少于 3 人，最后一个径赛项目应把前面各单项累积分较高的运动员编在一组。

2. 径赛项目的分组

(1) 如果已获得参赛运动员赛前的报名成绩或上一赛次的成绩，可用蛇形分组方法进行分组。例如男子100米跑共23人,有8条跑道,根据成绩将运动员的卡片或号码按蛇形排列,再横向分组(图14-1)。

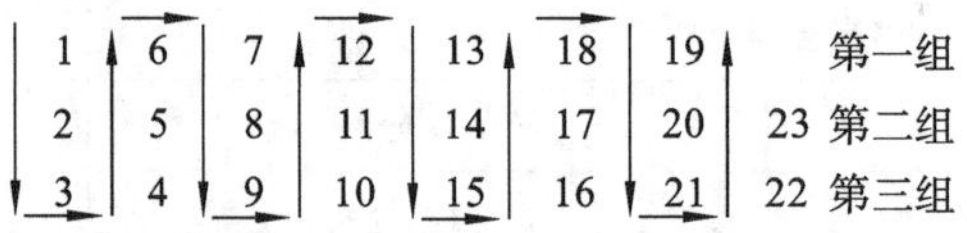

```
1   6   7   12  13  18  19  第一组
2   5   8   11  14  17  20  23 第二组
3   4   9   10  15  16  21  22 第三组
```

图 14-1　蛇形排列分组法

蛇形排列中如果有同单位运动员在同一组,可上下调整。预赛可随机抽签排定道次。在抽签排道次时,成绩好的4人抽3、4、5、6道,成绩差的抽1、2、7、8道。下一赛次时,可按前一赛次的成绩按蛇形分组方法进行分组。

(2)分组时如无运动员赛前成绩,人数又较多,可采用"斜线分组法",即将参赛运动员卡片或号码按单位依次上下排列,然后画斜线分组。

如表14-10所示,斜线分组完成,30人可分4个组,具体如下:

第一组　　11　22　33　51　62　73　91
第二组　　01　12　23　41　52　63　81　92
第三组　　02　13　31　42　53　71　82　93
第四组　　03　21　32　43　61　72　83

表 14-10　斜线分组法

单位	北京	天津	上海	武汉	沈阳	西安	成都	广州	郑州	济南
	01	11	21	31	41	51	61	71	81	91
	02	12	22	32	42	52	62	72	82	92
	03	13	23	33	43	53	63	73	83	93

分组后,为防止同单位运动员都在内道或外道,以及同一单位的运动员在同一组,可进行调整,最终确定4个组。

(3)分组抽签完成后,可编制径赛检录表,格式如表14-11所示。

表 14-11　径赛检录表(项目:＿＿＿＿,组别:＿＿＿＿)

道次	一	二	三	四	五	六	七	八
号码								
姓名								
单位								
成绩								
名次								
备注								

3. 田赛项目的分组

(1)田赛项目一般不分组,比赛顺序由抽签排定。注意同单位的运动员不应连续排定,应作前、中、后较均等的调整。

(2)省、市级以上运动会赛前经过确认,将不参赛者从中删除,可按原抽签顺序,也可由技术代表抽签排定顺序。

（3）田赛项目参赛人数过多时，可举行及格赛，以确定正式参赛运动员名单。及格标准应在竞赛规程或补充通知中明确规定，也可在赛前技术会议上宣布。

（4）在场地、设备条件允许的情况下，可以在不同场地分组同时进行比赛。如果时间允许，也可两组衔接进行。

4．全能项目的分组

全能项目中径赛项目的分组每组最好5人或5人以上，但不得少于3人。

全能项目比赛最后一项的分组编排，应将倒数第二项比赛后累积分领先的运动员分在一组。除此之外，其他每个单项的分组，应由上一项取得继续比赛资格的运动员抽签排定。

如果全能裁判长认为分组不合理，有权对任何一组重新进行编排。

5．田赛记录表

（1）按抽签排定的顺序把运动员的号码、姓名、单位分别填入田赛高度项目成绩记录表(表14-12)、田赛远度项目成绩记录表(表14-13)中。

表14-12　田赛高度项目成绩记录表(跳高、撑杆跳高通用)

号码	姓名	单位								失败总次数	成绩	名次	备注

项目：　　　　　组别：

（2）按照比赛秩序，提前半天逐项清点各项表格，并提前半天分别交给相关裁判长。

表 14-13　田赛远度项目成绩记录表

项目：　　　　组别：　　　　　　　　　　　　　　　　　　　　月　　日

号码	姓名	单位	第一次	第二次	第三次	前三次最好成绩	第四次	第五次	第六次	比赛最好成绩	名次

记录：＿＿＿＿　主裁判：＿＿＿＿　田赛裁判长：＿＿＿＿　技术官员：＿＿＿＿

（三）竞赛日程的编排

竞赛日程编排是一个涉及面广、考虑因素多的工作。竞赛日程编排工作直接影响整个比赛的进行和运动员技术水平的发挥。

1. 竞赛日程的编排原则

（1）相关规则规定："如有可能,在任一赛次的最后一组和后继赛次或决赛的第一组之间,必须留出的最短间隔时间:200 米跑及以下各项目为 45 分钟;200 米跑以上至 1000 米跑各项目为 90 分钟;1000 米跑以上各项目不在同一天举行。"对于全能项目,"每名运动员在上一项比赛结束之后至下一项比赛开始之前至少应有 30 分钟的休息时间。"

（2）按兼项的一般规律,尽量把相关项目分开编排,以避免兼项冲突。性质相近的项目要注意先后顺序:一般先 100 米跑,后 200 米跑;先 5000 米跑,后 10000 米跑;先跳远,后三级跳远;等等。

（3）在时间允许的情况下,尽量照顾到兼项之间的时间间隔。进行及格赛的项目,赛后至少应间隔一天再进行正式比赛。

（4）不同组别的同一田赛项目,一般不连续安排在同一单元内进行。

（5）不同组别的同一径赛项目,最好衔接进行,如男子 100 米跑和女子 100 米跑等,短距离径赛项目赛次少时,最好安排在一天结束。

（6）跨栏项目一般都安排在各单元的第一项,还可安排在长距离径赛项目之后。

（7）预计有可能破纪录的项目,可分配到各个比赛单元,尽量排在下午,并留出颁奖时间。

（8）同一时间不要安排两个田赛长投项目。

（9）在进行竞走、长跑时,最好不要安排标枪等长投项目。

（10）安排撑杆跳高比赛要考虑阳光的照射方向和比赛时长,最好安排在上午早些时候进行。

（11）接力比赛项目最好安排在单元最后或下午最后一项进行,以保证兼项运动员参赛。

（12）在可能的情况下,把较精彩的决赛项目、可能打破纪录的项目排在开幕式后、闭幕式前或节假日里,以满足观众欣赏比赛的需求。

(13) 田赛项目应防止一端过分集中,另一端空场的情况,以免空场端观众受到冷落。

(14) 最后一个单元临近结束之前,可考虑安排一项长距离径赛项目或适当减少项目,以便举行闭幕式、宣布团体成绩与颁奖。

(15) 每单元的比赛安排,尽量让径赛和田赛同时结束。

2. 竞赛日程的编排方法

(1) 填写田径竞赛日程安排表(表 14-14)。

表 14-14 田径竞赛日程安排表(男子、女子)

比赛日期										
比赛单元	上午	下午	上午	下午	上午	下午	上午	下午	上午	下午
100 米跑										
800 米跑										
……										
4×100 米接力										
4×400 米接力										
跳高										
……										
每日比赛项目数										

比赛日程有多种编排方法,现在省市级以上全国性比赛的编排,一般先列表填出每单元赛次,然后细排每单元各项目比赛顺序。这样的编排一目了然,利于赛次的调整,容易发现和避免有关项目之间的冲突,便于调整最后报名和最后确认的比赛日程。

具体操作如下:按竞赛规程规定的比赛天数、单元、时间、组别和项目等,填写田径竞赛日程安排表,再根据竞赛规程中的参赛单位、报名要求等预计各项赛次,然后先排全能项目,后排单项,单项中先排径赛,后排田赛。之后在统计栏中填写每天的决赛次数和总赛次数。要详细检查是否有遗漏项目及赛次,常规、兼项有无冲突。

编排每单元内的竞赛日程时,应估算比赛时间,计算各项目所需时间,仍然按先排全能项目再排单项的办法,排出每单元的竞赛日程。有决赛项目的单元应预留颁奖仪式时间。

(2) 抄写编排项目卡片。

根据规定的比赛项目和赛次,将每个比赛项目的组别、赛次、参加人数、所分组数及所需时间分别抄写在硬纸片上,不同组别应用不同颜色的卡片,如男子甲组 100 米跑预赛 27 人 5 组,25 分钟;女子乙组掷标枪预决赛 24 人,120 分钟。

每个项目的第一赛次和全能项目的每个项目都应分别抄写在不同颜色的卡片上,不能遗漏。卡片可以用图钉钉在黑板上或粘贴在较大的桌面上,以利于项目的安排与调整,也能防止风吹落或碰掉。

(3) 编排比赛秩序。

①先排全能项目,再排赛次多的项目,最后排跨栏和其他径赛项目。

②核对兼项统计表,检查有无兼项冲突。

③排完径赛再排田赛,注意兼项和性质相关项目的先后顺序。

④全部项目排好后,应详细检查,核算每单元所用时间,如有不妥之处再进行调整。卡片不能随意移动,以免影响全局和返工。

⑤编排时最好制订多个方案,从中筛选最佳方案。方案确定后,及时报送竞赛委员会审查确认,最后印制成秩序册。

(四)项目秩序册和每日秩序册的编印

1. 项目秩序册

运动员报名截止后,应编印项目秩序册。项目秩序册的内容有:

(1)竞赛规程;
(2)体育道德风尚奖评选办法;
(3)竞赛委员会及办事机构;
(4)技术代表、技术官员、仲裁员、裁判员;
(5)运动队名单(领队、教练员、医生、工作人员,运动员姓名、号码、出生日期、身高、体重、参加项目等);
(6)各单项参赛运动员;
(7)运动会活动日程;
(8)竞赛日程;
(9)参赛队人数统计;
(10)各类竞赛项目纪录;
(11)竞赛场地平面图;
(12)活动日程,有关注意事项,等级运动员标准,开、闭幕式程序,作息时间等。

2. 每日秩序册

根据规则要求,在比赛前两天最后确认参赛运动员名单。一般在各项比赛前两天中午12点前上交确认表,也可在技术会议上进行确认。确认表只是确认运动员是否参赛,不准换人、换项和增项,经确认后可以编印每日秩序册。

由于规则和规程规定,当前田径运动会不参赛运动员很少,一般情况下,只确认不参赛者即可。

(五)编排记录公告组赛中和赛后工作

1. 赛中工作

(1)编排记录公告组裁判员的工作可分为场地联络、临场编排与复写、竞赛成绩公告、全能成绩公告、总成绩及团体总分记录、奖牌与总分统计、秩序册汇编、文件资料整理等。

(2)临场日程编排。

收到径赛项目的预、次、复赛成绩表(表14-15)后,立即录取参加下一赛次的运动员,并进行分组。

按规则,运动员录取顺序如下:①最快组的优胜者(第一名)、次快组的优胜者(第一名)、第三快组的优胜者(第一名)等;②最快组的第二名、次快组的第二名、第三快组的第二名等。

最终按运动员成绩递补,按蛇形分组方法进行编排,最后请技术代表或委托人抽签决定组次、道次或顺序。

表 14-15　径赛成绩记录卡片

男(女)_____米_____组_____赛取_____名

名次	号码	姓名	单位	成绩	备注
第一名				分　秒	
第二名				分　秒	
第三名				分　秒	
第四名				分　秒	
第五名				分　秒	
第六名				分　秒	
第七名				分　秒	
第八名				分　秒	

编排记录主裁判：　　　　记录员：　　　　　　　　　年　月　日

（3）分组后工作流程。

下一赛次分组表排出后，复写一式五份，其中一份送交宣告处，两份送至检录处（供起、终点用），一份贴于成绩公告处，一份留底。

每项决赛的成绩都要准确地填入总记录表（表14-16）和团体总分表（表14-17），并复写一式五份，其中一份留存，其他四份分别交宣告处、主席台、奖品组和成绩公告组。

表 14-16　总记录表

项目	第一名			第二名			第三名			……	备注
	姓名	单位	成绩	姓名	单位	成绩	姓名	单位	成绩		
100米跑											
200米跑											
400米跑											
800米跑											
……											

表 14-17　团体总分表

单位	第一单元			第二单元			……
	100米跑	……	小计	400米跑	……	小计	……

（4）及时整理每天比赛的成绩及破纪录的人数、项次、次数及达等级运动员的人数，印制成绩公告发至各队和各单位。

（5）省、市级以上比赛超过3天时可印发每日秩序册，最好将当天的成绩公告与次日的秩序册合订成一个册子发给各队和各单位。

（6）省、市级以下中小型运动会在录取后一赛次参赛运动员时，可采用预赛按成绩录取、复赛按名次录取的办法。

由于基层运动会时间短,运动员训练水平低和连续比赛能力差,不宜采用多赛次,一般400米跑及以下单项进行预、决两赛次,按成绩录取参加决赛者即可。

2. 赛后工作

(1) 计算团体总分,及时送交总裁判长宣布成绩。

(2) 填写成绩证明表和破纪录申请表。

(3) 编印总成绩册,内容如下:

①封面。印有运动会名称及会标、主办单位及承办单位。

②团体总分统计,金、银、铜牌统计,破纪录运动员名单统计,运动健将人数统计。

③比赛成绩。按规程上排列的项目顺序,男子在前、女子在后,先径赛后田赛的顺序排列各项成绩;按预、次、复、决赛顺序分别排出成绩;田赛若有及格赛,应按先及格赛后正式比赛的顺序排出成绩。

田径比赛表格非常多,使用编排软件进行编排时,可将编排及裁判员所用表格设计好,保存在电脑中,根据需求输入相关信息,提取打印。

在田径竞赛过程中,通过竞赛秘书组与田径场地各项目裁判岗位的终端联系,获取有关信息和比赛成绩。

计算机在基层田径比赛中的应用已相当普遍,例如,在成绩处理、编排记录公告、计算成绩和团体总分中就经常使用到计算机。虽然在比赛过程中还需人工处理大量的信息,但计算机的应用使得分组编排处理成绩、计算总分的速度和准确性都大大提高了。

四、田径运动竞赛的准备工作

(一) 各种表格设计

田径竞赛中使用的表格很多,在竞赛组织工作中要按项目检查所需表格,竞赛秘书组负责准备、设计、保管、分类和分发表格。

为防止表格遗漏,赛前应让各裁判组提出需要准备的表格。表格的设计应力求精练、容易使用、操作简便。

表格确定后还要根据项目人数、赛次、填写的份数来计算各种表格需求数量,以保证竞赛的使用。

(二) 比赛会场布置

(1) 根据运动会的规模,布置主席台,安排竞赛秘书处、成绩公告栏、运动员和裁判员休息室、饮水处、医务处等。

(2) 检录处标识要醒目,运动员做准备活动的场地器材要完备。

(3) 会场应安装良好的扩音、通信设备,供现场指挥、宣告、宣传使用。

(4) 赛后控制中心要安排运动员休息、尿检、提取尿样、新闻发布、媒体采访的场所及相关设备。

(5) 会场周围除宣传设备外,还可以开设广告区域。

(6) 要考虑会场疏散通行的需求,设置交通要道标记和引导牌。

(三) 场地器材及用具的准备与检查

(1) 赛前对各径赛场地器材和设备进行检查,主要包括各径赛项目的起点、终点、接力区、栏位、抢道标志线、障碍赛的器材设施以及相应的器材、设备。

（2）对各田赛项目场地、器材和设备进行检查，按规则检查跳高、撑杆跳高场地条件，三级跳远、跳远沙坑落地区及起跳板距离和助跑距离是否符合要求。

（3）对自备器材进行详细检查，对合格器材造册登记贴上标签，并统一管理。

（4）赛前各裁判组提供本组比赛时所需的场地、器材、设备及其他物品的名称、数量，进行充分的准备。

（5）保证比赛全过程所需的场地器材均符合规则和规程的要求。

第十五章

田径运动竞赛裁判工作

田径裁判员队伍是一个庞大的群体。现代田径运动会大大增加了现代化仪器设备的运用，对裁判员的素质、能力要求都很高，因此，田径竞赛组织工作要严密，管理工作要严格。

第一节　各技术官员的主要职责

一、技术代表

（1）技术代表应与大会组委会共同保证全部技术性安排的安全，符合田径竞赛规则的规定。

（2）技术代表应向有关组织提交对竞赛日程、报名标准和比赛器材的建议，确定田赛项目的及格标准和径赛项目的赛次与录取原则。

（3）技术代表应保证在赛前的适当时间向所有参赛的会员协会发送技术性规程。

（4）技术代表应审核报名，有权以技术性理由否决报名（如出现非技术性理由而否决报名，则应由世界田径或相关地区理事会作出裁决）。

（5）技术代表主持技术会议，讨论决定竞赛中的有关问题及确认参赛运动员。

（6）技术代表应安排决赛前的各赛次分组和全能项目分组。

（7）技术代表任命一名技术官员为技术官员组长。

二、技术官员

（1）在技术代表领导下进行工作。技术官员应对各项主裁判的工作给予一切必要的支持和协作。

（2）技术官员组长将为比赛日程中的每个项目指派一名技术官员在现场工作。技术官员应对该项目的裁判长提供一切必要的支持。

（3）受技术代表的指派到各项比赛现场，自始至终在比赛现场，并做好记录，监督整个比赛是否符合规则要求。

（4）比赛的全过程中，技术官员都必须在场，以保证比赛过程完全符合世界田径的技术规则、技术规程和技术代表所作出的有关决定。

（5）如果出现问题或技术官员观察到认为需要提出意见的事情，他们首先应向该项目的主裁判提出。如有必要，可提供应该如何做的建议。如果该建议未被采纳，并出现明显违反田径规则、竞赛规程和技术会议所作出的有关规定的情况，则该技术官员将对此作出裁决。如果有关问题仍未得到解决，应提交给技术代表。

(6) 在田赛项目比赛结束时,技术官员应审核成绩,并在成绩单上签名。

三、仲裁委员会

(1) 处理各项申诉与抗议,同时对发生于比赛中提交仲裁委员会的其他事宜作出裁决。仲裁委员会的裁决为最终裁决。
(2) 凡对规则未曾涉及的问题作出裁决,事后应由仲裁委员会主任向有关田径协会报告。

四、赛事总管

赛事总管负责运动会的正常进行,根据岗位职责检查所有报到就位的裁判员,并任命必要的替补人员,从职业角度有权撤换任何不守规则的裁判员。与比赛场地管理员配合,仅允许经批准的人员停留在比赛场地。

在国内的田径比赛中,赛事总管直接对竞赛主任负责,组织领导裁判工作。如果比赛超过4小时或运动会时间超过1天,建议配备人数足够的赛事总管助理。

第二节 检录及赛后控制中心工作

一、检录工作

(一) 检录长的职责

(1) 检录长负责所涉及的检录相关事宜。
(2) 组织全体检录员学习、实习和布置检录处的设施和用具。
(3) 确定各项检录时间,并由技术代表确认。与田赛及全能项目裁判员协调田赛和全能项目每天第一项比赛项目的检录工作。
(4) 审核计算机终端操作员需核实的检录信息与资料。
(5) 确认未检录运动员的情况,以决定处理方法。
(6) 对不符合检录要求(服装、参赛号码布、鞋和禁带用品等)的运动员作出裁决。

(二) 检录组工作

1. 任务

按竞赛日程排定的各项比赛时间和技术会议规定的各项检录时间,召集运动员到检录组进行检录;对运动员做好各项检查工作,准时把运动员带到比赛场地交该项主裁判。

2. 工作方法

(1) 全体检录人员在检录长的领导下,于每单元赛前1小时到达检录组,做好各项准备工作,布置单元竞赛检录任务,分发径赛检录表、小号码。各检录组根据分工进入岗位,做好准备,投入工作。
(2) 广播员在检录前10分钟预告单元比赛项目、检录时间、比赛时间。信息播出后,检录时间显示操作员及时配合显示项目检录有关信息。

一般检录时间见表15-1。

表 15-1　一般检录时间

项目	检录开始时间/分钟	结束时间/分钟	到达赛场时间/分钟
径赛	25～30	15	10
田赛(除撑杆跳高)	40	30	20～25
撑杆跳高	50	40	30～35

注：表中时间为每项比赛开始前时间。

全能项目的检录，每天第一项比赛项目与径赛、田赛相似，后继项目根据间隔休息时间确定。

(3) 检录开始信号发出后，入口检查员开始检查该项参赛运动员的证件、号码、服装并做好检查记录。

(4) 运动员进入检录指定地点后，检录组应按事先的分工，分别检查各组别、组数和运动员的号码、服装、比赛鞋、携带物品等是否符合规则规定，然后分发道次小号码。各项工作就绪，与计算机终端操作员核实检录情况，交检录长审核后，如有修改，计算机终端操作员即打印 6 份检录表，其中一份留存，其他送有关裁判员；如无修改，计算机终端操作员调出该项、该组检录表，标注已检录即可。

(5) 检录员与计算机终端操作员核对后，即按各项、各组进场时间召集运动员。两名检录员一前一后按规定时间和路线将运动员带到比赛场地。径赛检录表应分送给助理发令员、终点组、计时组、检查组和宣告组。

(6) 对于田赛项目的检录，检录组通知运动员到指定地点，由田赛的各项管理裁判员和记录员具体执行。检录组主裁判掌握时间，确定带运动员进场的时间和路线。管理裁判员应把检录情况报告检录组计算机终端操作员。

(7) 全能项目的检录工作，每天的第一项比赛项目由检录组进行检录，后继项目由全能裁判员检录。

(8) 接力项目的检录由检录长指导各检录组执行。检录前，要通知各参赛队教练员按规定时间送交棒次申报表，然后将各队各棒次的运动员号码填入检录表及卡片。4×100 米接力比赛的检录表要一式八份，分别送至各接力区检查员和径赛有关裁判组。检录结束后报告检录长与计算机终端操作员。然后根据规定时间和路线，分别将各棒运动员带到起点和各接力区，第一棒运动员交助理发令员，第二、三、四棒运动员交各接力区检查员。4×400 米接力比赛时，将运动员带到 4×400 米接力赛起点处交助理发令员。

二、赛后控制中心工作

(一) 任务

组织比赛场上比赛完毕的运动员退场，确保赛场的良好秩序；归还运动员的衣物等物品；将各项决赛获奖运动员带到颁奖处，协助兴奋剂检查站和新闻中心做好运动员的管理工作。

(二) 工作方法

(1) 比赛开始后，物品归还组在赛后控制中心接受由检录组裁判员和起点裁判员(或服务员)送来的运动员服装、鞋子及不允许带入场内的物品。

(2) 径赛项目中当运动员到达终点后，终点管理组召集运动员进入赛后控制中心。

运动员凭道次号(或号码布)领取个人物品。

(3) 被检查兴奋剂的运动员在通知单上签字后,由检查人员随同监督员一并交检测站工作人员。

(4) 将获奖运动员带到颁奖处交颁奖组工作人员,并安排运动员接受采访。

(5) 田赛项目比赛结束后,由该项记录员将运动员送往赛后控制中心,其余同径赛项目。

第三节 径赛裁判工作

一、径赛裁判长职责

径赛裁判长在技术代表领导下开展工作,负责径赛项目的裁判工作(包括发令、终点摄影计时、终点人工计时、检查、风速测量、各裁判组的裁判工作及有关终端操作员的工作),保证径赛项目准时开始。

径赛裁判长职责如下:

(1) 认真执行规则和规程中的各项规定,处理发生于比赛期间有关径赛的问题。

(2) 处理有争议的问题。当裁判员对名次判定意见不一致时,裁判长有权决定最后名次。对犯规运动员的录取资格及其他疑难问题不能解决时,裁判长应签署意见并报送技术代表解决。

(3) 对竞赛过程中的抗议或异议,包括发生在检录过程中的任何事情作出裁决。有权对有不正当行为的运动员提出警告或取消其比赛资格。

(4) 警告使用黄牌,取消比赛资格使用红牌。这两种处分均应填入成绩记录卡。

(5) 认为某项比赛不公允时,有权宣布比赛无效,并作出在当日或其他时间重新比赛的决定。

若设两名径赛裁判长,则一名径赛裁判长在终点处负责相关的径赛工作,另一名径赛裁判长(位于场内)分管发令、检查组的工作和处理运动员犯规问题。

二、起点裁判工作

起点裁判工作由发令协调员、发令员、召回发令员和助理发令员相互配合完成。

1. 任务

组织各项径赛运动员按时进行比赛。

2. 工作方法

(1) 组织发令组在赛前学习规程、规则,进行详细分工,研究工作方法,并组织现场实习;检查及熟悉场地、起点位置、器材情况等。

(2) 发令协调员有安排发令组裁判员的职责,监督发令组的每位成员履行其职责。

(3) 助理发令员在赛前从引导处接收运动员并核实运动员参赛号码、道次号和核对道次,组织运动员安装起跑器和进行练习。

(4) 赛前3分钟,助理发令员通知运动员停止练习,脱去外套,正确安排每名运动员的道次和站位,在起跑线后大约3米处排列好,听候发令员示意。

（5）赛前2分钟,收到现场指挥的有关命令,发令协调员确认计时组、终点组、风速测量组准备就绪后,通知发令员开始发令的程序。当使用起跑监测仪时,发令员和指定的召回发令员应头戴耳机,以便清楚听取监测仪的信号。

（6）显示屏上显示该组各道运动员的检录表,同时宣告员介绍运动员。运动员介绍完毕,发令员即发出"各就位"口令。此时,助理发令员要认真检查运动员的"各就位"动作,待动作符合规则时,即举手示意。发令员发出"预备"口令,待运动员完全稳定后即可鸣枪。

（7）发令员的口令要清晰、洪亮,"各就位"口令要长一些,"预备"口令要平稳、短促。从"预备"到鸣枪应以运动员身体稳定为准。举枪时应举到烟屏中央稍下一点处,鸣枪后稍停片刻再放下。发现运动员犯规,召回发令员应立即鸣枪召回。

（8）发令员的位置。

直线起跑发令(100米跑、100米栏、110米栏)时,发令员、召回发令员、助理发令员的位置如图15-1所示。

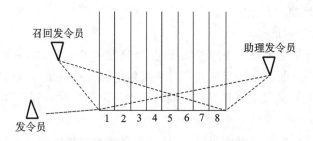

图15-1　直线起跑发令员的位置图

梯形起跑发令(200米跑、400米跑、800米跑、4×100米接力、4×400米接力、400米栏)时,发令员、召回发令员、助理发令员的位置如图15-2(a)所示。

弧线起跑发令(1500米跑、3000米跑、5000米跑、10000米跑)时,发令员、召回发令员、助理发令员的位置如图15-2(b)所示。

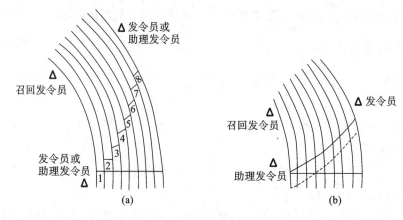

图15-2　弯道起跑发令员的位置图

（9）发令协调员一般在起点或起跑监测仪附近协助工作。

（10）助理发令员在接力比赛时,应为第一棒运动员准备接力棒。

三、终点摄影计时裁判工作

1. 任务

准确、迅速地计取径赛运动员的比赛成绩,确保分段成绩显示牌的正常工作,保证起点发令设备的正确使用。

2. 工作方法

(1) 赛前 1~1.5 小时,各组工作人员、裁判员,必须到达指定的工作岗位,检查和调试仪器设备。

(2) 赛前 3~5 分钟,计算机终端应显示该组运动员检录表,并提取一份交主裁判。分段计时准备就绪后,确保光电、显示牌、打印系统正常工作。

(3) 指挥中心发出该组比赛前 2 分钟的信号后,主裁判、摄影计时操作员再次仔细检查计时系统是否处于准备工作状态,光圈是否调好,然后密切注视起点。

(4) 当发令员鸣枪后,注意观察计时装置的启动情况,绿灯及时闪动说明工作正常,并报告"起点很好"。

(5) 终点摄影主裁判负责终点计时器的运转,判定运动员的名次和成绩。

(6) 主裁判在其他两名助理裁判员的协助下,认真核查成绩名次无误后,命令操作员传送至终点计算机终端和大屏幕。

四、人工计时裁判工作

1. 任务

准确计取径赛项目运动员的分段及全程比赛成绩,协助终点裁判组做好长距离跑和竞走项目比赛的记圈工作。

2. 工作方法

(1) 赛前计时主裁判组织计时员学习规程和规则,安排实习并进行分工。

(2) 各项比赛开始前 3~5 分钟,计时主裁判将人工计时成绩记录卡交给最下边第一道计时员并迅速往上传递。

(3) 当听到比赛即将开始的信号时,计时员应立即"回表"。若无此类信号,计时主裁判应发出"回表"口令。

(4) 计时员"回表"后,应立即注视起点,并力求辨认清楚自己所记道次运动员的特征,然后注视烟屏,并按紧电子计时秒表的按键,见烟(或光)开表。开表后应立即检查秒表是否走动。如有故障,立即报告计时主裁判,以便安排候补计时员替补。确认秒表无误后,再注视运动员的跑进。

(5) 当计时员所负责的运动员接近终点时,应按紧停表键,这时用主要目光看终点线后沿垂直面,用余光看运动员,直至运动员躯干的任何部分到达终点线后沿垂直面瞬间停表为止。停表后,应注意核对运动员的号码是否与径赛成绩记录卡上的号码相同。然后,将成绩填写到成绩记录卡上。此时,按名次计时的计时员应主动将所计成绩报告给本道计时员。计时员填写成绩记录卡时,应将每名计时员所计成绩按 1/100 秒填写在分表栏中,然后按规则换算成 1/10 秒填写在决定成绩栏中,并将所看名次填写在成绩记录卡上,以供参考。计时员填好成绩记录卡后,迅速由上往下传递给计时主裁判,然后将所计成绩按 1/100 秒填在计时存查表上。

(6) 计时主裁判收齐成绩记录卡后,立即审核。必要时应查验计时员的秒表。审核无误后,将成绩记录卡送交径赛记录员。

(7) 不同径赛项目的计时方法。

分道和部分分道跑的径赛项目,采用按道次分工计时加按名次计时相结合的计时方法。如只有10名计时员,则8名计时员按分配的道次计时,2名计时员计取第一名的成绩。

在不分道跑的径赛项目中,采用"人盯人"的计时记圈方法,即每名计时员分工负责1~2名运动员的计时(包括计取分段时间)、记圈、记名次并兼报脱圈的工作。

五、终点裁判和记圈工作

1. 任务

准确、迅速地判定径赛运动员到达终点的名次,并担任中、长距离跑和竞走比赛的记圈工作。

2. 工作方法

(1) 赛前必须认真学习竞赛规程和规则,进行现场实习。

(2) 分道跑项目的裁判工作采用按名次分工的方法,即裁判员每人主看一个名次,同时兼看一个与主看名次相邻的名次。例如,7名裁判员分别主看前7名运动员,即分别主看第1、2、3名运动员的裁判员,分别兼看第2、3、4名运动员;分别主看第5、6、7名运动员的裁判员,分别兼看第6、7、8名运动员,再由一名裁判员主看第4、5名运动员。裁判员将所认看的名次填入"终点名次报名表"中并交主裁判。主裁判二人分别看第1至4名和第5至8名运动员。

(3) 部分分道跑项目的裁判员多采用按道次分工"人盯人到底"的方法,即每位裁判员只看一个道次。当运动员上道时,核实号码,牢记其特征。运动员起跑后,注意跑进中的名次变化。运动员到达终点后,判定其名次。也可采用按名次分工的方法,即每位裁判员只主看一个名次。运动员起跑后,注意观察场上名次的变化,随时辨认自己所认看名次的道次(队名或号码),判定运动员到达终点的名次,并立即核实本名次运动员的道次、号码和队名。

(4) 不分道跑项目的比赛中,为了准确地判定名次,必须做好记圈工作。中、长距离跑记圈的主要方法如下:

第一种方法,终点裁判组担任全部记圈工作。在终点主裁判领导下,将终点裁判员分成总记圈组、脱圈组和余圈显示组。比赛时,终点主裁判应及时向终点摄影计时主裁判通报脱圈或中途退场运动员的号码。最后一圈前,掌握前8名运动员跑进顺序,并与计时主裁判核对。最后一圈铃响后,向终点摄影计时主裁判通报领先的第1至8名运动员号码。当运动员临近终点时,根据总记圈组的记录,再次通报运动员到达终点的顺序。总记圈组由A、B、C三名裁判员组成。比赛开始,应核对参赛人数并记入表内。每次运动员通过终点时,由A报号码,并监看记录工作;B依次在总记圈表上记录;C记录每圈领先运动员通过终点的时间,记录脱圈运动员的人数。运动员到达距离终点15~25米处时,由A向主裁判报告名次顺序,B记录到达终点的名次顺序。脱圈组由D、E、F三名裁判员组成。比赛时领先运动员通过终点时,D报号,E记录,F监听报号和监看记录工作。当脱圈运动员距离终点10~15米处时,根据D的口头报号,由F向脱圈运动员口头通知剩余圈数并举牌提示。报圈组由 G、H 两名裁判员组成，G 操作余圈显示器，记录剩余圈数，记录每圈领先的第 1 至 3 名运动员的号码；H 在鸣枪时开表计时，纵观全场，了解运动员脱圈情况，协助、监视 G 裁判员的操作，并负责最后一圈的摇铃。

第二种方法，终点裁判组担任总记圈和报圈工作，并与人工计时裁判组配合。人工计时裁判组采用"人盯人到底"的计时方法，完成记圈、计时工作。当出现脱圈运动员时，负责该运动员的计时员通知报圈员。当运动员通过终点时，报圈员举牌或口头通知运动员剩余圈数。

六、检查裁判工作

1. 任务

在径赛裁判长领导下开展工作，确保径赛项目的比赛符合田径规则的规定。赛前要复查径赛场地、设备和器材。在比赛过程中，检查径赛运动员有无犯规情况；在跨栏、障碍跑项目中，检查栏数、栏位、栏高是否准确；在接力项目中，组织第二、三、四棒运动员的上道等。

2. 工作方法

（1）在主裁判领导下学习规程、规则，了解运动会的有关规定，制定工作细则。

（2）进行现场实习，统一裁判方法和判罚原则，即区分犯规是主动还是被动，是有意还是无意，是有利还是无利，是否影响他人。

（3）了解径赛的各种设施，熟记自己的号位，进、出场及换位的路线，落实检查所需器材及用品，熟悉各种旗示。

①检查主裁判与检查员之间的旗示：

a. 预备旗示。检查主裁判将旗直臂侧平举，各小组检查员立即整队准备进场。

b. 询问旗示。检查主裁判将旗上举在头上不动，检查员面向检查主裁判将旗上举表示准备就绪或没有问题。

c. 犯规旗示。检查员将旗上举在头上左右摆动。

d. 换位旗示。检查主裁判将旗上举在头顶上画圈。

②检查主裁判与终点主裁判的联络旗示：面向终点将旗举至胸前，表示准备就绪。

③检查主裁判与径赛裁判长的联络旗示：检查主裁判收到检查员发出的"犯规"信号后，面向径赛裁判长将旗在体前左右摆动，提示该组成绩缓报，并请径赛裁判长进行处理。

（4）接力赛跑时，各接力区检查员要核对运动员的单位、道次、号码，并组织上道。

（5）发现运动员犯规时，应用胶布在犯规地点做记号，用旗示或对讲机向主裁判报告，同时填写检查报告表。

（6）检查主裁判的位置一般在终点附近。直道项目，检查员分布在跑道两侧，距跑道内沿两米左右，内外两侧交错排列，分段负责检查。200 米跑比赛时，检查员主要交错分布在弯道两侧。400 米跑及中、长距离跑项目，检查员主要分布在弯道与直道交接处附近两侧。接力项目，检查员应分布在各接力区和抢道标志线两侧。3000 米障碍跑，每一障碍栏架处应有一名检查员，其位置在里圈。

（7）各项目检查的要点和方法。

①分道跑项目（包括部分分道跑项目）。检查的重点：运动员有无跑出自己的分道，

妨碍他人或踏在左侧分道线上;运动员得到外界帮助;运动员在弯道跑进中有无犯规情况或以任何方式阻碍其他运动员;运动员是否跑过抢道标志线切入里道。检查的难点:对运动员犯规一瞬间的情况能否看清、抓准;能否准确判断运动员跑过抢道标志线和由弯道进入直道有无犯规。检查的方法:运动员出发后,检查员目光应追随运动员移动,当运动员进入自己的检查区域时,应全神贯注观察其有无犯规情况;弯道处的检查,应正面观察运动员的跑进,当运动员跑过自己的位置后,则转身从背后观察;在抢道标志线切入处,观察运动员是否提前跑入里道,方法是"目迎目送"。

②不分道跑的项目。检查的重点:运动员起跑出发后,在弯道超越对手时所发生的冲撞、推挤或踩踏他人的犯规现象;注意是否有擅自离开跑道或比赛路线的情况;在超越时,是否有阻挡动作。检查的难点:起跑出发或赛中运动员形成集团,犯规者和受影响者的详情难以分清。检查的方法:检查员要全神贯注观察,认真地注视运动员进出所负责检查区域的情况,要掌握每名运动员的特征,特别要注意激烈争夺时位置的变化。

③跨栏跑、障碍跑项目。检查的重点:运动员跨越栏架瞬间,其脚或腿是否低于栏顶水平面,手臂的摆动是否影响他人;过水池障碍时,是否踏在水池边上越过水池。检查的难点:运动员是有意还是无意踢倒栏架;过栏时,腿和脚是否低于栏顶水平面,特别是过弯道栏时。检查的方法:应仔细观察运动员是否试图从中获得利益等。

④接力项目。检查的重点:运动员是否在接力区内完成交接棒,有无抛棒行为;接棒人是否得到助力后跑进,是否未持棒跑完全程;运动员交棒后离开跑道或在公共接力区内是否改变位置阻挡他人跑进;掉棒后,是否由原掉棒人捡起而跑进。检查时既要看交接棒,又要看接力区。检查的难点:要认真辨别运动员在交接棒时进、出接力区的犯规情况。检查的方法:采用分道盯人的方法,也可录像。

第四节 田赛裁判工作

一、田赛裁判长职责

田赛裁判长在技术代表领导下,带领田赛主裁判及裁判员做好裁判工作。田赛裁判长的职责如下:

(一)赛前

(1)领导全体田赛项目的裁判员学习竞赛规程和规则的有关章节,研究裁判方法,制定工作细则。

(2)组织各裁判组进行现场实习和检查场地、器材设备以及所需用具和物品。

(3)拟订跳高、撑杆跳高的起跳高度和升高计划。

(4)统一田赛裁判员的旗示。

(5)检查各裁判组的安全措施,确保比赛时运动员的安全。

(6)要求田赛各裁判组绘制比赛场地器材、设备定位图,以便场地组布置场地。

(二)赛中

(1)督促田赛各裁判组准时到场,做好各项准备工作,按时开赛。

(2)比赛开始后,掌握比赛进程。如遇特殊情况,延误了比赛时间,要及时与主裁判研究解决,不能解决时,报请技术代表研究解决。

（3）比赛中可流动检查所分管裁判组的裁判工作，了解裁判员的工作情况，确保比赛按规则执行。

（4）高度项目比赛，当运动员试跳高度破纪录时，应亲临现场监督丈量成绩；其他项目比赛，如遇破纪录情况，应及时检查核对成绩。

（5）根据规则精神，解决田赛中出现的问题。对犯规运动员，应根据具体情况提出警告、取消比赛资格或录取资格。如对取消比赛资格不能作出决断或对疑难问题不能解决，应签署意见并报请总裁判长解决。

（6）当收到运动员或其代表的口头抗议时，要经过调查研究，作出公正的裁决。如不能解决，应立即报请技术代表解决。

（7）如需要更改比赛场地，应报请技术代表批准。

（8）每次比赛完毕，应及时认真审核成绩和名次，无误后签字。

二、跳高、撑杆跳高裁判工作

（一）任务

在田赛裁判长领导下执行田径竞赛规则有关条文规定，保证跳高和撑杆跳高比赛的顺利进行。

（二）工作方法

（1）学习竞赛规则和规程，明确职责与分工，检查场地器材，熟悉仪器性能。

（2）赛前40~50分钟，由主裁判整队进入比赛场地，对场地器材、仪器设备进行复查和调试。管理裁判员和记录员到检录组进行检录。

（3）赛前35~40分钟，带领运动员进场。主裁判向运动员通告注意事项，宣布起跳高度及升高计划后，让运动员开始丈量步点和助跑距离。撑杆跳高管理裁判员督促运动员登记自己所需的架距。

（4）在跳高比赛前20~25分钟、撑杆跳高比赛前30分钟，组织运动员按比赛顺序进行1~2次赛前的试跳。

（5）赛前3~5分钟，停止练习。主裁判监督丈量第一个起跳高度，撑杆跳高则调整好第一位运动员所要求的撑杆跳高架的位置。记录员登记运动员免跳高度，其他裁判员整理场地。

（6）按规定时间准时开始比赛。显示牌显示第一位试跳运动员的号码、跳次。起跳点裁判员站在跳高架旁、运动员助跑的异侧面，将红旗平举。放下红旗的刹那，计时钟开始启动，运动员开始试跳，撑杆跳高放置横杆裁判员准备接杆。

（7）当计时钟显示的时间距时限还有15秒时，时限员应立即举黄旗示意。当时限已到时，黄旗即落下，运动员不得试跳，起跳点裁判员举红旗，示意失败。记录员记录运动员一次无故延误比赛，试跳失败。

（8）运动员试跳成功，则上举白旗，失败则上举红旗。

（9）记录员在成绩记录表上记成功或失败的符号，检查记录员在显示牌上显示试跳成绩，计算机终端操作员输入成功或失败的信息。

（10）记录员告诉检查记录员准备试跳运动员的号码，检查记录员在显示牌上显示。起跳点裁判员将红旗平举，运动员准备试跳；红旗放下，运动员开始试跳。

（11）准备试跳的高度，凡超过纪录，主裁判应请田赛裁判长、技术官员对横杆的高度进行核查。当运动员跳过的高度破纪录时,请田赛裁判长和技术官员再次检查高度,无误后签字。

(12) 一个高度比赛结束后,淘汰的运动员由管理裁判员带领退出比赛场地。最后三名运动员或获奖运动员在比赛结束后由管理裁判员带至赛后控制中心。

(13) 比赛结束时,记录员整理好所记成绩名次,并与计算机终端操作员核对无误后,交主裁判、技术官员、田赛裁判长审核签字后送编排记录公告组。

三、跳远、三级跳远裁判工作

(一) 任务

在田赛裁判长领导下,根据规则,准确无误地完成跳远、三级跳远的裁判工作。

(二) 工作方法

(1) 学习竞赛规则及规程,明确职责与分工,制定工作细则,检查场地器材,进行现场实习。

(2) 赛前50分钟,由主裁判整队进入比赛场地,复查和调试场地器材、仪器设备。管理裁判员和记录员到检录组进行检录。

(3) 赛前30分钟,主裁判接收参赛运动员并向他们通告比赛中的注意事项,让运动员丈量步点。

(4) 赛前20～25分钟,组织运动员按比赛顺序进行赛前试跳练习1～2次。

(5) 赛前5分钟,停止练习。全组人员做正式比赛开始的准备。

(6) 赛前30秒,主裁判示意记录员开始公布第一位试跳运动员号码,检查记录员在显示牌上显示,同时起跳点裁判员站在助跑道外起跳板后,按比赛开始时间将停赛标志拿离。时限员看到停赛标志拿离时启动计时器,比赛开始。风速测量员开始测定风速。

(7) 运动员每次试跳结束,起跳点裁判员仔细观察运动员起跳时在橡皮泥显示板上是否留有痕迹,如无犯规,上举白旗,犯规则上举红旗,然后站在助跑道起跳板后,等待落点裁判员判定。落点裁判员见上举白旗,便在运动员身体任何部位着落沙坑且距起跳板最近点插一钢钎,丈量裁判员开始丈量成绩。丈量裁判员将所测得的成绩准确报给记录员,记录员复述并记录在成绩记录表上,同时在风速栏内记下风速显示牌上的读数。计算机终端操作员按丈量裁判员所报成绩及风速输入计算机。检查记录员听到所报成绩时,要及时在公告牌上显示。

(8) 比赛中的前三轮试跳结束后,记录员将试跳成绩有效的前8名运动员成绩进行排序,第4、5、6次的试跳顺序应与前3次试跳后的成绩排名相反。淘汰的运动员由管理裁判员带领到赛后控制中心。

(9) 主裁判与管理裁判员看到时限员上举黄旗时,及时提醒运动员注意时限,当黄旗落下时,主裁判立即令起跳点裁判员上举红旗,同时将停赛标志放在起跳板后的助跑道上,判该运动员该次试跳失败。

(10) 比赛成绩破纪录时,丈量裁判员报告主裁判。主裁判立即请技术官员和田赛裁判长一起审核场地与成绩。

(11) 比赛结束后,主裁判监督记录员、计算机终端操作员按规程录取名次,并核对风速,无误后签字。记录员请技术官员和田赛裁判长审核并签字,然后将原始成绩记录表送交编排记录公告组。计算机终端操作员将被录取运动员的名次、号码、单位、姓名、成绩打印一份，由管理裁判员交赛后控制中心主裁判。若无计算机终端，应复印3份，除留存1份，其余分别交赛后控制中心、宣告员各1份。

四、投掷项目裁判工作

（一）任务

在田赛裁判长领导下，根据规则的有关规定，负责推铅球、掷铁饼、掷链球、掷标枪比赛的裁判工作。

（二）工作方法

（1）学习竞赛规则和规程，明确职责与分工，研究裁判方法，检查场地器材，进行现场实习。

（2）大型田径比赛田赛裁判员提前1小时到达比赛场地，各组裁判员在指定地点集合，检查比赛场地布置情况，各就位做好比赛的准备。

（3）按照田赛检录时间，由管理裁判员和记录员到检录组进行检录，并将运动员带进场。

（4）将运动员带入比赛场地交主裁判。主裁判核实检录情况后，向运动员说明比赛要求，并组织运动员每人试掷练习1~2次。赛前5分钟停止练习，裁判员清理场地和器材。

（5）赛前1分钟，内场裁判员以旗示通知外场裁判员各就位。检查记录员公布试掷运动员的号码和轮次。管理裁判员通知试掷运动员做好准备。当内场裁判员将平举的红旗放下，退出投掷区，时限员开始启动计时器，运动员进入投掷区开始试掷。

（6）运动员试掷结束，内场裁判员立即走进投掷区，面向外场，将白（红）旗直臂上举，以示试掷成功（失败）。器械落地后，落点裁判员判定落点是否有效，若落点无效，上举红旗以示落点试掷失败，有效则不举旗。外场裁判员面向内场，插好测距反射镜或用钢尺进行成绩丈量。试掷成功，激光测距员操作测距仪测定试掷成绩，经检查无误后，举手可以撤掉反射镜，并立即将成绩送至记录员，记录员填入成绩记录表，检查记录员核实无误后，在成绩公告牌上显示试掷成绩，计算机终端操作员录入成绩。如试掷失败，也要录入表示失败的符号。当成绩公告牌旋转回原位后，删除试掷成绩，显示下一位试掷运动员的号码，比赛继续进行。

（7）前3轮试掷结束后，记录员按成绩排出前8名，继续进行后3轮的比赛，第4、5、6次的试掷顺序应与前3次试掷后的成绩排名相反。管理裁判员将淘汰的运动员带领到赛后控制中心。

（8）比赛结束后，记录员按6次试掷成绩排出名次并在记录单上签名，再经主裁判、技术官员、田赛裁判长审核签字。然后计算机终端操作员将成绩记录表打印1份（无终端设备时，记录员应复写3份，1份交赛后控制中心，1份交宣告员，1份留存）。管理裁判员带领运动员到赛后控制中心，并将成绩记录表交赛后控制中心主裁判。记录员将原始成绩记录表交编排记录公告组。

（9）投掷裁判员的旗示。

内场裁判员平举红旗，表示禁止试掷，落下红旗，表示准许试掷，时限开始；上举白旗，表示试掷成功；上举红旗，表示试掷失败。

外场落点裁判员使用一面红旗，试掷有效，不举红旗，试掷失败，举红旗；器械出界，上举红旗,然后指向出界方向。

内外场旗示的配合:内场试掷犯规,由内场裁判员举红旗,外场落点裁判员不举旗;外场落点无效或器械出界,由外场落点裁判员举红旗,内场裁判员不举旗。如遇试掷内外场都犯规,内外场裁判员都举红旗。

投掷项目裁判组人员位置如图 15-3 所示。

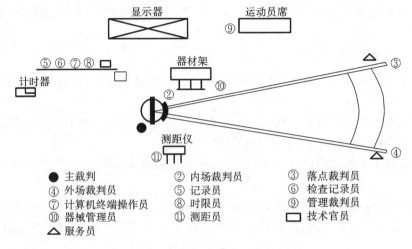

图 15-3　投掷项目裁判组人员位置图

五、全能项目裁判工作

全能裁判长在技术代表或总裁判长领导下开展工作,其职责、任务和工作方法如下:

（一）职责

（1）领导全能裁判组工作,与各项有关裁判组密切配合。

（2）根据竞赛日程所安排的各项比赛时间,按照全能项目比赛的有关规则进行比赛。

（3）如有运动员因故临场弃权,应及时通知有关裁判组。单项之间的休息时间不足 30 分钟时,应及时与编排记录公告组联系,进行必要的调整。

（二）任务

协助检录组做好每天全能第一项比赛项目的检录工作。后续比赛项目,由全能裁判员直接检录,并带领运动员到比赛场地。负责运动员在各单项比赛之间休息时的管理工作和与有关裁判员的联系工作。按照全能运动评分表及时统计每名运动员单项得分和累积分,并向运动员宣布,比赛结束时排出名次。

（三）工作方法

（1）全组人员应于每天全能第一项比赛项目检录时间前 30 分钟到达检录组,由一名管理裁判员协助进行检录。后续比赛项目由管理裁判员检录。

（2）管理裁判员带领运动员到达比赛场地后,将运动员和成绩记录表、检录表交有关裁判组主裁判执行裁判工作。比赛结束后,管理裁判员领取成绩记录表、全能成绩记录表(经主裁判签字),有风速要求的项目,还须取回风速记录表。根据全能运动评分表查分和计算出各单项得分及累积分后,在下一项比赛检录前向运动员宣布,同时将全能成绩记录表送往编排记录公告组进行登记核实后取回,待下一项目比赛使用。

(3) 每一项比赛结束后,由管理裁判员将运动员带至休息室休息。如果下一项检录时间已到,则可把运动员直接带到该项目比赛场地,就地进行检录。

(4) 比赛结束后,认真核对所有成绩、得分、累积分,排出名次,填好成绩记录表,经全能裁判长签字后,送编排记录公告组、宣告员、赛后控制中心。管理裁判员将运动员带至赛后控制中心交主裁判。

六、外场裁判工作

外场裁判工作,包括公路赛跑、公路竞走等项目比赛的裁判工作。田径运动会中,一般只设马拉松和公路竞走两个项目的比赛。公路竞走项目设外场裁判长1~2人,裁判员由外场裁判长根据需要提请技术代表或总裁判长从其他裁判组中调配。

外场裁判长的职责如下:

(1) 保证比赛符合田径竞赛规则和竞赛规程的规定与要求。
(2) 组织主裁判和全体裁判员学习竞赛规则与规程。
(3) 处理各主裁判提出需要解决的问题。遇有重大事项与疑难问题,应报告技术代表解决。
(4) 组织主裁判和有关裁判员检查路线上的各项设施、器材用具的准备情况及路面情况,复核路线等。
(5) 审核成绩表,无误后在成绩表上签字。
(6) 协调好场内外各环节的裁判工作。
(7) 做好赛后总结工作。

七、竞走裁判工作

(一) 任务

在外场裁判长的领导下,竞走裁判工作由竞走主裁判具体负责。公路竞走比赛裁判员包括主裁判在内一般6人,最多9人;场地竞走比赛裁判员,包括主裁判在内共6人,以保证比赛在公平环境中进行。

(二) 工作方法

(1) 赛前竞走主裁判召集全体竞走裁判员会议,研究裁判方法及裁判员分工,熟悉比赛场地、路线,做好裁判器材、用品的检查和准备工作。

(2) 比赛前1小时裁判员到达赛场,主裁判召集会议,进一步明确裁判员分工、职责、判罚执法区域。裁判员对准表后出发上岗,一般赛前10分钟到达工作岗位。

(3) 记录处,判罚显示牌处,用水站、饮水和饮料站、计时、记圈、折返点等处的裁判员、工作人员,应于赛前30分钟到达工作岗位,协助布置好比赛用的桌椅、裁判器材、用水、饮水和饮料等,确保做好赛前全部准备工作。

(4) 竞走裁判员警告违背竞走定义的运动员时,呼叫犯规运动员的号码,同时清楚地出示警告判罚牌,并把标有该运动员犯规原因的符号(如"～"表示腾空或"<"表示屈腿)面对着运动员(使运动员知道自己犯规的性质),并在竞走裁判员判罚记录卡(表15-2)上记录。对再次违犯竞走定义的运动员要清楚地填写红卡,并且通过联络员及时递送到记录员或主裁判手中。填写红卡时应将犯规运动员的号码、犯规时间、犯规性

质、本人签名填写在判罚记录卡内。比赛结束后应及时交给主裁判或记录员。

表 15-2 竞走裁判员判罚记录卡

犯规运动员号码	警告		红卡		备注
	~	<	~	<	

裁判员号码：_____ 裁判员签名：_____

世界田径认可的国际竞走比赛应由世界田径选派竞走裁判员，全国性竞走比赛必须由中国田径协会选派竞走裁判员，省、市级比赛的竞走裁判员应由地方田协或相应机构选派。

（5）联络员拿到裁判员的红卡后，应及时将红卡送到记录处。

（6）记录员应将收集到的红卡及时填写在犯规总记录表（表 15-3）中，并通知判罚显示牌处记录员登记在判罚显示牌上。对于已有 3 张来自不同裁判员填写的红卡的运动员，要及时向主裁判报告。主裁判审核无误后，即向该运动员出示红牌，取消其比赛资格。被判罚取消比赛资格的运动员应及时摘掉佩戴的号码布，并离开比赛路线。

表 15-3 犯规总记录表

组别：_____ 项目：_____

裁判员编号	裁判员姓名	运动员号码		运动员号码		运动员号码		运动员号码		运动员号码		运动员号码	
		~	<	红卡	~	<	红卡	~	<	红卡	~	<	红卡
1													
2													
3													
4													
5													

（7）比赛结束后，主裁判应将被判罚取消比赛资格的运动员号码及时通知终点主裁判，并在成绩表上签字。每项比赛结束后，在抗议有效时间（30 分钟）内不要离开赛场。

（8）有关裁判员和服务人员应按规则规定，准备和供应用水、饮水和饮料。

八、风速测量工作

风速测量员的任务是在 200 米跑和 200 米跑以下的径赛项目、跳远、三级跳远以及全能运动的上述项目中，及时、准确地测量运动员跑向的风速，并记录测量结果。

根据田径竞赛规则，测定风速时，100 米跑、200 米跑，测 10 秒；100 米栏、110 米栏，测 13 秒。200 米跑比赛中，当第一名运动员进入直道时开始测量风速。跳远、三级跳远比赛中，风速仪分别测助跑至起跳板的距离为 45 米和 35 米处的风速；不足时，则应从其开始助跑时测量风速。测定风速时间为 5 秒。

单项比赛顺风风速超过 2 米/秒为超风速。全能运动任何单项顺风风速不得超过

4米/秒,成绩创纪录时,平均风速不超过2米/秒(以各项目测量的风速总和除以项目数量计算)。

风速测量员的工作方法如下：

(1) 在赛前熟悉风速仪性能及测量方法。

(2) 比赛前10分钟,将拟测定的项目输入风速仪电脑。比赛开始,按规则测定风速。每次测定后准确填于风速记录表,并立即向终点记录员显示(通知)测定结果。随后由服务员将风速测量员签字后的风速记录表送交成绩记录员。

第十六章

田径运动竞赛场地规格与布局

田径运动场地是进行田径运动教学、训练和组织田径运动竞赛及大型体育活动的场地。半圆式跑道的田径场被国内外公认为是形状最好的一种,其优点在于同一条跑道的弯道半径相等,跑弯道的技术比较稳定,有利于发挥速度;同时,在场地设计、计算、丈量测画,以及组织田径竞赛等工作方面也比较方便。通常采用的弯道半径有36米、36.5米和37.898米。《田径场地设施标准手册》认为,最佳半径为36.5米,并称为"标准田径场地"。

随着田径运动的发展和科学的进步,目前田径运动场地跑道表层大多使用人工合成材料面层。

第一节 田径运动场地平面结构与布局

一、半圆式田径场地结构

半圆式田径场的跑道是由两个180°的半圆(弯道,或称曲段)和两个相等的直段组成,如图16-1所示。

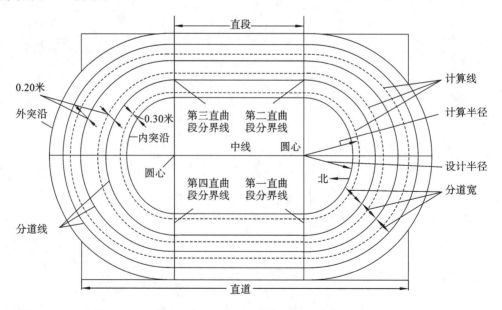

图16-1 半圆式田径场平面示意图

1. 纵轴线

纵轴线又称中线,为南、北走向,把场地分为东、西两部分,它是绘图和修建场地的基线。

2. 圆心

圆心在纵轴线上,场地两端的弯道各有一个圆心,它是画弯道内、外沿和各条分道线的圆心。

3. 内突沿和外突沿

内突沿和外突沿是跑道内侧、外侧永久性突起的边沿,宽5厘米,高5厘米,其宽度不计入跑道的宽度。

4. 直曲段分界线

直曲段分界线是跑道直段和曲段(弯道)的交界线,它们必须通过圆心并垂直于纵轴线。半圆式田径场有四个直曲段分界线,通常把终点处的直曲段分界线称为第一直曲段分界线,其余的按逆时针方向排列,依次为第二、第三、第四直曲段分界线。

这四条直曲段分界线是测量跑道的基准线,必须在跑道的内、外突沿上设置准确的、明显的标志。通常把第一、第二直曲段分界线之间的弯道叫作第一弯道,第三、第四直曲段分界线之间的弯道叫作第二弯道。

5. 直段和直道

直段是第一、第二弯道之间的两段直跑道。直道包括直段和直段两端的延长段。

6. 跑道宽和分道宽

跑道宽是指跑道内、外突沿之间的宽度,也称为跑道总宽。分道宽是指每一条跑道的宽度,即从内侧分道线的外沿到外侧分道线的外沿之间的宽度。

7. 分道线

分道线是相邻两条分道之间的界线。其宽度为5厘米,包括在内侧分道的宽度之内,即第一、二分道之间的5厘米宽的分道线,包括在第一道的分道宽之内。

8. 计算线

计算线是计算各分道线周长的"设想线"。根据田径竞赛规则,第一分道的周长应按距内突沿的外沿0.30米的计算线计算;其余各道弯道的周长,应按距内侧分道线的外沿0.20米的计算线计算。如无内突沿,是用灰线画的,则第一分道的周长按距其外沿0.20米的计算线计算。计算线在跑道上是不画出来的,运动员实际是在这条未画出来的线上跑进,所以又叫实跑线。

二、田赛场地的布局

田赛场地的布局要合理和科学,要充分利用跑道以外的空地安排跳跃和投掷项目场地,如图16-2所示,在布局时应注意以下几方面:

(1)要符合田径竞赛规则的规定。

(2)要有利于运动员技术水平的发挥和公平竞争。

(3)尽量减少使用时田赛项目与径赛项目,以及田赛项目之间的相互干扰。

(4)确保使用安全。

(5)有利于使用和保养。

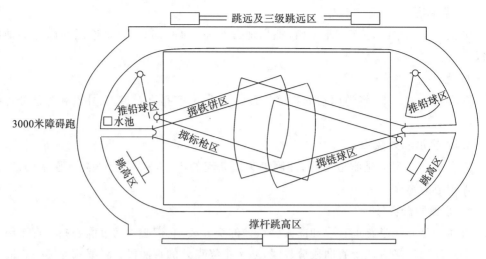

图 16-2　标准田径场地布局示意图

根据场地的条件,以及竞技比赛规模、水平的需要,田赛场地的布局可以有多种设计,只要按照布局应注意的几方面进行设计都是可行的。

第二节　田径运动场地的设计

设计半圆式田径场,首先要确定所需空地面积的长度与宽度:

$$长度(纵轴)=2\times[R+(N\times D)+余地]+L$$
$$宽度(横轴)=2\times[R+(N\times D)+余地]$$

式中,R 为设计半径,N 为分道数,D 为分道宽,L 为直段长,余地大于 1.50 米。

一、标准半圆式田径场地的设计

场地的纵轴线应沿南北方向,100 米直道起点、终点应设在两侧。

1. 径赛项目场地

标准半圆式田径场应至少包括 4 条长度为 400 米+0.04 米的环形跑道和 6 条直道,以及在第 2 个圆弧的内或外侧可以有一个永久性障碍水池(3.66 米×3.66 米×0.70 米)的障碍赛跑道。

跑道内、外侧的无障碍距离应大于 1 米;110 米栏起跑准备区距离应大于 3 米,终点线前缓冲距离应大于 17 米。

跑道分道宽度应为 1.22 米±0.01 米;所有分道线宽度均为 5 厘米。

跑道左右倾斜度不得超过 1∶100,跑进方向的前后倾斜度不得超过 1∶1000。

2. 田赛项目场地

(1) 跳跃项目比赛场地。

①助跑道宽度应为 1.22 米±0.01 米。

②跳远项目场地应包括助跑道(至少 40 米长)、起跳板[(0.20 米±0.02 米)×(0.10 米±0.01 米),并应安放在距落地区近端 1~3 米处]、落地区(宽度至少为 2.75 米,从起跳线到落地区远端长度至少为 10 米)。

③三级跳远项目场地,起跳板应安放在至落地区近端 13 米(男子)和 11 米(女子)

处,其余部分与跳远相同。除国际比赛外,其他比赛起跳板的安放可根据比赛水平选择适当距离。

④跳高项目场地应包括一个半圆形助跑区(半径至少 20 米)和落地区(至少 6 米×4 米)。

⑤撑杆跳高项目场地应包括助跑道(至少 40 米长)、一个用于撑杆插入的穴斗和一个具有前伸部分的落地区(不包括前伸部分则至少 6 米×6 米)。

(2) 投掷项目比赛场地。

①掷铁饼:包括投掷圈(直径为 2.50 米±0.005 米)、护笼和落地区(半径为 80 米,弦长为 48 米)。

②掷链球:包括投掷圈(直径为 2.135 米±0.005 米)、护笼和落地区(半径为 90 米,弦长为 54 米)。

③掷标枪:包括助跑道[(30~36.5)米×4 米]、起掷弧(半径为 8 米)以及落地区(半径为 100 米,弦长为 50 米)。

④推铅球:包括投掷圈(直径为 2.135 米±0.005 米)、抵趾板[(1.15 米±0.01 米)×0.112米×(0.10 米±0.02 米)]和落地区(半径为 25 米,弦长为 15 米)。

二、小型半圆式田径场地的设计

小型半圆式田径场地的设计是指空地面积不足以修建 400 米跑道的场地,根据空地面积和形状设计成半圆式或其他形状的田径场。

非标准的半圆式田径场,跑道周长(第一道计算线全长)不应短于 200 米,并应取 50 米的倍数,如 200 米、250 米、300 米或 350 米。采用 200 米和 300 米设计时,可以减少起点数;采用 350 米设计时,可以使所有的起跑线都处于直段或直道上,便于使用。

1. 设计方法与步骤

(1) 丈量空地可利用面积的长度和宽度,如经丈量,空地长度为 157 米,宽度为 81 米。

(2) 求弯道内沿的半径(R)。

根据空地的长度和宽度、分道宽、分道数及四周留出的余地,求出该场地弯道的半径。

现设该场地计划设置 6 条跑道,分道宽 1.22 米,四周留有 1.50 米余地,因此

$$\text{半径}(R) = \frac{\text{空地宽} - 2 \times (\text{跑道宽} + \text{余地})}{2} = \frac{81.00 - 2 \times (1.22 \times 6 + 1.50)}{2} = 31.68 (\text{米})$$

(3) 求第一分道弯道的周长(C_1)。

$$\begin{aligned}\text{第一分道弯道周长}(C_1) &= 2 \times \pi \times (R + 0.30) \\ &= 2 \times \pi \times (31.68 + 0.30) \\ &= 200.94 (\text{米})\end{aligned}$$

(4) 求直段长(L)。

$$\begin{aligned}\text{直段长}(L) &= \text{空地长} - 2 \times (R + \text{跑道宽} + \text{余地}) \\ &= 157.00 - 2 \times (31.68 + 1.22 \times 6 + 1.50) = 76.00 (\text{米})\end{aligned}$$

(5) 求第一分道计算线总长。

$$\begin{aligned}\text{第一分道计算线总长} &= \text{第一分道弯道周长}(C_1) + 2 \times \text{直段长}(L) \\ &= 200.94 + 2 \times 76.00 = 352.94 (\text{米})\end{aligned}$$

(6) 修正第一分道计算线总长为 50.00 米的倍数。

为了使用及计算方便,应将 352.94 米修正为整数 350 米。其修正方法是,将多出的 2.94 米从原设计的两个直段中各减去 1.47 米[2.94÷2=1.47(米)],成为直段长 74.53 米、一个弯道长 100.47 米的场地。

也可以修正半径予以解决,即将半径修正为整数 31.00 米,则成为直段长 76.67 米和一个弯道长 98.33 米的场地;也可成为直段长(75.00 米)和一个弯道长(100.00 米)都是整数的场地,即将半径修正为 31.53 米。

(7) 绘图。

根据设计的有关数据,绘制一定比例尺的场地平面图。

2. 设计小型半圆式田径场应注意的问题

(1) 有利于教学、训练和组织竞赛。

(2) 要根据空地面积和使用需要,确定分道数和弯道半径。为便于基层教学、训练和竞赛使用,弯道分道最少应有 4 条;如不进行跨栏教学和竞赛,分道宽可取 1 米。

(3) 场地四周应留有一定的空地。

第三节 田径运动场地的丈量与画线

一、径赛场地

1. 跑道长度的丈量

(1) 所有跑道长度丈量时,从终点线后沿至起点线的后沿,按顺时针方向丈量。实际长度值不应出现负差。

(2) 有内突沿的跑道长度的丈量:第一分道按跑道内沿以外 0.30 米处的理论跑进路线计算,其他分道按内道外沿 0.20 米处的理论跑进路线计算。

图 16-3 所示为跑道长度丈量点位示意图。

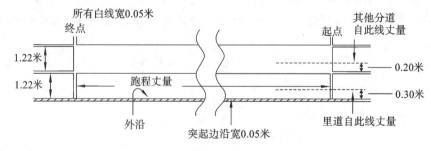

图 16-3 跑道长度丈量点位示意图

2. 400 米标准跑道分道起跑起点前伸数

在分道比赛的径赛项目中,出现有弯道段落时,为了使运动员所跑的弯道距离相等,外道运动员的起跑线位置,必须以第一分道运动员的起跑线为基准向前移动,这个前移的距离就叫作起点前伸数。

计算起点前伸数,可采用下列公式:

$$S_n = A\pi[D \times (n-1) - 0.1]$$

式中，S_n 为第 n 分道前伸数；A 为曲段数；D 为分道宽；n 为所处的道次。

分道跑的径赛项目，在弯道上起跑的外圈各道起点线，是以第一道起点为基线，以各道相应的前伸数向前移动呈梯形，延长线对准圆心的梯形起跑线。

内沿半径 36.50 米、分道宽 1.22 米、直段长 84.39 米的 400 米半圆式田径场跑道基本数据见表 16-1。

表 16-1　内沿半径 36.50 米、分道宽 1.22 米、直段长 84.39 米的
400 米半圆式田径场跑道基本数据　　　　　　　　　　（单位：米）

内容	第一道	第二道	第三道	第四道	第五道	第六道	第七道	第八道
弯道计算半径	36.8000	37.9200	39.1400	40.3600	41.5800	42.8000	44.0200	45.2400
一个弯道长	115.6106	119.1292	122.9619	126.7947	130.6274	134.4602	138.2929	142.1257
各道周长	400.0012	407.0384	414.7038	422.3694	430.0348	437.7004	445.3658	453.0314
抢道切入差	0.0000	0.0070	0.0319	0.0742	0.1339	0.2109	0.3052	0.4167
200 米起跑线前伸数	0.0006	3.5192	7.3519	11.1847	15.0174	18.8502	22.6829	26.5157
400 米起跑线前伸数	0.0012	7.0384	14.7038	22.3694	30.0348	37.7004	45.3658	53.0314
800 米起跑线前伸数	0.0006	3.5262	7.3838	11.2589	15.1513	19.0611	22.9881	26.9324
4×400 米起跑线前伸数	0.0018	10.5646	22.0876	33.6283	45.1861	56.7615	68.3539	79.9638

3. 400 米标准跑道抢道标志线

800 米跑项目在第一个弯道末端之前应为分道跑。4×200 米接力和 4×400 米接力中，第一个整圈应为分道跑；4×400 米接力的第二棒运动员和 4×200 米接力的第三棒运动员在进入非终点直段之前应为分道跑。在弯道结束处用一条 5 厘米宽的线横跨跑道作为标记（称为"抢道标志线"），并在分道线与抢道标志线的交界处之前的分道线上放置锥形物、棱柱体或其他类似标志物，越过抢道标志线后，运动员即可离开各自的分道。

跑过抢道标志线后，外圈各道的运动员方可向里道切入，因此，他们要比第一分道的运动员多跑一定距离，这个多跑的距离就叫作切入差。

4. 不分道跑的起点线

田径竞赛规则规定，所有不分道跑的径赛项目，起跑线应为弧线，从而使所有运动员从与终点相同的距离处开始起跑。

（1）直段、直道上起跑的起点线。

直段或直道上不分道的起跑线是一条渐开弧线，在这条线上各点至前方弯道第一分道实跑线的切点之间的距离，与第一分道沿实跑线至相应切点的距离相同，使所有运动员跑出的初段距离都相等。

（2）弯道上起跑的起点线。

应根据场地弯道内沿的半径和弯道的数量，以渐开线原理计算出运动员所跑的初段距离。

从第一或第三直曲段分界线与第一分道计算线的交点向前,沿计算线在弯道上丈量初段距离,取得一固定点;以此固定点为圆心,以初段距离为渐展半径,向外画一条渐开弧线与跑道外沿相接,此弧线即起跑线的后沿,见图 16-4。

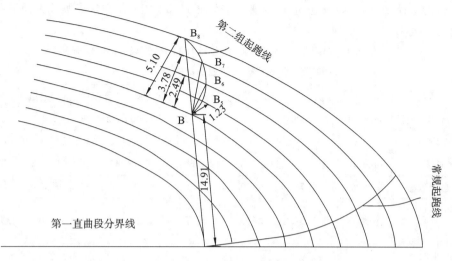

图 16-4 弯道上不分道起点线和分组起跑线(单位:米)

田径竞赛规则规定:在 1000 米跑以上项目的比赛中,当运动员人数超过 12 人,可将他们分成两组。约 2/3 的运动员为第一组,在常规弧形起跑线处起跑;其余运动员为第二组,在另一条弧形起跑线处同时起跑,该起跑线画在外侧一半跑道上(如有 8 条分道,该起跑线应画在第 5 至第 8 分道上)。第二组运动员应沿着外侧一半跑道跑至第一弯道末端。外侧一半跑道上的弧形起跑线,应以第 5 分道线内沿的弯道半径和外侧弯道的分道数,用渐开线原理计算出第二组运动员所跑的初段距离;从第 5 分道 800 米起跑线与其计算线的交点向前,沿第 5 分道的计算线在弯道上丈量初段距离,取得一固定点;以此固定点为圆心,以第二组初段距离为渐展半径,向外画一条渐开弧线与跑道外沿相接,此弧线即外侧一半跑线的后沿,见图 16-4。

5. 跑道的丈量方法

(1) 直接丈量法:用钢尺沿计算线直接丈量各种位置的方法。它不需要复杂的换算,一般仅用于直段、直道上各种距离的丈量。

(2) 经纬仪丈量法:将各分道上所有的数据,换算成对应的圆心角,用经纬仪测量角度来确定位置的方法。这种方法测出的位置准确,尤其对塑胶面层跑道的田径场来说,为了保证画线的质量,必须用此方法且一劳永逸。但受仪器的限制,操作时不如其他方法简便,所以基层单位不便使用。

(3) 直弦丈量法:又称正弦丈量法,它是根据各条分道弯道上各个位置之间的弧长所对的角度,运用正弦定理计算其所对应的弦长,然后以弦量弧的方法。这种丈量方法简便,但连续多次丈量会造成较大的误差。因此,多数在曲段内突沿上,确定与基准点相对应的位置时采用此丈量方法。

(4) 余弦丈量法:也称放射式丈量法,它是根据各条分道弯道上各个位置与直曲段分界线之间的弧长所对的角度,运用余弦定理计算基准点至各分道丈量位置所对应的余弦长度进行丈量的方法,见图 16-5。这种丈量法以跑道内突沿上某一基准点,向外圈各道进行一组位置的丈量,其特点是省时省力,准确度高。

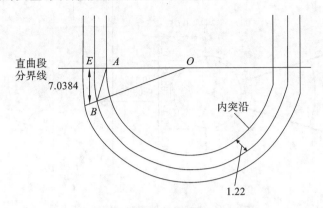

图 16-5 余弦丈量法示意图(单位:米)

现以 36.50 米半径(分道宽 1.22 米)的半圆式田径场的 400 米第二分道起点线(前伸数为 7.0384 米)为例,运用余弦定理求 AB 的长度:

$$\angle AOB = 7.0384 \times 第二道每米弧度所对圆心角度数$$
$$= 7.0384 \times 1.5110° = 10.6350°$$

$10.6350°$ 的余弦函数值为 0.9828,则有

$$AB = \sqrt{OA^2 + OB^2 - 2 \times OA \times OB \times \cos\angle AOB}$$
$$= 6.98 \text{ 米}$$

二、田赛场地

1. 投掷运动场地

(1) 推铅球场地。

①投掷圈。

铅球投掷圈内沿直径为 2.135 米±0.005 米,由厚度大于 6 毫米的带状铁板、钢板或其他适宜材料制成,上沿与圈外地面齐平。圈内区域由混凝土制成,厚度至少为 0.15 米,不能出现滑动。圈内地面应水平且比投掷圈上沿低 0.02 米±0.006 米。投掷圈圆心应标出,应将内径为 4 毫米的黄铜钉埋置得与表面齐平。投掷圈内应设置三个直径约为 20 毫米并与地面齐平的分开的防腐蚀黄铜排水管。

从投掷圈两边各画一条宽约 0.05 米、长度至少为 0.75 米的白线,白线后沿的理论延长线应通过投掷圈圆心,与落地区中心线垂直,见图 16-6。

②抵趾板。

抵趾板由木料或其他适宜材料制成,形状为弧形且漆成白色,内沿应与投掷弧内沿吻合。抵趾板应牢固安装在落地区分界线之间的中央地面上。内沿弧长为 1.22 米±0.01 米,宽度为 0.112 米±0.002 米,高度为 0.10 米±0.002 米。

③落地区。

落地区表面应允许铅球留出痕迹,它可以是草地或其他适宜材料。

落地区标志线的内沿延长线经过投掷圈圆心,两线夹角为 34.92°,并以 0.05 米宽的白线标出,线的内沿为落地区的分界线。落地区长度为 25 米,25 米处的两条分界线相距 15 米。落地区在投掷方向的坡度向下应小于 0.1%。

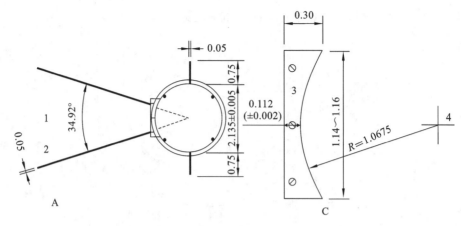

图 16-6　铅球场地平面图(单位:米)
1,2—有效区;3—抵趾板;4—圆心

(2) 掷铁饼场地。

①投掷圈。

投掷圈直径应为 2.50 米±0.005 米,其他要求同推铅球场地。

②掷铁饼的护笼。

护笼的俯视图应为"U"形。护笼开口宽度为 6 米,并位于投掷圈圆心前方 7 米处。护笼后部挡网或挂网的最低点高度至少应为 4 米。金属网眼直径应小于 50 毫米,绳索网眼直径应小于 44 毫米;护网抗拉强度应大于 4MPa。

护网内最小空间的形状和尺寸见图 16-7,护网与刚性支撑间的距离不小于 30 厘米。

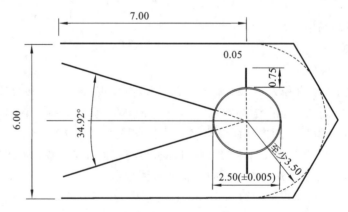

图 16-7　掷铁饼的护笼(单位:米)

③落地区。

落地区长度为 80 米,80 米处两条分界线相距 48 米。其他要求同推铅球场地。

(3) 掷链球场地。

①投掷圈。

链球投掷圈要求同推铅球场地,但不安装抵趾板。其直径为 2.135 米±0.005 米。

掷铁饼、掷链球共用投掷圈时,其直径应为 2.50 米±0.005 米。用于掷链球时,只要将直径改为 2.135 米±0.005 米,并插入一个漆成白色和宽 0.1825 米、高 0.02 米的环。这个环必须固定在投掷圈内,其高度应与外圈环高度一致,并且不会对运动员构成危险。

②掷链球的护笼。

护笼后部挡网或挂网的最低点高度至少应为7米,开口处长度为2.8米。活动挡网的宽度为每块2米(每次只能使用其中一块),高度至少为10米。护网强度应大于15.6 MPa。护笼形状和尺寸符合掷铁饼场地要求。掷链球和铁饼两用护笼见图16-8。

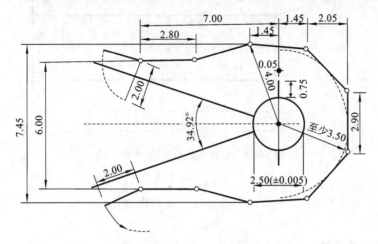

图16-8　掷链球和铁饼两用护笼(同心圆)(单位:米)

③落地区。

落地区长度为90米,90米处两条分界线相距54米,其他要求同推铅球场地。

推铅球、掷链球和掷铁饼三个项目的落地区扇形角度均为34.92°,可用下列方法精确设置:离投掷圈圆心20米处,两条落地区分界线相距12米(图16-9),即每离开圆心1米,分界线的横距增加60厘米。

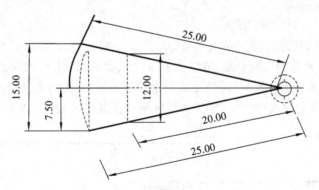

图16-9　铅球、链球、铁饼落地有效地区图(单位:米)

(4)掷标枪场地。

①助跑道。

助跑道宽度应为4米±0.01米,用0.05米宽白线标出。助跑道长度至少应为30米,至多为36.5米。由于助跑道的长度会超出弓形区域,通常会延伸至跑道和外沿以外。这种情况下,允许移开椭圆形跑道的突沿部分以保证椭圆跑道、弓形区域和跑道边沿的高度一致,平坦过渡。

②标枪起掷弧。

起掷弧线宽0.07米,是一个圆心在助跑道中线上、半径为8米的朝向投掷方向的白色圆弧。圆心可用不同于助跑道面层颜色的合成插入物标出,圆弧直径为 0.20 米,宽度为 0.30 米。在起掷弧的两个端点画出垂直于助跑道平行标志线的两条白线,长 0.75 米,宽 0.07 米。标枪场地示意图如图 16-10 所示。

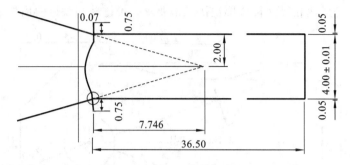

图 16-10　标枪场地示意图(单位:米)

③落地区。

落地区长 100 米±0.10 米,100 米处两分界线内沿连线长度约 50.00 米,其他要求同推铅球场地。

2. 跳跃运动场地

(1) 跳高场地。

跳高助跑区为半径大于 20 米的半圆形,允许在任何一个方向上助跑。如果使用椭圆形跑道作为助跑道,必须保证椭圆形跑道与沿跑道边沿的弓形表面高度一致。助跑道和起跳区至横杆中心的倾斜度不得超过 1∶250。落地垫的尺寸应不小于 6 米(长)×4 米(宽)×0.7 米(高),应将其放置在一高度为 0.10 米的格栅上。

(2) 撑杆跳高场地。

①包括插斗的撑杆跳高助跑道。

助跑道长度(即助跑道起点至零线距离)至少应为 40 米。助跑道宽度为 1.22 米± 0.01 米,以 0.05 米宽的白线标出,或以宽 0.05 米、段长 0.10 米、段间距约为 0.50 米的分隔线标出。在助跑道尽头,插斗边沿应与助跑道齐平,尽头内边上沿与零线(延伸至支架以外,宽 0.01 米的白线)吻合。撑杆跳高场地示意图如图 16-11 所示。

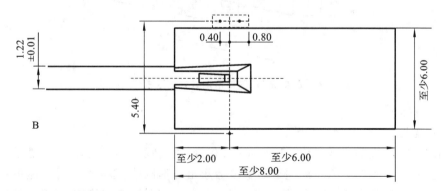

图 16-11　撑杆跳高场地示意图(单位:米)

在插斗底部的角上设置一个或多个排水孔。插斗在不使用时,要由一个与地面水平的板覆盖。

②零线。

零线应以宽度为 0.01 米的白线标出，并延伸至支架以外。

③落地区。

落地区落地垫长度至少 8 米（其中有 2 米为凹状斜坡垫，是为插斗准备的），宽度至少 6 米。

(3) 跳远和三级跳远场地。

①助跑道。

助跑道从起点至起跳线的长度至少为 40 米，宽度为 1.22 米±0.01 米，并应以 0.05 米宽的白线标出，或者用宽 0.05 米、段长为 0.10 米、段间距为 0.50 米的分隔线标出。助跑道表面通常与跑道相同。

②起跳板。

起跳板是矩形板，长 1.22 米±0.01 米，宽 0.20 米±0.002 米，厚 0.10 米±0.01 米，被漆成白色。起跳板表面与助跑道表面平齐。如果助跑道为一永久表面，则需要安装由耐腐蚀金属制成的嵌入底盘，以使起跳板能正确安装。紧靠起跳线外应放置一块橡皮泥显示板，以便于裁判员判断。显示板边缘向助跑道一侧覆盖橡皮泥。起跳板、橡皮泥显示板如图 16-12 所示。跳远起跳板距沙坑近端尺寸应为 1～3 米。三级跳远起跳板距沙坑近端尺寸，男子为 13 米，女子为 11 米；其他比赛，选择与比赛水平相适应的距离。

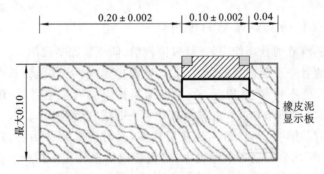

图 16-12　起跳板、橡皮泥显示板（单位：米）

③落地区。

落地区长度为 7～9 米，宽度为 2.75～3 米，深度不得小于 30 厘米。坑内应填充湿沙，沙面应与起跳板齐平。

落地区周围应安装不小于 0.05 米宽、0.20 米高的边沿，边沿朝内呈圆形，并与地面齐平。

落地区应具有一个能渗透水的下部结构或适宜的排水系统，并填上一定深度的细沙，坑边沙厚不小于 0.20 米，坑中央沙厚不小于 0.30 米。沙子表面高度，在落地区边沿，与助跑道表面保持齐平。沙子粒径宜在 0.2～2 毫米之间，可采用不含有机成分的洁净河沙或纯石英砂，小于 0.2 毫米的颗料不超过 5%。

④跳远设施的安全要求。

落地区两侧相邻沙坑的无障碍距离应大于 0.30 米，落地区远端无障碍距离应大于 3 米，助跑道两侧无障碍距离应大于 1.8 米。

三级跳远场地示意图如图 16-13 所示。

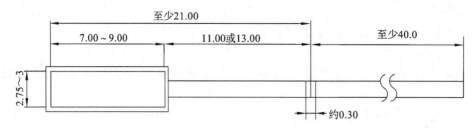

图 16-13 三级跳远场地示意图(单位:米)

第四节 合成材料面层田径运动场地的使用、管理与保养

合成材料面层运动场地已成为当今世界现代化场地,并成为田径运动场的重要标志之一,其性能是任何场地无法比拟和代替的。

为了提高合成材料跑道的使用年限,保持其性能的稳定和色泽的绚丽多彩,必须加强管理、维修与保养。

为此,运动场业主应指定专人负责场地的管理、维修与保养,制定严格的规章制度并落实。

(一)合成材料面层运动场的使用规则

(1)应按其适应范围合理使用,一般只供教学、训练和比赛使用。

(2)进入场地者必须穿适宜的鞋。例如,普通的运动跑鞋(鞋钉长度不得超过9毫米)、跳鞋(鞋钉长度不得超过12毫米,特殊面层材料另有规定者,一律按有关规定执行)、训练鞋、橡胶底的帆布鞋或一些软橡胶能承受的适宜运动鞋。

(3)紧靠内沿的第一、第二条跑道使用较多,平时应限制使用,尤其是中长跑训练时,应将训练人员平均分配在各条跑道上,避免造成场地使用不均衡。必要时可用栏架将内侧跑道挡住,以防止只集中在跑道内侧的两跑道中训练。

(4)只有经许可的起跑器才可在塑胶面层上用于起跑练习。为了减少对跑道的损坏,练习用起跑器最好放置在110米栏起跑线之后。

(5)杠铃、哑铃、铅球、铁饼、标枪等器械必须在特设的运动场使用,严禁在塑胶场地上使用。

(6)要保持场内清洁,避免有害物质的污染。严禁在场内吸烟、吐痰、饮用含糖饮料、嚼口香糖等。

(7)球员在足球场踢球出界,到跑道上捡球,要注意及时清洁由球鞋从足球场带到跑道上的泥土及污物。

(二)合成材料面层运动场地的管理

(1)禁止携带易爆、易燃和腐蚀性物品入场。

(2)场地由聚氨酯合成的塑胶弹性体建造,禁止各种机动车辆在上面行驶,以防滴油腐蚀合成材料面层。

(3)养护草坪的设备通过跑道进入足球场前,需先用聚氨酯类似材料制成的夹层板铺在跑道上,以免损坏跑道面层。若在移动设备过程中机油泄漏在跑道上,必须立即中和和清洗。

（4）不得用锋利器物穿刺、切割面层。发令枪要妥善保管。

（5）较重、较尖、较硬的物品和可能损坏面层的设备、机械或机器等，不得放置在跑道上。塑胶面层应避免受长时间的重压，防止剧烈的机械性冲击和摩擦，以免面层的弹性减弱和变形。

（三）合成材料面层场地的保养与维修

（1）场地的清洗是维修和保养的一项经常性工作。定期（至少每周一次）清扫从沙坑中带出的沙子，面层有树叶、零碎垃圾等时，要随即清扫和清洗。每季度大洗刷一次，污秽重的地方可加适量洗衣粉刷洗和擦拭。

（2）不定期地用水冲洗，可用高压水管冲洗表面灰尘使之恢复原貌。比赛前后要用水冲刷，以保持场地的色彩和清洁卫生。夏季炎热天气要喷洒凉水，以降低其表面温度。

（3）场地的推铅球区、沙坑和周围的草地要经常洒水，以防尘土飞扬，影响场地的清洁。下水道要经常疏通，保持场内排水畅通。

（4）跑道上的各种线和标志应使之经常保持清晰、醒目。随着时间的推移，场地的各种标志会褪色。因此，使用数年后最好重新描画标志线。

（5）场地如发生断裂、脱层等现象，应按要求及时修补，以防蔓延。

参 考 文 献

[1] 文超.田径运动高级教程[M].3版.北京:人民体育出版社,2012.
[2] 张贵敏.田径运动教程[M].北京:人民体育出版社,2007.
[3] 俞继英.奥林匹克田径[M].北京:人民体育出版社,2001.
[4] 黄汉升.体育科学研究方法[M].2版.北京:高等教育出版社,2006.
[5] 文超.中国田径运动史[M].广州:华南理工大学出版社,2014.
[6] 连道明.体育科学研究理论与方法[M].厦门:厦门大学出版社,2004.
[7] 李老民.田径运动教程[M].北京:北京体育大学出版社,2008.
[8] 中国田径协会.田径竞赛规则(2018—2019)[M].北京:人民体育出版社,2018.
[9] 孙南.田径[M].北京:北京体育大学出版社,2016.
[10] 李鸿江.田径[M].北京:高等教育出版社,2006.
[11] 冈野进.跳远·三级跳远[M].李鸿江等,译.北京:人民体育出版社,2001.
[12] 雅各比.跳跃项目全书[M].李宁,满昌慧,译.北京:人民体育出版社,2013.
[13] 柴国荣,许占鸣.田径竞赛裁判工作实用指南[M].北京:北京体育大学出版社,2014.
[14] 李相如,王港.中国田径裁判新视角[M].北京:人民体育出版社,2003.
[15] 中国田径协会.国际田径协会联合会田径场地设施标准手册:1999版[M].北京:人民体育出版社,2002.
[16] 孙大元.塑胶面层运动场地建设与保养[M].北京:人民体育出版社,2004.
[17] 孟刚.田径[M].北京:北京师范大学出版社,2008.
[18] 滕建刚,马俊明.跳远助跑技术关键影响因素分析[J].体育成人教育学刊,2008,24(2):58-60.
[19] 刘景龙,赵俊龙.现代田径裁判工作指南[M].西安:西安地图出版社,2000.
[20] 丁伟,李海峰,刘敏.现代跳远助跑技术与起跳技术研究综述[J].山东体育科技,2005,27(3):7-9.
[21] 阙文伟,张俊.对我国跳远技术和训练发展趋势的研究[J].中国体育教练员,2004(2):28-29.
[22] 王志强.技术模式与专项力量:短跑支撑摆动动作系统的生物力学研究[M].北京:北京体育大学出版社,2011.
[23] 孙南,熊西北,张英波.现代田径训练高级教程[M].北京:北京体育大学出版社,2010.
[24] 李文超,李建臣.大型田径赛事组织与管理——以北京奥运会田径比赛为案例[M].北京:北京体育大学出版社,2012.
[25] 张原,李南.田径运动技术教学法[M].郑州:中原农民出版社,2008.
[26] 苗国娟.三级跳远教学训练中的上肢技术动作[J].田径,2019(10):12-13.